心について考えるための心理

1

心理学の視点

躍動する心の学問

村井 潤一郎 編著

サイエンス社

監修のことば

本ライブラリの主目的は，心について考える視点，きっかけを読者に提示するということにあります。教科書という位置づけではありますが，一般書，専門書としての機能も併せ持つ，数巻から成る心理学の書籍群です。

心理学の教科書は，多くの場合，よく知られた理論，概念，先行研究に言及し，解説していくことが通例ですが，読者にとっては，それらが他ならぬ自身の心とどのような関係があるのか，つかみがたいことも多いと思います。読者が，大学 1 年生など若い場合は，なおのことそうかもしれません。中には，自発的に自身の心と関連づけて思考を深めるケースもあるとは思いますが，なかなか難しいことのように思います。そこで，本ライブラリでは，各章において，基礎的事項の解説後，その事項と読者の心を関連づけるような「問題」をいくつか設定し，その問題に対する著者なりの「解説」も示します。本ライブラリの特徴の一つは，著者の色を発揮して，読者に訴えかける内容にするという点にあります。

心理学の教科書は数多く刊行されています。さまざまな工夫がそれぞれにおいてなされており，新しいコンセプトを打ち出すことはもはや限界かもしれません。今から約 50 年前に刊行されたある心理学概論書のはしがきには，戦後おびただしい数の心理学概論書が出版されていることが記されています。当時，すでにこうした記述がなされていることに驚きますが，この状況は半世紀近く経った今ではより一層当てはまると思います。しかし，そうであっても，今なお，書籍を通して心理学の魅力を伝え，一般読者に心について考えるための素材を提供し，また専門家に対して著者の見解を提示することで新たな視点を創出することはできると考えています。

監修者　村井　潤一郎

はじめに

学問としての心理学に最初に出会う，もっとも典型的な場面は，大学などで受講する心理学の入門講義だと思います。「心理学概論」「心理学概説」「心理学入門」と名称はさまざまですが，そこでは多くの場合，心理学の各領域について概論的な講義が展開されるでしょう。

そうした授業では，教科書あるいは参考書が指定されることが多いです。教科書の場合には，授業内容に沿うわけですから，必然的に概論書が選択されるでしょう。しかしながら，率直に言って，（付章にも同じ主旨のことを書きましたが）概論書にはどうも惹きつけられないものがあります。コンパクトで網羅性があって惹きつけられる心理学概論書，には，まずお目にかかることはできません。もちろん，すべての概論書にあたっているわけではありませんので一概には言えませんが，図表やカラー写真をふんだんに使用した大部の洋書ならいざ知らず，いわゆる授業用テキストでは「つまみ食い感」はどうしても否めないでしょう。

本書を編むにあたり，大きく分けて2点の配慮をしました。第1に，各著者の個性をそのままにし，必要以上の統一感を持たせないようにしました。形式上の統一はしましたが，文体，章に盛り込む内容などは，各著者に委ねました。そうは言っても，実際には，私は各章の草稿について多岐に渡るコメントをしましたから，著者の側からすれば，かなり修正を求められたという印象があるかもしれませんが，各著者の持ち味の部分には入り込まなかったつもりです。したがって，本書を通読しますと，章によって心理学の各領域をカバーする程度が違っていると思いますし，特定の箇所の説明が詳しいわりには重要事項についての説明が欠如しているところもあるでしょう。そもそも，紙幅の制限から「すべて」を網羅することは不可能なわけですが，本書全体を通した，こうしたある種の「でこぼこ」も，味わい深さだと思います。本書を教科書としてお使いいただく先生方におかれましては，不足していると思われる箇所がございましたら，ご自身で補足説明をしていただければ幸いです。

第2に，これは本ライブラリ全体の特徴でもありますが，「問題と解説」の充実です。この部分は，前述した「どうも惹きつけられない概論書」という私の感じている現状をカバーするために，十分機能していると思います。各著者には，自由な筆致で，エッセイ風に書いていただいて構わないと伝えましたが，実際の文章からは，授業における教師の雑談の要素も時に感じることと思います。本書を用いた授業で，受講者が教師の話を聞かずに，ついついこの「問題と解説」の部分を先取りして読んでしまう，というようなことも，編著者としてはうれしいことです。受講者の注意を授業外に導いてしまうような書籍ということで，授業者にとっては迷惑な話かもしれませんが，心理学へのいざないという大目標のもとでは，それは小さなことでしょう。

本書を通じて，心理学の各領域における心のとらえ方に触れ，心理学的視点に少しでも興味を持っていただければ幸いです。

2015年8月

村井　潤一郎

目　次

第Ⅱ部 自己の成長

第Ⅲ部　自己と社会

第Ⅳ部　心を支える基盤

第 I 部
立ち上がる世界

第1章 創る知覚
感覚知覚心理学

私たちは，世界にあるさまざまな事象を受けとめながら生きています。受けとめる作業を，感覚あるいは知覚と呼びます。時に目で，耳で，鼻で，舌で，手でと，私たちは五感（官）を使い，世界を経験します。しかし，それは情報が勝手に入ってくるものではなく，私たちの心が情報を能動的に取り込み，それを操作し，活用しているのです。感覚や知覚は，決して受動的なものではなく，私たちが“創る”ものなのです。

本章では，感覚や知覚のそうした姿を，①選ぶ，②まとめる，③補う，④解釈する，という側面から見ていきたいと思います。

1.1 選　ぶ

私たちは，目前にある事象だからと言って，そのすべてを知覚するわけではありません。知覚するということはすなわち，私たちがそれを選んでいるということなのです。

1.1.1 分かるように切り取る

私たちの知覚は，意味ある部分を取り出そうとする働きがあります。視覚の場合，意味ある部分を「図」と呼びます。それ以外の部分は「地」と呼ばれ，背景となります。「図」には形がありますが「地」は形を持ちません。「図」は浮き上がって見え，「地」はその背後に広がっているように見えます。このように，ある部分を「図」，それ以外を「地」として知覚することを**図と地の分化**と呼びます。

図 1.1 は，ルビンの杯と呼ばれる有名な図版です。白を「図」として知覚すれば，黒い背景に描かれた杯となり，黒を「図」として知覚すれば，白い

背景に描かれた2人の人物の横顔となります。白い部分も黒い部分も「図」になりうることから，この図版は有名なのです。しかし杯と人の横顔を同時に「図」として知覚することはできません。

図 1.1　ルビンの杯（Rubin, 1921）

では，私たちは「図」，すなわち意味ある部分を，どのように選んでいるのでしょうか。図 1.2 に示すように，選び方にはいくつかの規則性があります（野口，1976）。

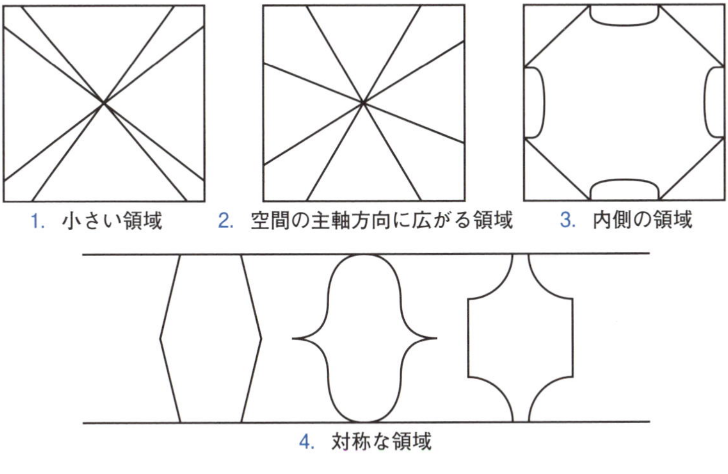

図 1.2　図と地の分化を決める要因（野口，1976 をもとに作成）

1. 小さい領域

相対的に小さい領域は「図」になりやすい傾向があります。図1.2の1で，×の形の領域は＋の形の領域よりも小さく，この場合「図」になりやすいのは×の形の領域です。

2. 空間の主軸方向に広がる領域

水平方向や垂直方向に広がった領域が「図」になりやすい傾向もあります。2の×の形と＋の形では領域の大きさに差がありませんが，「図」になりやすいのは，水平方向と垂直方向に広がる＋の形の領域です。

3. 内側の領域

3では，正方形の中に図形があります。この図形は領域が小さいわけではありませんが，内側ということで「図」になりやすい傾向があります。

4. 対称な領域

左右対称であったり均整がとれていたりする領域が「図」になりやすい傾向があります。4の場合，左右対称の部分が「図」になります。

このように私たちの知覚は，分かりやすい「図」を切り取る働きを持っています。

1.1.2　焦点をあわせる

私たちは身の周りに存在するもののうち，あるものはしっかり細部まで知覚するのですが，それ以外のものの知覚はかなりあいまいです。知覚可能な刺激の中から一部に焦点をあわせ，とらえようとする働きを**注意**（attention）と呼びます。注意は，意識的な努力の有無で2つに分けられます。

不随意的注意とは，そちらに注意を向けようと意識していないのに，急に現れた刺激に注意が向けられることです。急にものが飛んできたり，急に自分の名前が呼ばれたりすると，はっとしてそちらに注意を向けます。こうした意識的努力なしに導かれる注意のことを，不随意的注意と呼びます。優先するべき情報が現れたときに，迅速に対応できるのは不随意的注意の働きによるものです。

随意的注意は，ある部分に意識して注意を向けることです。駅の雑踏の中，自分にとって必要な駅のアナウンスを明瞭に聞き取ることができるのは，随意的注意によるものです。また，ルビンの杯のように「図」を2通りに知覚できるとき，自分の意思で杯に注意を向けることも人物の横顔に注意を向けることもできます。随意的注意によって私たちは，多種多様な刺激が共存する中，自分の目的や意思に従って情報を取り出すことができるのです。

こうして私たちは，たくさんの情報に囲まれながら，必要な情報だけに迅速に焦点をあわせることができるのです。

1.1.3　かしこく無視する

私たちはまた，不必要な情報を，あたかもそれが存在しないかのように知覚せずにいることもできます。もし存在する情報すべてを知覚すれば，本当に必要な情報が埋没してしまいます。必要な情報にすばやく行きつくためには，実は不要な情報を無視することこそ必要です。

こうした的確な無視を示す現象として，**変化盲**（change blindness）が知られています。変化盲とは，知覚範囲内で起こった変化が，大きな変化であったにも関わらず，知覚されない現象です。サイモンズとレヴィン（Simons, D. J., & Levin, D. T., 1998）は，以下のような実験を行っています。大学の構内を歩いていた通行人を，サクラ（研究協力者）が呼び止め道を尋ねます。通行人とサクラが向き合って話をしている最中に，大きな板を立てた状態で運ぶ2人の男性（やはり研究協力者）が，通行人とサクラの間を通り抜けます。通行人の視界を板が遮った瞬間，板を運んでいた男性とサクラが入れ替わります。入れ替わった男性は何食わぬ顔をして，道を尋ね続けます。つまり，通行人にとっては，板が通過する数秒の間に，話している相手が別人になってしまったわけですが，なんと15人の通行人のうち8人までが，別人に入れ替わったことに気づくことができなかったのです。

私たちにとって，道を尋ねてきた人物は，この先，人間関係を継続する相手ではなく，ごく短時間，会話するだけの人物です。したがって，その人物の特徴はさほど必要な情報ではありません。そのため会話を交わす相手でありながら，その特徴には案外注意が向けられないのです。不必要な情報を的確に無視できる，私たちの優れた知覚の働きを示す，良い例でしょう。

1.2 まとめる

私たちは選んだ情報をそのまま取り込むかというと，そういうわけでもありません。選んだうえでさらにそれらをまとめようとします。より簡潔に，より理解可能なように，情報を集約するのです。

1.2.1 分かりやすくまとめる

1.1.1で，私たちが「図」を選んでいることを述べましたが，私たちの知覚はさらに踏み込みます。いくつかの「図」が視野にあったとき，それらをさらにまとまりのある形態として知覚しようとする働きがあります。このまとまりを作ることを**群化**（grouping）と呼びます。ウェルトハイマー（Wertheimer, M., 1923）は群化の法則を以下のようにまとめました（図1.3）。

1. **近接の要因**：近くにあるものはまとまりやすい。
2. **類同の要因**：同じ性質を持ったもの同士はまとまりやすい。
3. **閉合の要因**：閉じたものはまとまりやすい。
4. **よい連続の要因**：なめらかな連続をなすものはまとまりやすい。
5. **よい形の要因**：対称性，規則性のあるものはまとまりやすい。
6. **共通運命の要因**：同じ動きをするものはまとまりやすい。
7. **客観的態度の要因**：知覚者の期待や予想にそってまとまりやすい。

群化は，聴覚にも生じます。音楽を聴いているときを考えてみましょう。高さが近い音同士は1つのメロディとしてまとまりやすい傾向があります。これは近接の要因に他なりません。また，私たちはオーケストラのように複数の楽器が同時に奏でられた音楽を聴いた場合，同じ音色の音をまとめます。これは類同の要因です。なめらかに連続する音のつながりもひとまとまりに

1. **近接の要因**

2. **類同の要因**：同じ色同士がまとまる。

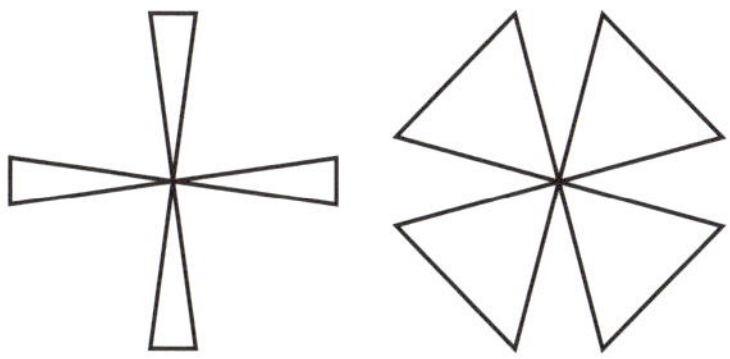

3. **閉合の要因**：中心角によらず閉じた図形がまとまる。

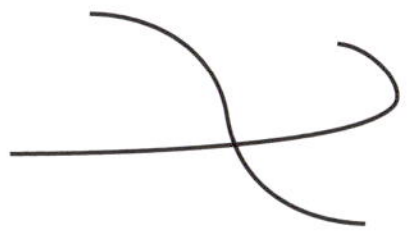

4. **よい連続の要因**：曲線 と に見える。

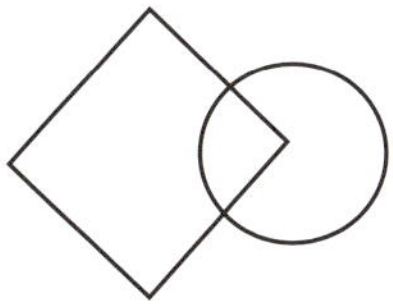

5. **よい形の要因**：正方形と円に見える。

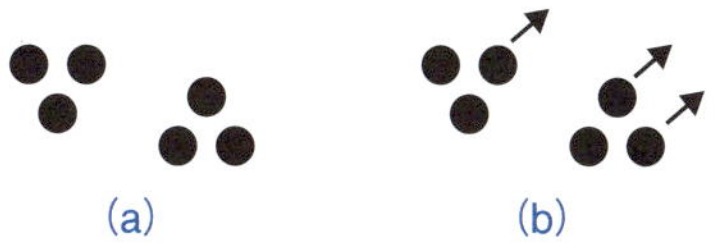

6. **共通運命の要因**：(a)では近接の要因により３つずつまとまるが，(b)のように矢印の3つの図形が一緒に動くと，動いた３つがまとまって見える。

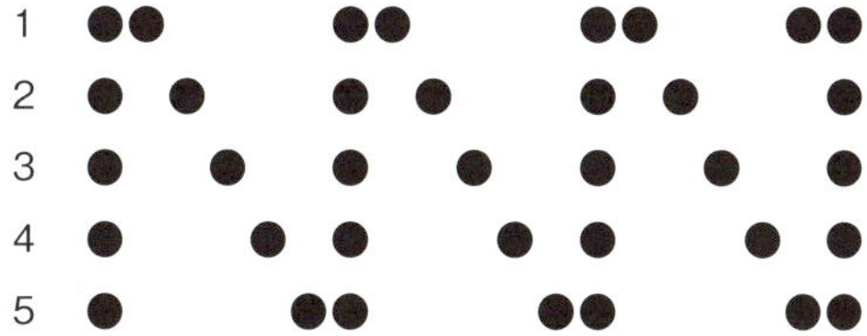

7. **客観的態度の要因**：上から 1，2，3 の順に見ると左から２つずつのまとまり，下から 5，4，3 の順に見ると右から２つずつのまとまりに見える（直前の見方に影響を受ける）。

図 1.3 **群化の要因**（Wertheimer, 1923 をもとに作成）

なりやすいですが，これはよい連続の要因と呼べるでしょう。

これらの要因を一般化して，いくつかの可能なまとまり方のうち，もっとも簡潔で秩序あるまとまりを選ぶ傾向を**プレグナンツの原理**と呼びます。私たちの知覚にこのプレグナンツの原理があるおかげで，意味ある形やものを迅速にとらえたり，メロディを感じたりすることができるのです。

1.2.2　矛盾のないようにまとめる

1.2.1では視覚情報同士，聴覚情報同士をまとめる働きについて述べましたが，時には視覚情報と聴覚情報とをまとめることもあります。以下に，見え方が音を，あるいは音が見え方を変化させる例を挙げてみましょう。

たとえば腹話術では，腹話術師がしゃべりながら人形を動かしています。実際には腹話術師がしゃべっているにも関わらず，観客は人形がしゃべっているかのように知覚します。聴覚だけで情報をとらえていれば音源の位置は腹話術師ということになりますが，知覚者は人形の動く口を視覚でとらえることによって，音源が人形の口であるように知覚するのです。これは**腹話術効果**と呼ばれ，聴覚情報を視覚情報にあわせている例です。

また，視覚と聴覚を統合させていることを示す有名な現象に**マガーク効果**があります（McGurk, H., & MacDonald, J., 1976）。これは視覚情報と聴覚情報が不一致の場合に，私たちがすりあわせのようなことを行っていることを示すものです。「が」と発音している人の顔の映像と「ば」という音声を同時に提示します。これを視聴しますと，「ば」とは聞こえず「だ」や「が」と聞こえます。目をつぶって視覚情報を遮断すれば，正しく「ば」と聞こえます。音声は聴覚情報ですが，実は視覚情報に影響されていることを示しています。読唇術では唇の動きから発音している音を読み取るわけですが，私たちはその心得がなくても，このように聴覚情報に視覚情報を統合させて知覚しているのです。

上記2例は，視覚情報にあわせて聴覚情報を変化させている例でしたが，その逆もあります。一瞬だけ光るフラッシュ光と同時に，「ピッ」という音を提示します。すると，フラッシュ提示が1回であっても音が「ピピッ」と2回提示されると，2回フラッシュがあったと知覚されます（Shams et al., 2000）。これは**ダブルフラッシュ錯覚**と呼ばれ，視覚が聴覚情報に影響されていることを示す現象です。

視覚情報と聴覚情報は，それぞれ別の感覚器官から得られた情報ですが，私たちは情報間に矛盾が生じないように統合させる知覚の働きを持っているのです。

1.3 補　　う

1.2で，情報をまとめる働きを紹介しました。では，情報をまとめようとして，うまくまとまらなかったらどうしたらよいでしょう。私たちの知覚は，さらに能動的に働きます。時にうまくまとまるように，欠けたものを補います。

1.3.1 ないものをとらえる

図1.4を見てください。左側の図形では，中央に白い三角形を知覚するでしょう。これはカニッツァの三角形と呼ばれるものです（Kanizsa, G., 1979）。しかし，そこに三角形をなす輪郭は存在しません。客観的には輪郭は存在しないのに，私たちはそこに確かに三角形を知覚します。これを**主観的輪郭**

図1.4　**主観的輪郭**（左はKanizsa, 1979, 右はKanizsa, 1979を改変）

(subjective contour) と呼びます。

プレグナンツの原理（1.2.1参照）によれば，その条件下でもっとも簡潔で秩序ある形になるように知覚する働きがあり，この場合，3つの欠けた円と3つの鋭角という解釈よりも，3つの完全な円と正三角形の上に白い正三角形が乗っているという解釈が，すべてが簡潔で安定した図形という理由で採用されるのです。

右側の図形はどうでしょう。先と同じように中央に正三角形の形の白い空間がありますが，左ほど三角形を強く感じることはないはずです。左と違うのは，それを囲むものが図形として完結していることです。三角形を取り囲む図形も安定した図形であるため，白い三角形を優先させることがないのです。

1.3.2 背後のものをとらえる

私たちがものを知覚するときには，完全な形で知覚できるとは限りません。目で見た場合も，他のものに遮られて一部が隠れてしまうことがあります。それでも私たちは欠けた形として知覚するのではなく，背後に隠れた部分を補って知覚します。図1.5を見てください。黒い円の前にグレーの四角形があると知覚するでしょう。黒い部分を4分の3の円であると知覚しないのは，実際には知覚できない4分の1の部分を補って知覚しているからです。このように欠けた部分が補われる知覚を，アモーダル補完（amodal completion）

図1.5　アモーダル補完（1）（Kanizsa, 1979）

と呼びます。

図 1.6 を見てください。上段と下段を比べると，下段のほうが何と書かれているか読みやすいはずです。文字部分の情報はまったく同じなのですが，下段では遮るものが知覚され，背後に隠れているという解釈からアモーダル補完が成立しやすいのです。

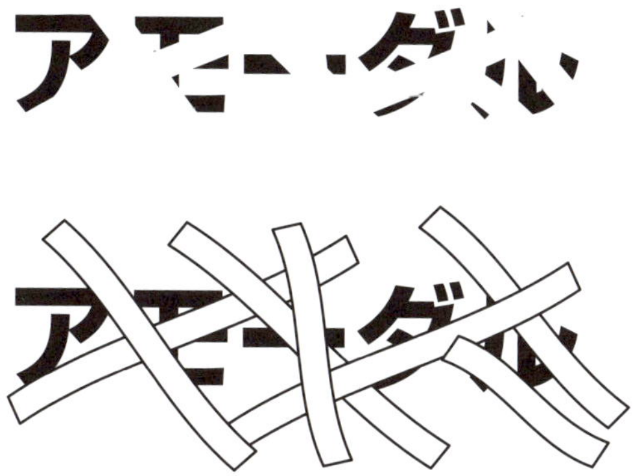

図 1.6　アモーダル補完（2）

音の場合にも似た現象が知られています。私たちの日常では，聞くべき音に他の音がかぶさり，一部聞こえなくなることがしばしばあります。そのような場合も，私たちは聞こえない部分を補うことができます。文章を読み上げた音声に，一定間隔ごとに 0.1 ～ 0.2 秒間音を削除した無音状態を作ると，音声が途切れ途切れに感じられ，聞き取りが難しくなります。しかし，その無音の箇所に「ザッ」という雑音を入れると，「ザッ」という音はうるさいものの，音声がなめらかにつながっているように知覚されます。つまり音声そのものは途切れることなく聞こえているが，時々雑音によってかき消されていると知覚され，雑音の背後の音声が実際には存在しないにも関わらず知覚されるのです。これを**音素修復**（phonemic restoration）と呼びます。

私たちは隠れた部分を補うことができますが，妨げるものを知覚することで，それはより容易になるのです。

1.3.3 補正してとらえる

人が遠ざかっていけばその姿は小さくなりますが，それを見る私たちは，その人の身体が縮んだとは考えません。網膜にうつった像の大きさが変化しても，身体の大きさは変化していないと知覚します。これを大きさの**恒常性**（constancy）と呼びます。同じように，光を受けた状態の白い紙に比べ，薄暗い中での白い紙は，かなり黒く知覚されるはずですが，光を受けているときと同様，白い紙であると知覚します。これは色の恒常性です。図 1.7 は四角い紙が倒れていく様子に見えると思います。長方形が台形に変化しているのですが，私たちは通常，形が変わったとは知覚しません。これは形の恒常性です。

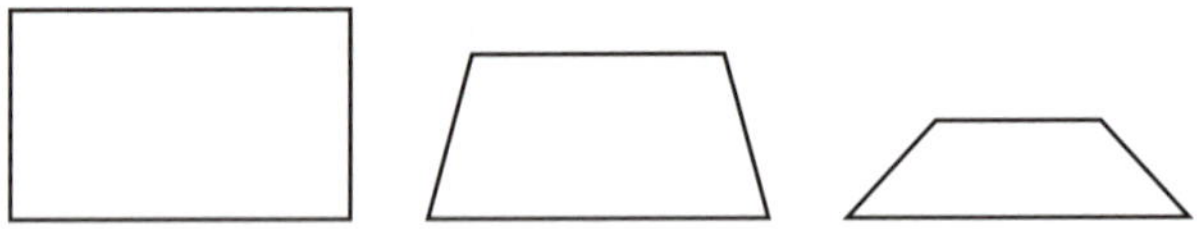

図 1.7 形の恒常性

このように，観察条件によって感覚器官に届けられる情報は異なっているにも関わらず，私たちは同一の事物であり同一の属性であると知覚することができます。これは知覚の恒常性のおかげです。もしこの恒常性の働きがなければ，時々刻々変化する感覚情報の中，私たちは同じ大きさ，同じ色，同じ形を知覚することができず，事物の同一性を認知することができなくなるでしょう。

図 1.8 は**チェッカー・シャドウ錯視**と呼ばれるものです。A の部分と B の部分の色を比べてみてください。実は A と B は同じ色です。そう知らされてもにわかには信じられないほどに色が違って見えることで有名な絵です。なぜ色が違って見えるかと言えば，「影の部分は黒く見えるけれど実際には白である」という判断のもとに，影を考慮して色の補正を行っているためです。この現象も，観察条件を加味し補正して知覚している例です。

図 1.8 **チェッカー・シャドウ錯視**（Adelson, 1995）

1.4 解釈する

私たちの知覚は，その瞬間だけで成り立つものではありません。それまでの経験およびそれによって培われた知識にも影響されます。

1.4.1 実体をつかむ

私たちは，絵画や写真など 2 次元に表されたものの中に 3 次元の世界を見てとることができます。このように平面の中で生じる**奥行き知覚**（depth perception）は，私たちの経験によって支えられています。奥行き知覚の要因には，以下のようなものがあります（図 1.9）。

1. **相対的大きさ**：小さいものほど遠くにあると知覚します。
2. **重なり**：もの同士が重なっていると，隠れているほうが後ろ（遠く）にあると知覚します。
3. **きめの勾配**：目が細かくなるほど，遠くにあると知覚します。
4. **陰影**：影がつけられることで，ものが立体であると知覚します。
5. **遠近法**：平行線は遠ざかるにしたがって 1 点に収束します。この性質によって遠近を知覚します。

たとえば図 1.10 を見てください。これに凹凸を感じさせるのは，図 1.9

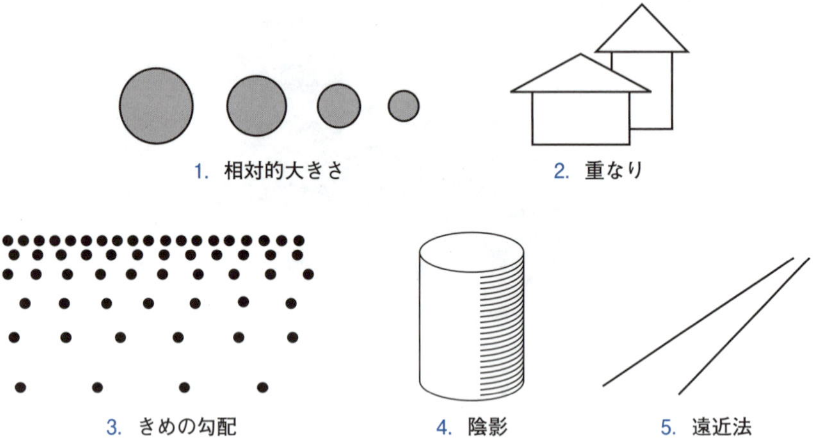

図 1.9　**奥行き知覚を生じさせる要因**（村田，1975 をもとに作成）

図 1.10　**凹凸図形**（Kleffner & Ramachandran, 1992）

の4の陰影です。右はへこんでいるように見え，左はでっぱっているように見えます。おもしろいことに，この本を逆さにして見ると，さっきへこんでいるように見えた箇所がでっぱって，でっぱっているように見えた箇所が，へこんでいるように見えます。なぜでしょう。クレフナーとラマチャンドラン（Kleffner, D. A., & Ramachandran, V. S., 1992）は，光源に関して私たちが2つの制約を持っていると主張しています。1つ目の制約は「1つの光源によって場面全体が照らされている」，2つ目の制約は「光源は上にある」

です。太陽に上から照らされて生きてきた私たちの経験からくる制約と言えます。上から照らされているとの解釈のもとに知覚すると，右はへこんでいるように，左はでっぱっているように解釈されるというわけです。経験が知覚に影響する例です。

1.4.2 予想通りのものをつかむ

私たちの住む世界は，思いがけない情報がたえず降りそそいでくるような，そんなドキドキハラハラの世界ではありません。パン屋に入って，そこに魚が並んでいれば驚くわけですが，実際にはそういうことはなく，私たちの予想通りパンが並んでいて，それは私たちがパン屋についてすでに持っている知識をなぞるものです。私たちはパン屋に足を踏み入れる前から，それらを知覚することを予想できていると言ってもよいでしょう。このように，情報は突然飛び込んでくるものであることのほうが少なく，知識からくる予想をかなえることが圧倒的に多いのです。

このことが私たちの知覚を助けます。予想通りのものは，容易に見出されます。そればかりか，多少，解釈の余地があるものや，予想した形と違っているものでも，予想した通りに知覚されてしまうこともあります。「こういうところはオバケが出そうだなあ」とびくびくしていると，何でもないものまでオバケに見えてしまうのも同じです。

図 1.11 を見てください。上段はアルファベットの文字列「LMYAB」と読めるでしょう。下段は数字列「16 17 10 12 13」と読めるのではないでしょうか。上段最後の「B」と下段最後の「13」は，まったく同じ図形ですが，私たちは文脈によって，文字を知覚したり数字を知覚したりするのです。つまり私たちは文字であるか数字であるかを予想し，予想通りの知覚を行っていると言えます。図 1.12 も同様に，予想が見え方を決める例です。右から左へと目を移せば，中央付近の絵は女性の姿に見えるでしょう。しかし左から右へと目を移せば男性の顔に見えます。直前に見ていたものから予想が生じ，その予想通りに知覚しているというわけです。

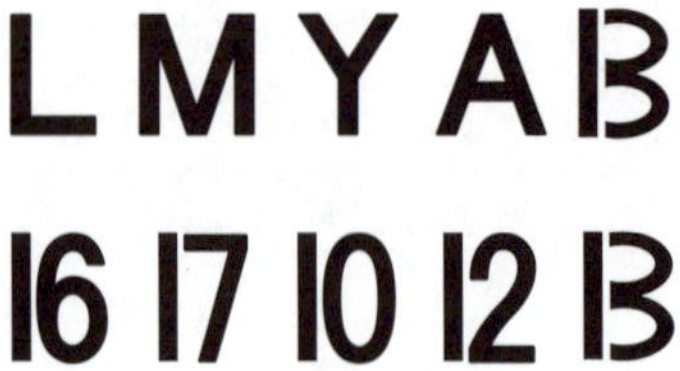

図 1.11　**B か 13 か**（Bruner & Minturn, 1955 をもとに作成）

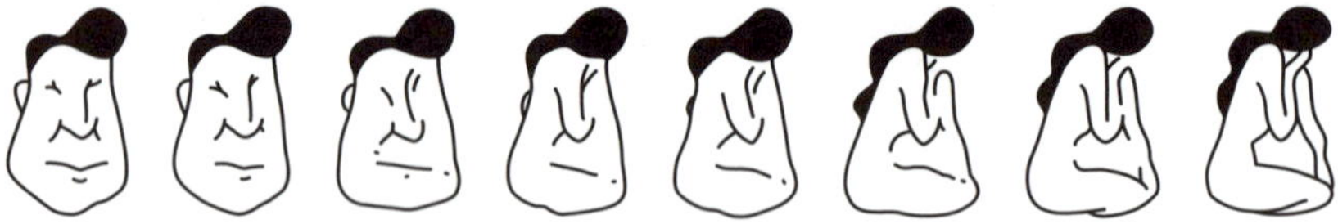

図 1.12　**男と女**（Fisher, 1968）

私たちの知覚は能動的で，情報を受け取る前からまるで手を伸ばしてつかみ取るかのように情報を得ていることが分かります。

1.4.3　枠組みの中でつかむ

前後の文脈だけでなく，よりもっと大きな枠組みの中で初めて成立する知覚もあります。たとえば，知識を与えられることで成立する知覚です。図 1.13 を見てください。黒と白で構成された絵は，これだけを知覚して何が描かれているかあてることは容易ではありません。しかしこれが「犬」が描かれたものである，という知識を与えられたらどうでしょうか。さらには「公園を歩く犬」といったタイトルを知らされたらどうでしょうか。画面の右下から左上方向に向かって地面を嗅ぎながら歩くダルメシアン犬を知覚することができるでしょう。これは知識が与えられることで，とたんに知覚が成立する例です。また，一度でもダルメシアン犬を知覚した人は，次にこの絵を見たとき，すみやかにダルメシアン犬を知覚します。つまり経験が知覚を成立させる例でもあります。

経験や，それに培われてきた価値観とともに，知覚が成立することを示す例もあります。ブルーナーとグッドマン（Bruner, J. S., & Goodman, C. C.,

図 1.13 **犬**（写真家 James, R. C., 1966 より）

1947）は，子どもにコインとコイン大のボール紙の大きさを判断させる実験を行いました。手にしたコイン（もしくはボール紙）と同じ大きさを再現する課題だったのですが，コインを実際よりも大きく見積もってしまうという誤りが起こりました。興味深いことに，ボール紙の場合にはそのような誤りが起こりません。つまり，子どもに大きさの見積もりができないのではなく，コインであることが大きさの見積もりを誤らせていると言えるのです。また実際の大きさとの差（誤りの大きさ）は，コインが高額であるほど大きく，子どもの家庭が貧しいほど大きいという結果を示しました。価値があると感じると，実際以上に大きく見えるということです。このことは欲求や価値観が知覚に影響することを意味しています。恐れている人物がなんとなく大きく見えたりするのも，似た例と言えるでしょう。

このように私たちの知覚は，決してその場その場でなされるものではなく，知識や経験から影響を受けるものなのです。

以上のように，私たちは物理的世界の中から事象を取り込む際，選び，まとめ，補い，解釈します。そうした知覚という作業によって私たちはいくつもある可能な仮説を排除し，私たちにとって，より扱いやすく，より妥当で，より理解可能な，知覚的世界を創り上げているのです。

Q1.1

友人と旅行をしました。たくさんのものを見聞し，後日，旅行の思い出話をしたところ，友人が言ういくつかのものを，あなたは覚えていません。逆に，あなたにとって印象深かった景色などを話しても，友人はピンとこないようです。ずっと一緒に行動して同じ経験をしていたはずなのに，どうして知覚が違うのでしょうか。

memo

Q1.2

実際には同じ大きさなのに，大きさが違って見えたりすることがあります。そうした“目の錯覚”とは，どういう仕組みなのでしょうか。

memo

Q1.3

私たちが接するたくさんの情報の中から，知覚がごく一部を取り込むことは理解していただけたと思います。では，切り捨てられた情報は，私たちにまったく影響しないのでしょうか。見よう，あるいは覚えようといった気持ちなしに，見えてしまうこともあるでしょう。意図せず知覚してしまった情報は，どうなるのでしょうか。

memo

A1.1

1.1 でも述べましたように，私たちは情報を選んで知覚しています。人が違えば，また同じ人であっても状況が違えば，違う情報を切り取るのです。

たとえば，欲求によっても知覚は変わります。おなかがすいた状態で道を歩けば食べもの屋ばかりが目につく，というようなことは，誰しも経験したことがあるのではないでしょうか。また，電車に乗れば多くの中吊り広告を目にしますが，そのうち知覚するものは，欲しいと思っている商品であったり，自分の興味のある内容であったりします。これは欲している情報を優先的に知覚しているからに他なりません。多くの情報の中から，自分に好ましい情報を選んで，優先的に取り込んでいるわけです。これを**知覚的促進**（perceptual sensitization）と呼びます。

このように人が目の前の刺激から自分の興味や欲求にかなうものを取り出す知覚の特徴を利用し，あえてあいまいな刺激を与え，知覚者の欲求を調べる方法があります。**投影（映）法**と呼ばれる人格検査がそうです。インクのしみ状の図版からイメージを報告させる「ロールシャッハ・テスト」，一場面の絵からストーリーを作らせる「主題統覚検査（TAT)」，文章の出だしだけ与えられて自由に文章を作らせる「文章完成法」などがあります（第 6 章参照)。いずれも人が知覚したものは，その人物の欲求が反映されたものであり，心の働きを知ることができるとする発想です。

これとは逆に，**知覚的防衛**（perceptual defense）と呼ばれる現象もあります。知覚する人にとって価値の低い情報，不安や嫌な気分にさせる情報に対し，知覚の感度が低下するという現象です。

たとえば A という車を購入した場合を想像してみてください。いくつかの候補となる車の中から，最終的に A を選択します。購入するまでは，少しでも良い選択をしようと車の情報に広く関心をはらっていましたが，購入後は変化が起き，A の利点を示す情報を優先的に取り込むようになります。購入後も A のパンフレットを満足気にながめたり，A の広告によく気づいたりする様は，誰しも想像できるでしょう。それらの知覚は「やはり A を選んで正解だった！」と，自らの選択を肯定することにつながります。だから知覚的促進が働くのです。逆に対立候補であった B という車の広告は，自分の選択に不安を生じさせるものですから，積極的に見ることはなくなります。これが知覚的防衛です。

この現象に関連した理論に，**認知的不協和理論**があります（第 7 章参照）。不協和とは，食い違いという意味です。人は自分の中に矛盾する認知を抱えたとき，不安な気持ちになります。A を購入した後で，実は B が優れていると認めることは，B を選ばなかった事実と，B が優れているという情報との間で，不協和が生じます。その不協和状態を低減する，あるいは解消するように，B の情報を遠ざけ，A の情報を確認するのです。

一つ，研究例を挙げてみましょう。ブロックとバルーン（Brock, T. C., & Balloun, J. E., 1967）は，情報の取り込みに関する興味深い実験を行っています。大学生の実験参加者に，話し手の説得力と誠実さを評価させる名目で，以下の内容の 6 種類のメッセージを聞かせました。

①教育映画の題名一覧
②喫煙は肺ガンの原因
③インドの政治的中立（タミール語）
④キリスト教は有害
⑤喫煙と肺ガンは無関係
⑥大学生の徴兵免除

各メッセージには，意図的に雑音が混入されています。実験参加者には，「録音状態が悪いので聞き取りにくいかもしれないが，手元のボタンを何回か押せば，しばらくの間，雑音が弱まる」と教示します。実際，ボタンを 5 回押すと 3 秒間雑音が除かれます。実験参加者がどれだけボタンを押すかを調べる実験なのです。

実験参加者は，メッセージを聞いた後，質問紙で「喫煙の頻度」「教会へ行く頻度」「お祈りをする頻度」を回答します。すると，②の喫煙が有害であるとの情報については，非喫煙者は多くボタンを押してメッセージをよく聞こうとするのに対し，⑤の喫煙を肯定する情報については，喫煙者がボタンをよく押すことが確認されました。また，④のキリスト教が有害であるという情報を取り込もうとするのは，やはり教会に行く頻度が少ない者，お祈りの頻度が少ない者でした。

つまり，自分の日頃の行動や信条に合致する情報は，自分にとって都合がよく，自分を肯定するものであるので，積極的に取り込もうとします。しかし，認知的不協和を生じさせる情報は，取り込もうとする働きが弱まります。人は自分の信念が理にかなったものだと認識するために，信念を操作するとともに，もととなる情報の取り込みから，操作するのです。

このように，欲求，関心，信念といった，個人に関わるさまざまな変数が，その人の知覚に影響し，時に知覚的促進，時に知覚的防衛が作動します。ゆえに興味関心や信念，日頃の行動傾向が異なる人間であれば，同じ経験をしても知覚が異なるというわけです。同じ世界を生きながら違う世界を築きうる知覚の作用は，私たちの個性の源泉となっているのでしょう。

A1.2

私たちは知覚の働きを駆使して，物理的世界をもとに知覚的世界を再構成します。その際，知覚はとてもおせっかいで，頼みもしないのにまとめてくれたり，補ってくれたり，解釈してくれたり，私たちに扱いやすい情報であるように，加工してくれます。そのおかげで，いろいろと助かっているわけですが，時におせっかいが過ぎて，知覚的世界がどう見ても物理的世界とは違ってしまうことがあります。

そのようなズレを**錯覚**（illusion）と呼びます。とくに，視覚上の錯覚を錯視(visual illusion)と呼びます。ちなみに聴覚上の錯覚は錯聴(auditory illusion)です。錯視を生み出す要因は1つではなく，まとめる働きから生まれるもの，補う働きから生まれるものなど，いろいろあります。

図1.14のエビングハウス錯視は，まとめる働きから生じる錯視です。中心の黒い円は同じ大きさですが，左の円のほうが大きく見えるのではないでしょうか。私たちは中心の円を知覚するとき，それだけを知覚するのではなく，周囲の円も含めて知覚し，その必要の有無によらず，まとめてしまっています。したがって，より小さい円に囲まれた左の円が周囲との対比で大きく，より大きい円に囲まれた右の円が小さく，知覚されるわけです。

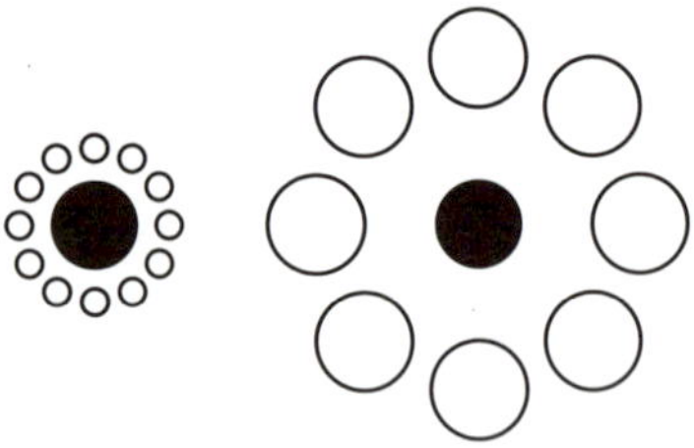

図1.14　エビングハウス錯視

次に，主に補う働きから生じる錯視を見てみましょう。ここで関係するのは，恒常性と奥行き知覚です。図1.15は，回廊錯視（corridor illusion）と呼ばれています（Gibson, 1950)。2次元的には，3つの円柱の大きさはまったく同じです。しかし私たちは，左にある円柱を小さく，右にいくほど円柱を大きく知覚します。この錯視は，私たちがこの2次元に，3次元的な奥行きを知覚していることからきています。加えて，遠くにあるものは小さく見えても実際には大きいと，近くにあるものは大きく見えても実際には小さいと補正する，知覚の恒常性から生じる錯視です。

図1.16はミュラー-リヤー錯視と呼ばれる有名な錯視図形です。中心の

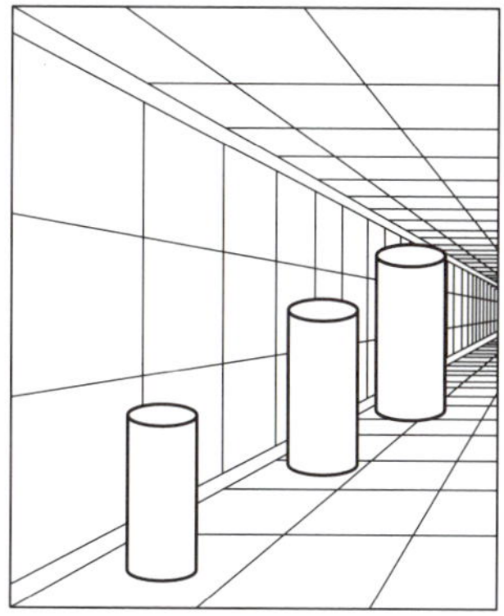

図 1.15　**回廊錯視**（Gibson, 1950）

直線は同じ長さです。しかし，矢羽が外側に向いている外向図形（A）のほうが，矢羽が内側に向いている内向図形（B）よりも長く見えます。これも実は奥行き知覚と恒常性に由来することが指摘されています。図 1.17を見て分かるように，ミュラー-リヤー錯視の線は，遠近を表す線です。外向図形の中心線は奥にあるから小さく見えて実際は大きい，内向図形の中心線は手前にあるから大きく見えて実際には小さい，という補正が働くのです。

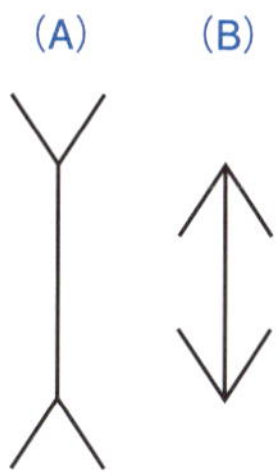

図 1.16　**ミュラー-リヤー錯視**

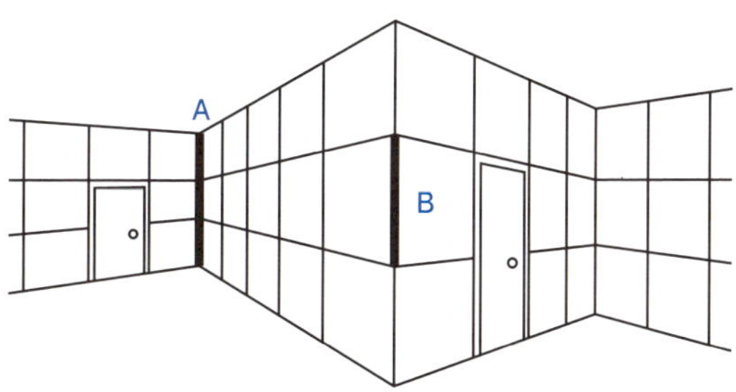

図 1.17　**ミュラー-リヤー錯視と奥行き知覚**
（Gregory, 1970 をもとに下條，1992 が作成）

私たちの知覚は，このように単純な線分に対してさえ，積極的に解釈を加えようとします。知覚はとてもおせっかいです。

A1.3

なんとなく見えてしまった。でも見ようとしたわけでも，ましてや覚えようとしたわけでもない，そんな情報の扱いもまた，私たちの知覚の仕組みの一面を物語るものです。私たちは必要な情報に接しても，その場で必要と判断できるとはかぎりません。後から「あれは必要な情報であった！」と分かる場合もたくさんあります。それに備えて，私たちはシャワーのように情報をあびながら，留めるとまではいかなくとも，その痕跡を残しておきます。

たとえば，ある単語を知覚すると，後に続く単語の処理に影響します。これを**プライミング効果**（priming effect）と呼びます。プライミング効果とは，先行刺激（プライム）の処理が後続刺激（ターゲット）の処理に影響を及ぼす現象のことです。

具体的には，直接プライミング効果と間接プライミング効果があります。**直接プライミング効果**（direct priming effect）の実験では，プライムとターゲットが同じ単語です。プライムを提示し，ある程度時間をおいて（数分から数日）同じ単語のターゲットを提示し，課題を行います。課題は，知覚同定課題（単語を瞬間提示して単語について判断する）や，単語完成課題（文字の抜けた単語に文字を埋めて意味が通るようにする）などがあります。このとき，プライムとして見たことがある単語であった場合，課題をはやく正確に行うことができます。プライムを見たことを覚えていなかったとしても，プライムとして提示された単語は，提示されたことのない単語よりも処理が促進されるのです。これは，私たちが蓄えようとせずに知覚したことが，後になって私たちの処理に影響することを示しています。

間接プライミング効果（indirect priming effect）の実験では，プライムとターゲットが違う単語です。プライム，ターゲットを，非常に短い時間間隔（数百ミリ秒から数秒）で連続提示します。課題は，語彙決定課題（単語か否か判断する），音読課題（声に出して読む），カテゴリー化課題（分類する）などがあります。その際，ターゲットがプライムと意味的に関連していたり，発音が似ていたりすると，処理がはやいのです。たとえば，プライム→ターゲットが，「病院」→「医者」である場合は，「公園」→「医者」である場合より，はやく正確に処理できるわけです。これは，1.4.2「予想通りのものをつかむ」で紹介した，意識的に予測をしているわけではないが，その刺激が現れるのが自然な文脈の中にあると，知覚が促される現象と同じです。

上記のプライミング効果の多くは「意図せず」ではあっても知覚しているわけですが，知覚者自身が知覚したことさえ気づかないような状況ではどうでしょう？　提示時間があまりに短いために，知覚体験が成立しない知覚を**閾下知覚**（subliminal perception）と呼びます。閾下知覚の存在についてはいまだ議論が続いているのですが，閾下プライミング効果を示した実験を一つ，紹介しましょう。

マーフィーとザイアンス（Murphy, S. T., & Zajonc, R. B., 1993）は，プライムとして人の顔（笑顔もしくはしかめ面）を提示した後，ターゲットとして，欧米の実験参加者には無意味な図形である漢字を提示し，漢字の好ましさを評定させる実験を行いました。すると，笑顔の後に提示された漢字は，単独で提示された漢字よりも好ましく評定され，しかめ面の後に提示された漢字は，単独で提示された漢字よりも嫌悪的に評定されたのです。マーフィーらの実験は巧妙で，漢字をターゲットとした間接プライミング効果だけでなく，直接プライミング効果も検討しています。プライムと同じ人物の顔と別の人物の顔をターゲットとして示し，「見たことがあるのはどちらの顔か」判断させました。すると，正答率はチャンスレベルでした（チャンスレベルとは，でたらめに答えたときの正答率です）。つまり実験参加者はプライムである顔を知覚できていません。ちなみにこのとき，プライムの提示は 4 ミリ秒と非常に短く，そのことからも知覚が成立していないと考えられるわけですが，それでも漢字の印象評定に影響するというのは興味深いことです。

以上のことは，私たちの知覚が，当座使わないと思われる情報も含め，実に細かい網目で情報をすくい取っていることを示しています。1.1「選ぶ」で紹介しましたように，私たちの知覚は大ナタをふるうかのように大胆に情報を切り取るものです。そんな大胆さの一方で，細かい情報も漏らさない慎重な一面をも持ちあわせていることは，私たちの知覚の奥深さを感じさせるものと言えるでしょう。

参考図書

三浦佳世（編）（2010）．現代の認知心理学1　知覚と感性　北大路書房

第1部で基礎と理論を紹介し，第2部で応用的研究を紹介しています。知覚を切り口に感性に挑んだ研究例が挙げられています。

山口真美・金沢　創（編）（2008）．知覚・認知の発達心理学入門——実験で探る乳児の認識世界——　北大路書房

知覚の発達について多くの実験例をもとに分かりやすく解説しています。とくに乳児研究について詳しい解説がなされています。

大山　正・鷲見成正（2014）．見てわかる視覚心理学　新曜社

視知覚についてふんだんな図と写真で解説するだけでなく，運動をともなう対象の知覚について添付 DVD で解説を行っています。

柏野牧夫（2010）．音のイリュージョン——知覚を生み出す脳の戦略——　岩波書店

錯視を扱うテキストは多いですが，錯聴を扱うテキストは非常に少ないものです。その中でこちらは，聴覚の基礎知識なしに理解できる錯聴のテキストです。

第2章 創る認知
認知心理学

第 1 章では，世界にあるさまざまな事象を取り込む，私たちの感覚および知覚を扱いました。取り込んだ瞬間，それらは情報となり，私たちの中で活動を始めます。

私たちが行う情報処理を「認知」と呼びますが，機械が行う情報処理とは違い，認知は私たちの心の働きを随所に反映させるものです。認知においてもまた，私たちは“創る”活動を営んでいるわけです。

本章では，認知の働きを，①蓄える，②意味づける，③変容させる，④埋め込まれる，という側面から見ていきたいと思います。

2.1 蓄える

私たちは取り込んだ情報を蓄えておくことができます。その蓄えた情報は，私たちを助けるものとなり，長期にわたって私たちの思考や行動に影響を与えます。

2.1.1 情報を出し入れする

私たちは，必要に応じて情報をしまっておき，また取り出して使います。このプロセスを**記憶**（memory）と呼びます。

記憶のプロセスには，覚える，覚えておく，思い出す，の 3 つの段階があります。それぞれ，**記銘**（memorization），**保持**（retention），**想起**（recall/reproduction）と呼ばれます。記銘（覚える）では，情報を取り込みます。取り込める形に変換するため，**符号化**とも呼ばれます。保持（覚えておく）では，記銘された情報が保存されます。この段階では保存された情報は意識上にはのぼりません。保持されていた情報を取り出すのが想起（思い出す）

です。特定の情報が取り出されるので，**検索**とも呼ばれます。

もちろん人間は機械ではありませんので，意図通りに情報が出し入れされるとはかぎりません。記憶の失敗は3段階のいずれでも起こります。知覚していたはずなのに，記銘されなかったために記憶されないこともあれば，保持の段階で情報が消失してしまうこともあれば，保持されている情報でありながら，想起できないために記憶として機能しないこともあります。このうち想起の失敗については，**忘却**（forgetting）と呼ばれます。

2.1.2 仕分けながら蓄える

私たちは，取り込んだ情報をすべてしまっておくわけではありません。では私たちは，蓄えるべき情報と捨ててよい情報とを，どうやって仕分けているのでしょうか。記憶のシステムは，とても巧妙なやり方で，判断のための時間的な猶予を作り出しています。

図2.1を見てください。**感覚記憶**（sensory memory）は，情報を感覚としてごく短時間だけ留めるものです。急速に失われるので，蓄えるという意味合いは弱いかもしれません。このうち，注意が向けられた情報は**短期記憶**（short-term memory；STM）に送られます。短期記憶は，蓄えておける時間，量ともに制約があります（表2.1）。

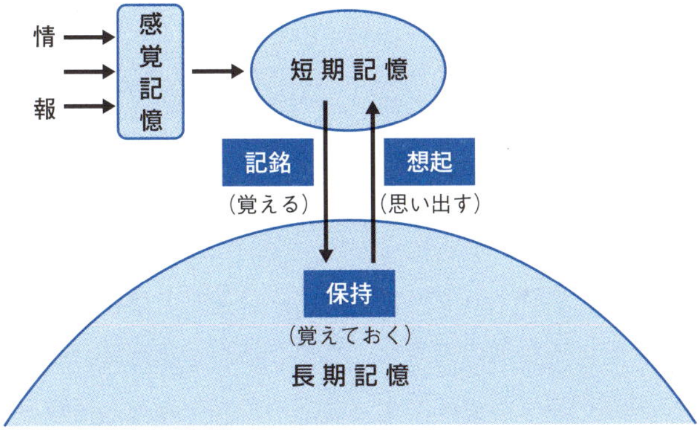

図2.1　記憶のシステム

表 2.1　記憶の保持時間と容量

	感覚記憶	短期記憶	長期記憶
保持時間	視覚情報：約1/4秒 聴覚情報：約1秒 （感覚器官によって違う）	数秒～1分	数分～数年
容　量	感覚器官が一度に受容できる情報すべて	7±2チャンク	ほぼ無限

短期記憶中の情報は，何も意識的な努力を行わなければ短時間で消えていきますが，場合によってはもう少し長く留めておかなければいけないこともあるでしょう。その場合には，繰り返し反復することで留めておくという方法があります。教えられた電話番号をプッシュするまでの間，ずっと復唱していれば，その間，情報は短期記憶内に留められるので，メモをとらずに電話をかけることができます。この単純な反復を**リハーサル**（rehearsal）呼びます。

短期記憶に留めている間に，記憶として保管しておくべき情報を選択し，**長期記憶**（long-term memory；LTM）へと転送します。長期記憶こそが，私たちの日常的な意味での記憶です。長期記憶に送ることが記銘，長期記憶に留めておくことが保持，長期記憶から取り出すことが想起，となるわけです。

たとえて言うなら，感覚記憶は情報をつかみ取る手のようなものです。手はつかみ取るだけですから，ずっと持っておくことはできません。つかみ取った情報は，小さな作業台に置きます。短期記憶はその小さな作業台のようなものです。その作業台に次から次へと情報が積み上げられます。量的にも時間的にも限られている作業台ですから，量的にあふれれば情報は作業台から滑り落ちますし，処理されないまま時間が経過した情報も滑り落ちます。したがって作業台の上にあるうちに，必要な情報を長期記憶へ運ばなくてはなりません。長期記憶は図書館のようなものです。膨大な情報を蓄えることができますし，短期記憶のような時間の制限もありません。何年も前の出来事を覚えていられるのは，長期記憶に蓄えられているからです。

このように，情報を蓄えるまでのプロセスでは，手でつかむところでいったんおおまかな選別をし，その後，作業台でつかの間，蓄えておくべき情報を選別する仕組みができあがっているのです。

2.1.3 情報を分類する——技能と知識と記憶

長期記憶に蓄えられた情報は，その内容によって図 2.2 のように分類できます。まず大きくは，手続き的記憶と宣言的記憶です。**手続き的記憶**（procedural memory）は自転車の乗り方のように，一連の動作に関する記憶です。言語化できないさまざまな判断や技能を含みます。実際にその動作を行わないと意図的に想起することが難しいという特徴を持ちます。また手続き的記憶の多くは，その動作を行う際に必ずしも想起されておらず，その意味では記憶というより“技能”と呼んだほうがしっくりくるでしょう。

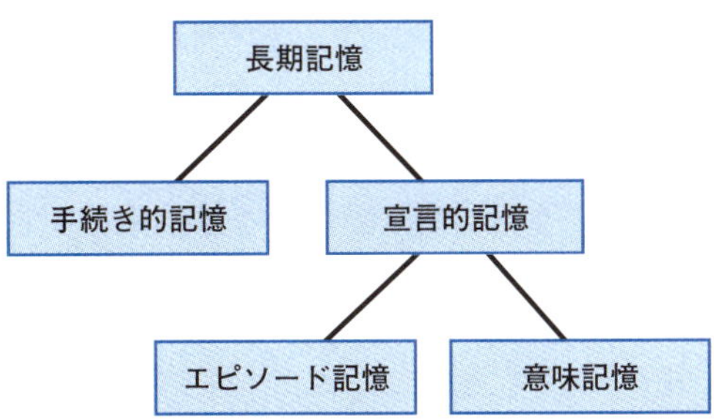

図 2.2 **長期記憶の種類**（Wilhite & Payne, 1992）

対して**宣言的記憶**（declarative memory）は，「A は B である」というように言葉で表すことができる，事物や事象がどのようなものであるかの記憶です。宣言的記憶はさらに，エピソード記憶と意味記憶に分けられます。**エピソード記憶**（episodic memory）は，いつどこでといった情報をともなう具体的な経験の記憶です。**意味記憶**（semantic memory）は，単語の意味や事物・事象についての一般的知識としての記憶です。意味記憶は“知識”と呼んだほうがしっくりくるでしょう。

「自転車の乗り方」が手続き的記憶であり,「昨日,自転車に乗って駅まで行った」がエピソード記憶であり,「自転車には車輪が2つある」が意味記憶というわけです。

2.2 意味づける

短期記憶に情報を留める方法として先にリハーサルを挙げましたが,情報を長期記憶に転送するには必ずしも有効な手段ではなく,意味づけすることが大切です。意味づけは,私たちが先々まで情報を扱えるようにするための重要な手段です。

2.2.1 集約する

短期記憶は,電話番号を聞いてその場でかけるときなどに,その力を発揮します。つまり短期間,少量の情報を留めておくようなものです。少量というとあいまいですが,短期記憶の容量はおおよそで7チャンク(chunk),個人差を考慮しても7±2の範囲内であることが分かっています(Miller, 1956)。**チャンク**とは,情報を数える単位であり,“かたまり”という意味です。

この容量を増やすにはどうしたらよいのでしょう。情報が7つではなく7チャンクであることがミソです。1つのチャンクをより大きなかたまりにすればよいのです。以下の数列で考えてみます。

1 4 9 1 6 2 5 3 6 4 9 6 4 8 1

上記の15個の数字からなる数列は,1つの数字を1チャンクとすれば15チャンクとなり,短期記憶におさめることは無理です。しかし以下のように9つの数字と見なせば9チャンクです。

1 4 9 16 25 36 49 64 81

これでかなり短期記憶におさめやすくなりました。さらにこれを1チャンクにすることもできます。

“1から9までの数字を2乗したもの”

こうして15個の数字を1チャンクに落とし込むことができます。このように情報を効率よくまとめ，より少ないチャンクに落とし込むことを**チャンキング**と呼びます。歴史の年号を記憶するために，「いい国（1192）作ろう鎌倉幕府」などというように，年号の数桁の数字を1つの言葉に置き換えるのもチャンキングです。

小さな容量の短期記憶に情報を詰めることは，結果的に情報を整理してコンパクトにすることになり，効率的に長期記憶へ転送するための仕組みとなっています。

2.2.2　整理する

次から次へと短期記憶に放り込まれる情報のうち，後々必要になりそうな情報は長期記憶に転送しなければいけません。作業台（短期記憶）の上に無造作に置かれた情報が勝手に図書館（長期記憶）に移動してくれるわけもなく，意識的な作業や工夫によって，私たちは長期記憶への転送を成功させます。その作業および工夫を**記銘方略**と呼びます。

代表的な記銘方略として，2つ紹介します。一つは体制化，もう一つは次の節の精緻化です。**体制化**（organization）とは，関連する情報をまとめ，整理して覚える方略です。でたらめに並んだ単語列を聞かされ，そのすべての単語を覚えなくてはならないとき，それらの単語を自分なりにまとめることで，私たちは情報を圧縮しようとします。タルビング（Tulving, E., 1962）は，16の単語を1単語ずつ提示し，**自由再生**（順序を問わず思い出す）の手続きを繰り返すうちに再生順序が固定されていく現象を示しました。これは人が単語同士を結びつけて記憶していることを示すものであり，タルビングはこれを**主観的体制化**（subjective organization）と名づけました。

たとえば，ニンジン，ピーマン，キャベツ，ジャガイモ，トマト，サツマイモ，タマネギ，……といった単語が並んでいたとき，「カレーライス」シリーズとして，ニンジン，ジャガイモ，タマネギをひとまとまりにすることができるでしょう。3種類の野菜が「カレーライスの野菜」として1つの情報になれば，記銘は容易になります。体制化には一般的法則はなく，やり方は人によって異なります。ある人は「イモ」シリーズとしてジャガイモとサツマイモをまとめるかもしれません。

以上のように，記銘方略の一つは，整理しまとめることです。前の節の「集約する」と同様，情報をコンパクトにできます。

2.2.3 ふくらませる

覚えるべき事柄にあえて情報を加えて覚えやすくするような記銘方略を**精緻化**（elaboration）と呼びます。単語を覚える際に，それらの単語をつなぐような文章を作り，文章として覚えることも精緻化です。これですと一見，情報は増えてしまっているようですが，意味が加わっているため，記銘しやすくなります。

単語の事物をイメージし，1つのイメージを作ることも精緻化の一つです。バナナ，豚肉，レタス……といった単語列を覚えるのに，1つの皿にそれらが乗った様子をイメージすることは有効です。

イメージを利用した精緻化の方略としては，ペグワード法がよく知られています（Bugelski et al., 1968）。**ペグワード法**とは，1から10までの数字と韻をふむ単語（ペグワード）を対にして覚えておき，記憶するものとペグワードを結びつけて覚える方法です。

日本の有名な数え歌を借りて紹介しましょう。1はイチゴ，2はニンジン，3はサンダル，4はヨット，5はゴマ塩，6はロケット，7は七面鳥……というように，あらかじめ各数字のペグワードを決めておきます。数字とペグワードは韻を踏んでいるため，対応を覚えることは難しくありません。図2.3を見てください。覚えるべき項目の1つ目，ここでは例としてコーヒーとしましたが，1のペグワードであるイチゴと結びつけたイメージを作ります。

イメージ化することで，1つ目の項目がコーヒーであると思い出しやすくなります。例として3まで挙げていますがそれ以降も同様です。情報を加えることで，記憶を容易にする例です。

	ペグワード	覚える項目	結びつけたイメージ	
1	 イチゴ	コーヒー		コーヒーに浸かったイチゴ
2	 ニンジン	くつした	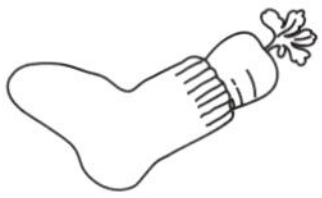	くつしたをはいたニンジン
3	 サンダル	花		花かざりのついたサンダル

図 2.3　**ペグワード法**（Bugelski et al., 1968 をもとに作成）

2.2.4　意味と結びつける

2.2.3 の精緻化にも関連しますが，覚えようとする事柄の意味や背景といった情報を得ることによって，覚えやすくなることがあります。たとえば，「歯のない男が小切手を切った」という文章を覚える際，「新しい入れ歯の代金を支払うために」という理由を加えると覚えやすくなるのは，意味づけが記憶を促す良い例です。

また，意味と結びつけることの効果を示す現象の一つに**自己関連づけ効果**（self-reference effect）があります。クイパーとロジャーズ（Kuiper, N. A., & Rogers, T. B., 1979）は，人の性格特性語のリストを提示し，以下の 4 条件でそれぞれ判断をさせるという実験を行っています。

1. **形態条件**：単語が大文字で書かれているか判断。

2. **意味条件**：単語が提示された文章の空欄にあてはめることができる単語であるか判断。
3. **他者関連づけ条件**：単語が実験者にあてはまるか判断。
4. **自己関連づけ条件**：単語が自分にあてはまるか判断。

この 4 条件のうち，後の再生テストでもっとも記憶成績が良かったのは，自己関連づけ条件でした。より深く処理され，かつより精緻な意味づけができたためと考えられます。

覚えるべき材料が言語でなくとも同様です。バウアーら（Bower, G. H. et al., 1975）は，ドルードル（droodle）と呼ばれる無意味絵を使い，意味づけの効果を示しています。図 2.4 に西本と高橋（1996）のドルードルの例を 2 組載せました。A と B の絵のセットを 10 秒提示してから B を隠し，A を手がかりに B を描かせるという課題です。絵だけを提示される場合と，絵の意味とともに絵を提示される場合とで，どちらがよく覚えられるかを比較するのです。例 1 の絵の意味は「朝顔の花とそのツル」，例 2 は「レモンを包丁で切っているところと輪切りのレモン」です。意味が与えられると覚えやすくなると思いませんか。意味づけの効果は明らかです。

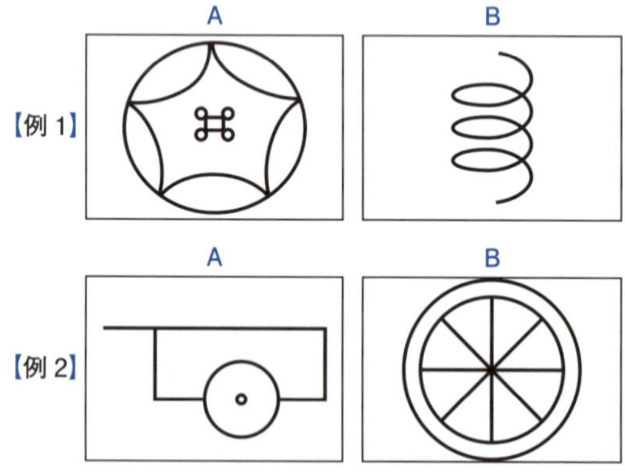

図 2.4　**ドルードルの例**（西本・高橋，1996）

2.3 変容させる

情報をより効率的に蓄えるために，私たちの認知があれこれと働いていることを述べてきました。そうした能動的な処理は，時に情報自体を変えてしまいます。

2.3.1 分かりやすくする

私たちは，情報が扱いやすいものであることを望みます。図 2.5 を見てください。中央の図（直線で結んだ 2 つの円）を「メガネ」と言われながら見ると，思い出して描くときに，A のようにいかにもメガネらしい図形を描く傾向があります。もしこれが「鉄アレイ」と言われていたら，B のように描く傾向があります（Carmichael et al., 1932）。同じものを見ても，違う手がかりとともに取り込むとどこか違う姿になります。つまり私たちは，取り込んだ情報が理解しやすいものであるよう，それらしい形に変容させているのです。

図 2.5　**メガネと鉄アレイ**（Carmichael et al., 1932 をもとに作成）

また私たちは，エピソードを記憶するときに，枝葉を省略し簡潔にするとともに，自分の理解しやすいストーリーへと変化させてしまったり，すでに知っているストーリーに近づけてしまったりすることがあります。バートレット（Bartlett, F. C., 1932）は，実験参加者に「幽霊たちの戦い」というストーリーを聞かせ再生させる実験を行っています。すると繰り返し再生させる中で，時間が経つにつれストーリーが簡略化されて短くなっていくとどもに，以下のような変容が起こることが分かりました。

1. **省略**：細部やなじみのうすい事柄が省略される。
2. **合理化**：つじつまが合わない部分は，情報が足されて合理的になる。
3. **強調**：物語のある部分が強調されて，中心的な位置を占めるようになる。
4. **細部の変化**：なじみのうすい単語は，なじみのあるものに変えられる。
5. **順序の入れ替え**：つじつまが合うように，出来事の順序が入れ替えられる。
6. **実験参加者の態度**：実験参加者の物語への態度や情動が影響する。

このように，私たちは自らの知識にそうよう，情報を変容させているのです。

2.3.2　もっともらしくする

ロフタスは**目撃証言**に関する一連の実験を行っていますが，想起時に使われる言葉によって記憶が変容することを，実験で明らかにしています。ロフタスとパルマー（Loftus, E. F., & Palmer, J. C., 1974）は，実験参加者に自動車事故の様子を撮影した映像を見せ，その記憶を調べました。その際，実験参加者を5つのグループに分け，あるグループの実験参加者には「自動車が接触したときのスピードは，だいたいどれくらいでしたか？」と尋ねました。残りのグループには，「接触した（contacted）」をそれぞれ「あたった（hit）」「ぶつかった（bumped）」「衝突した（collided）」「激突した（smashed）」と変え，5通りの質問で車のスピードを思い出させました。その結果，「激突した」という表現の質問のときに，もっともスピードがはやく見積もられ，実験参加者の回答の平均は時速40.8マイル（約65.7キロ）でした。もっとも遅く見積もられた「接触した」という表現のとき，時速31.8マイル（約51.2キロ）の見積もりであったことと比べますと，同じ映像を観た記憶であるにも関わらず大きく異なっています。「激突した」という言葉によって，記憶が変容した可能性を示しています。

ロフタス（1997）はまた，実験参加者が後からの思い込みで，記憶を変容させることを示す別の実験も行っています。実験参加者に「色彩感覚テスト」を行い，テストの成績が非常に良かったことを告げ，それは生後間もなくベビーベッドの上にカラフルなモビールが吊り下げられていたことと関連していると告げます。モビールとは，さまざまな形の紙や薄い板をひもなどで吊り下げる飾りです。そして，幼少期に見たモビールの記憶を詳しく報告するよう求めたところ，ほぼ半数の者が幼稚園入園時にモビールを見たと報告したのです。しかし，幼稚園入園時は年齢的に幼児期健忘にあたり，記憶が存在しないはずの時期なのです（幼児期健忘（childhood amnesia）＝乳幼児期の記憶を想起できない現象)。これは，自分の能力がモビールを見た経験に由来すると知らされたことで，モビールを見た記憶を新たに作り出していることを示しています。

このように私たちは，時に言葉にあわせて記憶を変え，さらには新たに得られた情報にあわせて記憶を作り出しさえします。私たちの認知は，情報が整合性を持つよう，情報を整形する作業も行っているのです。

2.4 埋め込まれる

私たちは，机に向かって紙と鉛筆を手に，情報を処理しているわけではありません。日常のさまざまな場面で，さまざまに心を動かしながら，情報に接しています。そのため私たちの情報の処理は，状況と結びつき，状況に埋め込まれたものとなります。

2.4.1 状況に選ばれる

情報は状況の中に置かれます。私たちは，その状況の中で相対的に重要な情報を優先的に処理します。そのことで，それ以外の情報が後まわしになることもあります。つまり何が処理されるかは状況しだいということです。

ロフタスら（1987）は，実験参加者に2種類のスライドを見せ，その点を検証しています。スライドはいずれもファストフード店内の光景なのですが，一つは客がレジで小切手を出しているもの，もう一つは客がピストルを出しているものです。構図は同じですが，前者は客が買い物をしようとしている日常的なシーンであり，後者は強盗犯がピストルでレジのお金を奪おうとしているショッキングなシーンです。後から実験参加者の記憶を調べたところ，ピストルのシーンを見た実験参加者はピストル以外の事物についての記憶が悪いことが分かりました。ピストルという，優先的に処理するべき情報が存在する状況下で，それ以外の情報の処理が結果的に阻害されたことを示す例です。

クリスチャンソンとロフタス（Christianson, S. A., & Loftus, E. F., 1991）は，7 枚のスライドを実験参加者に見せ，そのうちの 4 枚目のスライドだけを以下のシーンに変えて 3 条件を設定しています。

1. **感情条件**：自転車の横で頭から血を流した女性が倒れている。
2. **中立条件**：女性が自転車に乗っている。
3. **特異条件**：女性が自転車を肩にかついで歩いている。

女性の服の色（中心的情報）と，背後の自動車の色（周辺的情報）について，再生成績を比べたところ，中心的情報の再生率は感情条件で高く，周辺的情報の再生率は有意な差ではないものの中立条件で高いことが分かりました。特異条件は，注意が向けられるものの優先的に処理されるような緊急性ある条件ではなかったため，感情条件のほうが特異条件よりも，中心的情報の成績が良かったと考えられます。このように私たちが何を処理するかは，情報が置かれた状況に大きく関わっています。

2.4.2　状況に埋め込まれる

記憶者自身の置かれた状況もまた，情報処理に大きく影響します。学校を卒業して何年も経って，久しぶりに母校を訪れ，当時の思い出が急によみがえったという経験は，誰しも思いあたるのではないでしょうか。記憶は，それが刻まれたのと同じ場所や同じ状況に身を置いたときに，想起されやすいという特徴があります。

ゴッデンとバッドリー（Godden, D. R., & Baddeley, A. D., 1975）は記銘時と想起時の状況を操作し，この点を明らかにしています。スキューバダイビングクラブの学生を実験参加者とし，水中あるいは陸上で，単語リストを記銘し想起するという実験を行ったところ，水中で記銘したものは水中で想起されやすく，陸上で記銘したものは陸上で想起されやすい，という結果が得られています。このように私たちの情報処理は頭の中だけで行われているのではなく，その状況に埋め込まれた活動であると言うことができます。これを**文脈依存効果**（context dependent effect）と呼びます。

また，身を置いた状況（外的状態）だけでなく，その人自身の状態（内的状態）も影響します。アイクとメトカルフェ（Eich, E., & Metcalfe, J., 1989）は，実験参加者の感情状態が記憶成績に影響することを示しています。実験参加者は実験の中で，音楽によって楽しい気分もしくは悲しい気分に誘導されるのですが，その際，記銘時と想起時の気分が一致した条件のときに，記憶成績が良くなります。つまり楽しい気分で学習したものは，楽しい気分であるほうが思い出しやすいということです。これを**気分一致効果**（mood congruence effect）と呼びます。家でリラックスした状態で勉強した内容を，試験時の緊張状態で思い出せないというよくある経験も，これに関連するでしょう。

認知は，情報が置かれた状況にも，認知者が置かれた状況にも，さらには認知者の内的な状態にも，埋め込まれた活動であると言えます。

2.4.3 経験に埋め込まれる

私たちの思考の特徴を示す有名な実験があります。図 2.6 は，4 枚カード問題もしくはウェイソン課題と呼ばれています（Wason, P. C., 1966；第 8 章参照）。思考にはそもそも**演繹的思考**（deductive thinking）と**帰納的思考**（inductive thinking）があります。前者は知識や観察して得られた材料に論理的規則をあてはめて結論に到達する思考であり，後者は個々の事例から一般的規則を導き出す思考です。

4 枚カード問題は「P ならば Q」という所定の規則に関する思考であり，演繹的思考を求める典型的な課題です。図 2.6 は，一見，簡単に見える問題

カードには，片面には数字が，もう片面にはアルファベットが書いてあります。これらのカードが以下のルールを満たしているか調べるために，裏返さなくてはならないカードはどれですか？

ルール：片面が母音ならば，もう片面は偶数

図 2.6　**4枚カード問題（オリジナル）**（Wason, 1966）

これらの封筒が以下のルールを満たしているか調べるために，裏返さなくてはならない封筒はどれですか？

ルール：封がしてあれば，50リラ切手が貼ってある

図 2.7　**4枚カード問題（封筒バージョン）**（Johnson-Laird et al., 1972）

でありながら，大学生を対象に実施した結果で正答率10%以下と，正答率が非常に低いことが知られています。「E」と「7」を裏返すのが正解ですが，「偶数でなければならない」という規則の文言にひっぱられて「4」をひっくり返すという誤答が多く出ます。

ジョンソン=レアードら（Johnson-Laird, P. N. et al., 1972）は，この4枚カード問題について，材料をより現実的で具体的なものにして検討しています。図 2.7 を見てください。この封筒バージョンの変形4枚カード問題を行ったところ，87.5%という高い正答率であったことを報告しています。つまり，具体的なもので思考することで，正答にたどりつきやすくなることが判明したのです。

しかしその後，グリッグズとコックス（Griggs, R. A., & Cox, J. R., 1982）は，封がしてあるか否かで郵便料金が異なるという郵便制度になじみのないアメリカの大学生を実験参加者に実験を行い，正答率が増加しないことを示しました。そして，大学生によりなじみのある状況設定にした飲酒バージョン（図 2.8）にすると，正答率が一気に上がることを示しました。つまり具体的な事物であることは必要条件ですが，活用できる知識や先行経験があることこそが必要十分であるということです。

カードには，片面には人の年齢が，もう片面にはその人の飲んでいるものが書いてあります。これらのカードが以下のルールを満たしているか調べるために，裏返さなくてはならないカードはどれですか？

ルール：お酒を飲むなら，20 歳以上

ビール	コーラ	22 歳	16 歳

図 2.8　**4 枚カード問題（飲酒バージョン）**（Griggs & Cox, 1982）

興味深いのは，オリジナルの 4 枚カード問題も封筒バージョンも飲酒バージョンも，同じ論理構造をしていることです。しかし私たちの正答しやすさは大きく異なり，私たちの経験になじむ状況設定である場合に，思考はより正しく，より容易になされます。演繹的思考でさえ，論理法則にのみ支配されるものではなく，私たちの知識や経験に埋め込まれた思考なのです。

2.4.4　思考の枠組みに埋め込まれる

知識や経験は，思考を方向づけます。そしてそれは思考の枠組みとなって，私たちの情報処理に関わってきます。

トゥベルスキーとカーネマン（Tversky, A., & Kahneman, D., 1983）は，頭

が良く気難しそうで活動的なリンダという女性について，ありうる確率を実験参加者に推定させました。

①「彼女は現在，銀行で出納係をしている」

②「彼女は現在，銀行で出納係をしており，女性解放運動に熱心である」

上記について，確率を推定させると，おもしろいことに②の確率のほうを高く見積もってしまうのです。冷静に考えれば，A（銀行の出納係）の確率より，A（出納係）かつB（女性解放運動に熱心）の確率が高くなるわけがありません。しかし，おそらくはAよりももっともらしいと思われるBにひっぱられ，Bを含む事象の確率を高く見積もってしまうのです。これを**連言錯誤**（conjunction fallacy）と呼びます。

また，まったく同じ問題であるのに，それを構成する枠組みが異なると判断が異なる例として，**フレーミング効果**がよく知られています。たとえば，ある商品を紹介される際，「85％の人が満足した商品です」と言われる場合と，「満足しなかった人が15％の商品です」と言われる場合では印象が違います。よく考えれば同じことを言っているわけですが，前者は商品がとても魅力的に，後者は商品に何か欠陥があるかのように，受け取れます。

トゥベルスキーとカーネマン（1981）は，フレーミング効果を示す巧妙な実験を行っています。図2.9を見てください。実験の結果，ポジティブフレーム条件では対策Aが選択される傾向にあり，ネガティブフレーム条件では対策Dが選択される傾向にあります。ここで注目するべきは，対策AとCが同一の内容であり，対策BとDも同一の内容であることです。つまり枠組みが違うことで，選択が違ってしまっているのです。トゥベルスキーらは，ポジティブフレーム条件のように，「助かる」という利得に注意が向けられている枠組みでは，リスクを回避して対策Aが選ばれる現象を指摘しています。

同じ問題であっても枠組みが異なると判断が異なる例からも，私たちが抽象的な規則を取り出して思考するのではなく，問題状況や自らの思考の枠組みに埋め込まれた形で問題を理解することを示していると言えるでしょう。

【ポジティブフレーム条件】

アメリカで 600 人の人々を死に追いやることが予想される特殊な病気が突発的に発生しました。2 種類の対策が提案されました。これらの対策の正確な科学的推定は以下の通りです。どちらを採用しますか？

対策 A：もしこの対策を採用すれば 200 人が助かる。
対策 B：もしこの対策を採用すれば 600 人が助かる確率は 3 分の 1 で，誰も助からない確率は 3 分の 2 である。

【ネガティブフレーム条件】

（設定はポジティブフレーム条件と同一。）どちらを採用しますか？

対策 C：もしこの対策を採用すれば 400 人が死亡する。
対策 D：もしこの対策を採用すれば誰も死なない確率は 3 分の 1 で，600 人が死亡する確率は 3 分の 2 である。

図 2.9　**フレーミング効果**（Tversky & Kahneman, 1981 をもとに作成）

以上のように，私たちが取り込んだ情報は，蓄えられ，意味づけられ，時に変容し，はては私たちの記憶，判断，思考といった情報処理に影響を与えます。私たちの認知は，情報を単なる記号ではなく，より能動的なツールとして機能するよう，創り上げていくのです。

Q2.1

記憶力を良くするには，どうしたらよいと思いますか。きたえることはできるでしょうか。

memo

Q2.2

情報を取り込むときは，意識的な努力で覚えるべきものとそうでないものを選別しますが，失われていくほうはどうでしょう。どういう情報が失われやすいのでしょうか。また，どうすれば情報を失わずにすむのでしょうか。

memo

Q2.3

私たちは，知識を得ていけば，どんどんかしこくなるのでしょうか。たくさん学習し経験を積むことで，よりうまく問題を解決できるようになると思いますか。

memo

A2.1

記憶するとは，短期記憶から長期記憶に情報を転送することです（2.1.2参照)。2つ，ポイントがあると思います。一つは短期記憶におさめるために，情報を整理，集約して小さなサイズにすること，もう一つは長期記憶に転送するための処理をすることです。これには何らかの意味づけが必要になります。

この問に答えるには，優れた記憶の例が参考になるでしょう。2つの例を紹介します。まず一つ目の例は，チェイスとサイモン（Chase, W. G., & Simon, H. A., 1973）が行った，チェスの熟達者を対象に駒の配置の記憶を調べた実験です。2.2.1で述べましたように，短期記憶容量にはさほどの個人差がなく，容量が多い人であってもせいぜい7 + 2チャンクです。しかし情報を効率的にまとめ，より大きなチャンクを構成することができれば，同じ容量であっても結果的に大きな情報をおさめることができます。

チェイスとサイモンは，熟達者は短期記憶の負荷を減らすために特定の駒の配置をチャンクとして記憶し，初心者はチャンキングがうまくできないか，1つのチャンクに含まれる駒が少ないと予想したのです。実験では，熟達者から初心者まで，技量と経験に差のある指し手に対し，局面を5秒見せた後，他の盤に配置を再現させました。非常に短い時間（2秒）内で置かれた駒同士は1つのチャンクとみなします。実験に用いた配置は，実際のゲームの中盤戦，終盤戦，および終盤戦の配置を並べ替えてでたらめな配置にしたものでした。

実際のゲーム局面の配置については，熟達者は初心者よりはるかにはやく，そして正確に配置を再現しました。さらに技量が高い者ほど，1つのチャンクに含まれる駒の数が多く，チャンキングされたパターンも多いことが判明しました。そして注目されることとして，でたらめな配置の局面では技量による差が生じませんでした。でたらめな配置はチャンキングも意味づけもできない情報であるということです。これらのことは，熟達者の優れた記憶が，巧みなチャンキングと意味づけにあることを示します。

もう一つの例ですが，記憶術の達人ということで知られる石原誠之氏は，200桁にも及ぶ意味のない数列を9分足らずで完全に覚えたという記録があります（岩原，1976）。彼が特別な記憶力を持っていたかと言えば，決してそういうわけではなく，その鍵は徹底したチャンキングと意味づけにありました。まず数字をその読みでカナと結びつけ，数字列に意味を持たせます。

7 4 2 7 6 9 1 1 3 8

上記のような数列を石原氏は，74（梨），27（フナ），69（麦），1138（いい宮）と，置き換えます。かなりチャンキングされましたが，これだけでは数列が長くなるにしたがい単語も増え，今度はこれらの単語を覚えるための別の手段が必要です。そこで意味づけが必要になります。石原氏は，自らの故郷の景色でこれらの単語を連結します。家の前の畑に梨が植えてある，畑と家の間の小川にはフナが泳いでいる，母屋の前には麦畑がある，そばにきれいなお宮がある……。ただの無機質ででたらめな数列がたちまち，石原氏にとってまぶたを閉じていてもまざまざと浮かんでくる，よく知った景色に姿を変えて現れるのです。

記憶の究極の鍵は，いかに自分の興味関心にひきつけ，そこに意味やイメージを与えられるか，ではないでしょうか。

A2.2

記憶そのものが減衰するというより，忘却を生じさせるもっとも重要な要因は，他の対象の記憶であると考えられています。ある人物の名前を覚えた後，それを想起するまでの間に新たに覚えた名前が多いほど，想起は難しくなっていきます。このように，記憶された情報は互いに影響し合います。さらに言えば，情報同士が似ているほど，情報が未整理であるほど，互いに記憶を妨げてしまいます。これを**干渉**（interference）と呼びます。

極端なことを言えば，新たな入力がない状態がもっとも記憶が保たれます。ジェンキンスとダレンバック（Jenkins, J. G., & Dallenbach, K. M., 1924）は，10個の無意味綴りを完全に覚えた実験参加者が，眠っていた場合と起きていた場合とで，忘却の過程を比較しています。眠っていた場合は最初の2時間でほぼ5割を忘れてしまいますが，その後はほとんど忘れませんでした。対して起きていた場合では，2時間後には7割忘れ，8時間後には9割も忘れてしまいました。新たな情報によって忘却が進むことを示す結果と言えます。

また，この問題を考えるにあたり，自伝的記憶の研究が参考になります。**自伝的記憶**（autobiographical memory）とは，私たちが日常生活で経験するさまざまな事柄の記憶です。リントン（Linton, M., 1982）は，自分自身の身に起こった出来事を6年間にわたって記録し，自らの記憶を調査しました。その結果，忘却には2つのタイプがあると主張しています。一つはそもそも記銘が甘い場合です。あまり重要でない些細な出来事の場合がそうです。たとえば，電車の席を人に譲ったぐらいの出来事であると，記憶に留めるほどの重要性はないため，しばらくするとその出来事を思い出せなくなる可能性が大いにあるわけです。

もう一つは，類似した出来事が何度も起こることによって，1回1回の特徴がうすれていくようなタイプの忘却です。ある人に1回しか会ったことがなければ，その人と会ったという出来事は印象的であり，場所や時間帯やその際の様子なども記憶に留まりやすいものです。しかし，その人に何度も何度も会うと，1回1回の記憶はうすれていきます。

忘れやすい記憶とは，もともと重要と認識されない出来事に加え，よく似た経験を塗り重ねられて徐々に新奇性を失った出来事も該当します。いわゆる，どれがどれだか記憶が混ざってしまう経験がそれにあたるのですが，類似した情報に接することがその情報を失わせるという点で，干渉の考え方に合致するものです。

結局，情報の敵は情報です。あたり前の助言になってしまいますが，豊富な情報に接し取り込みながら暮らすことが避けられない私たちにとって最善なのは，失ってはならない情報をこまめに外部記憶装置（メモや写真といった記録）に預けることなのでしょう。

A2.3

私たちが蓄えた情報は，基本的には私たちを助けます。では，情報を蓄えていくことで，私たちの問題に対処する能力が直線的に伸びるか……これについては残念ながら，そうとは言えない部分があります。

問題を解決するにあたって，私たちは蓄えた情報を利用しようとする傾向がありますが，その傾向から逃れることは実はとても難しいものです。第１章で，図形を知覚する際に，意図していないのに周囲の図形と対比させてしまったり，奥行きを感じ取って補正してしまったりする知覚の働きを紹介しましたが，私たちが情報を利用する際の認知の働きも同様で，意図的に抑えることはとても難しいのです。

ここで言う問題とは，勉強にかぎらず，生きていくうえで解決が求められるすべての事象とします。過去の経験に照らしあわせて解決できる場合ばかりとは限りません。過去のデータを参照しても，そこに解がなければそれまでですし，過去の経験を不適切に適用させて，かえって解決が遠くなる場合もあります。また，解が１つに定まる場合ばかりでもありません。あらかじめ決まった１つの解を求める思考を**収束的思考**（convergent thinking）と呼び，解が１つとは限らない中でより良い解を求める思考を**拡散的思考**（divergent thinking）と呼びますが，拡散的思考の場合には，より広く，より自由に，アイデアを出すことが必要になります。その場合は時に経験や知識にとらわれない創造的な思考が重要になります。

創造的な思考に関して，構えという概念があります。**構え**（set）とは，

「経験により獲得された思考の枠組みの中でのみ考えてしまい，柔軟な思考ができなくなること」を指します。私たちの日常的な用語で言えば，固定観念，先入観といったものが相当するでしょう。

図 2.10 を見てください。これは，「マイヤーの 2 本ひも問題」と呼ばれるものです（Maier, N. R. F., 1931）。天井から 2 本のひもが垂れ下がっています。問題は「2 本のひもを同時に手に取るにはどうしたらよいか？」です。図のように，片方のひもを手に持った状態では，もう片方のひもに手が届きません。ちなみに図の中に描かれている物品は使ってよいことになっています。思わせぶりに置いてある椅子に乗ってみたくなりますが，乗ってもどうにもなりません。他に，ペンチ，釘，紙が描かれています。もっとも優れた解は，ペンチを一方のひもの先に結びつけ，おもりに見立てることです。おもりのついたひもは振り子のように大きく揺らすことができますから，ペンチのついていないほうのひもを手に持ちながら，振り子が手前に来たときにつかむことができるのです。

図 2.10　**2 本ひも問題**（Maier, 1931 をもとに作成）

この解を難しくしている原因は，ペンチがなじみのある道具であることです。誰もが知るペンチは，その用途もよく知られています。私たちはペンチを見た瞬間，その用途に関する知識を引き出すことができます。ところが，おもりに使うという用途は，私たちの知識の中にはありません。そのために，通常とは違う用途に気づきにくくなってしまうのです。もしこれがペンチではなく，用途の分からない工具だったら……，ただの鉄のかたまりだったら……，「おもりとして使う」という用途に気づきやすかったかもしれません。この場合，有用であるはずの知識に解決が妨げられているのです。つまり私たちの思考は，過去の経験をいかに活用するか，という課題とともに，過去の経験からいかに自由になるか，という課題をつきつけられていると言えます。

かしこく生きるために，知識は不可欠です。経験を生かすことも重要です。しかし同時に，知識や経験にとらわれずに発想することも重要なのです。もしこれを読んでいるあなたが，自らの知識不足，経験不足を感じるのであれば，それは知識や経験にしばられない自由な発想をするチャンスなのかもしれません。

参考図書

無藤　隆・森　敏昭・遠藤由美・玉瀬耕治（2004）．心理学　有斐閣

認知に限らず心理学の各領域を網羅する概論書です。必要な概念を学ぶのに適しています。

太田信夫・厳島行雄（編）（2011）．現代の認知心理学 2　記憶と日常　北大路書房

重要な基礎研究で記憶のシステムを紹介したうえで，日常生活の中での記憶にまつわる現象についても解説しています。

井上　毅・佐藤浩一（編著）（2002）．日常認知の心理学　北大路書房

私たちが日常的に行う認知的活動をテーマとして扱った応用的研究を多く紹介している一冊です。

西本武彦・林　静夫（編）（2000）．認知心理学ワークショップ――実験で学ぶ基礎知識――　早稲田大学出版部

認知心理学の実験演習マニュアルです。比較的簡単に行える実験を通じて，認知心理学の基礎的理論を学ぶことができます。

第 II 部

自己の成長

第3章 育つ心・育まれる心
発達心理学

人の心は，身体と同様，胎児期から死に至るまで生涯にわたり変化していきます。その変化の過程は，時代や社会・文化によって，また個々の身近な生活環境や他者との関わりによって，それぞれに異なります。しかし一方で，一人の人間として育ち，育てられ，そしてさらに他者を育てていく中で，生涯の同じ時期多くの人に共通して見られる心の働きや行動面での特徴，経験といったものも存在します。

発達心理学では，主にこうした人間の生涯にわたる心身の変化とその仕組みを扱います。本章では，発達心理学における基本的な枠組みを概観したうえで，生涯を６つの時期に分け，各時期の主要な特徴と発達的変化の過程について取り上げます。

3.1 発達心理学の基礎的理解

発達心理学は，生理学や動物行動学，脳科学，社会学，教育学といった多様な学問領域と密接に関連しており，また社会環境の変化にともなう人々の価値観・生活様式などの変化に多大な影響を受けながら発展してきました。そのため，発達心理学研究を行ううえで前提となる**発達観**や発達に影響を及ぼす要因についての考え方も，時代の変遷とともに変わってきたという経緯があります。本節では，そうしたことをふまえて，今日の「**生涯発達**（life-span development）」というとらえ方と発達の遺伝的要因と環境的要因に関する考え方を概観し，そもそも心の発達とはどのようなことなのか，考えてみたいと思います。

3.1.1 発達をどのようにとらえるか

発達という言葉を聞いて，私たちはどのようなイメージを持ち，どのように説明しようとするでしょうか。何かができるようになる，分かるようになるなど，人が時間の経過とともにそれまでよりも何らかの良いほうへと方向性をもって変容していく様を思い浮かべる人が多いのではないかと思います。そして，そうした変容の有様がもっとも顕著に見られる対象として，赤ちゃんや子どもを連想する人も少なくないでしょう。

発達心理学においても，発達と言えば成人するまで，とくに乳幼児〜児童期の成長・獲得の過程を中心に見ていくものととらえられてきました。このことは，発達心理学がかつては「児童心理学」の名称で表されることが多かったことからもうかがわれます。裏を返せば，成人後の人はあまり大きく変化することはなく，やがて老年期にかけて諸々の能力が衰えていくのみであり，発達する存在とは見なされてこなかったとも言えます。

しかし，1980 年代頃から「人は生涯にわたって発達し続ける」という考え方が出てきました。たとえば，親になる，老親を介護する，職場や地域で組織を運営したり後進の指導に携わったりするといった成人期以降の経験において，人はこれまでとは違う役割を担い，そこでの他者との関わりや出来事を通じて，物事に対しこれまでとは異なる感じ方をするようになったり，理解を深めたり，新たな対処方法を身につけていったりします。能力的には確かに衰えたり失ったりする面も少なからずありますが，就職や結婚など人生に大きな影響を与える出来事（**ライフイベント**）や身体の変化といった節目を契機に，それまでとは質的に異なる心理的変容を遂げるということは，成人後も続いていくのです。医学や経済の発展により平均寿命が以前に比べ大幅に延びたことで，長い成人後の人生をどのように生きるかということに関心が寄せられるようになったこともあり，発達という現象はそれまでよりも広くとらえられるようになりました。

こうして現在の発達心理学は，成長・獲得だけでなく，衰退・喪失する面もあわせて，生涯にわたる心の変化の様相とその仕組み（なぜそうした変化が生じるのか）を明らかにすることを目指す学問となっています。アメリカの心理学者バルテスは，この生涯発達という概念を「人の受胎から死に至るまでの，生涯を通しての行動の恒常性と変化」（Baltes, P. B., 1987）と定義しています。他にも，発達の方向性にプラスやマイナスの価値を考えるか考えないか，発達の目標としてどのような状態を設定するのか，といったことによって，多様な生涯発達のイメージがあり（図 3.1），それらにもとづく発達の理論が提唱されています。

モデル名	イメージ	価値	モデルの特徴
A 成長	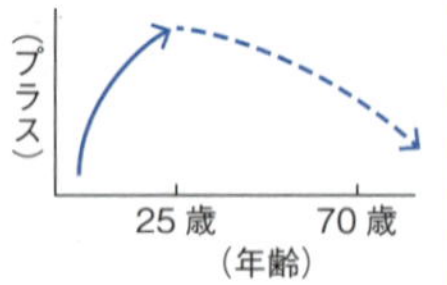	考える	子どもから大人になるまでの獲得，成長を考える。成人発達の可塑性を考えない。
B 熟達	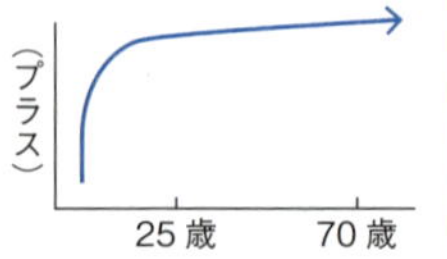	考える	以前の機能が基礎になり，生涯通して発達し続ける安定性と一貫性を重視する。
C 成熟	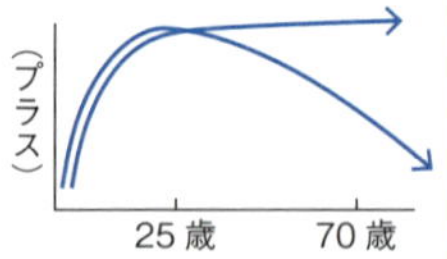	考える	複数の機能を同時に考える。ある機能を喪失し，別の機能が成熟すると考える。
D 両行	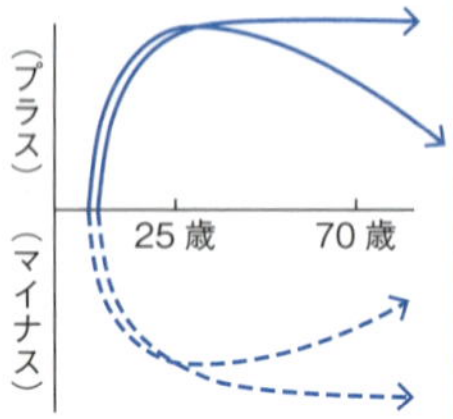	考える	複数の機能を同時に考える。ある観点から見るとプラスであり別の観点から見るとマイナスと見なす。
E 過程	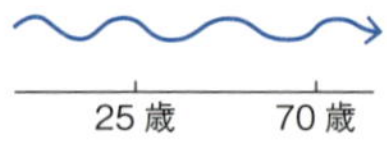	考えない	人生行路（コース）や役割や経歴（キャリア）の年齢や出来事による変化過程を考える。
F 円環	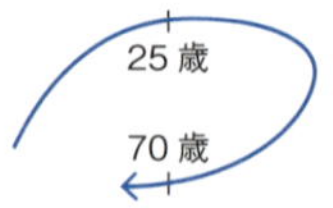	考えない	回帰や折り返しを考える。もとへ戻る，帰還による完成。

図 3.1　生涯発達の 6 つのモデル（やまだ，1995 を改変）

3.1.2 発達の要因――遺伝と環境

人は，霊長類の「ヒト」としての遺伝子を備えて生まれ，家庭・社会といった環境の中で育っていきます。言語や知能，対人コミュニケーション，パーソナリティなど，さまざまな集団において他者と関わり互いに影響を及ぼし合いながら生きていく社会文化的存在としての「人」の発達には，この**遺伝**（heredity）と**環境**（environment）の双方が関わっていると考えられます。

20 世紀初め頃の心理学では，どちらの要因がより発達に大きな影響を及ぼすのか，遺伝説と環境説の論争が繰り広げられていました。前者は，人にはもともと人として変容していくプログラムが備わっており，それが**成熟**（maturation）によって出現してくるという考え方です。一方後者は，発達を，その人を取り巻く環境における経験からの**学習**（learning）によるととらえるものです。

その後，こうした対立的な考え方でなく，発達を成熟と学習の双方から影響を受けるものとしてとらえる**輻輳説**（ふくそう）（convergence theory）が現れ，さらに発達の側面によって生得的な影響力と環境的な影響力の大きさは異なるとする**環境閾値説**（environmental threshold theory）が登場してきました。近年の研究では，双生児を対象とした研究により，性格や認知能力などさまざまな心理的形質について，①遺伝の影響を受けること，②共有環境（家庭生活など 2 人が共有している環境）の影響は相対的に小さいこと，③個人差は非共有環境（2 人が共有していない環境）の影響による部分が大きいこと，といった法則が導き出されています（Turkheimer, 2000）。心理的形質によって遺伝や環境による影響の受けやすさは異なりますが，図 3.2 に示すように，こうした遺伝と環境の影響力は年齢とともに変化していき，遺伝による説明率が高くなる傾向が見られることなども明らかとなりつつあります（安藤，2011）。

このように，新生児・乳児の研究や長期間同じ人を追跡的に調査していく**縦断研究**（longitudinal study）の進展，行動遺伝学分野における研究成果などによって，ヒトが種として受け継ぐ遺伝情報が実際にある形質として発現

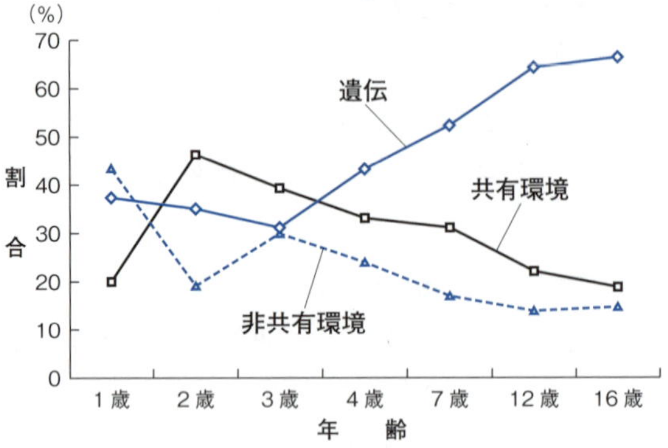

図 3.2　幼児期から青年期にかけて双生児の認知能力（IQ）に遺伝・環境が及ぼす影響の変化（Brant et al., 2009）

する過程には，遺伝と環境の複雑な相互作用が働いていることが解明されつつあります。生まれたばかりの赤ちゃんも，決して無力で無個性な白紙状態ではなく，実は長期にわたる個性の源とも言うべきさまざまな特徴の個人差や，他者（とくに身近な養育者）に敏感に反応し応答的な養育行動を引き出すような生得的基盤を備えています。それらはその人の生きる多様な環境と影響を及ぼし合いながら，各々の能力の獲得や人格・行動の形成へとつながっていくのです。千差万別である一人ひとりの発達は，このように遺伝と環境がさまざまなレベルで絶え間なく相互作用し続けることによって起こっていると考えられます。

3.2　子ども時代の発達

発達心理学では，前後の時期で質的な変化の大きい節目を境に，生涯をいくつかの時期的なまとまりに区分してとらえます。ただし，どのような基準でいくつに分けるかということに関しては研究対象などによって複数の考え方があるうえに，法律上の定義とも異なる場合があります。本章では，大きく乳児期（出生から1歳6カ月頃まで），幼児期（1歳6カ月頃から6歳頃まで），児童期（6 歳頃から 12 歳頃まで），青年期（12 歳頃から 22 歳頃まで），成人期（22 歳頃から 65 歳頃まで），老年期（65 歳以上）の 6 つに区分します。このうち本節では前半の乳児期・幼児期・児童期について，それぞれの時期における心の各側面の発達的特徴を見ていきます。

3.2.1　乳児期の発達

乳児は，見る・聞くといった感覚からの刺激に対して，手足を動かし直接的に反応することで，対象となる事物を認識します。つまり**乳児期**（infancy）は，身体を通して，外界を認識していく時期と言えます。

生後間もない頃は，**原始反射**（primitive reflex）と呼ばれる，特定の感覚刺激に誘発される反射的な動きが見られますが，しだいに近くの対象に自ら手を伸ばすといった意図的な運動が可能になっていきます。また，首が座る，座る，ハイハイをする，つかまり立ちをする……といった運動能力と身体発育の発達によって視野や移動範囲も広がり，さかんに周囲にあるものを引っ張ったり舐めたりする姿も見られます。

乳児の感覚は，たとえば新生児の視力は 0.03 程度と未熟な部分も大きいものの，早くから外部の刺激を選択的に受けとめる能力を有しており，とくに社会的な刺激に対して敏感であることが分かっています。言い換えれば，人との直接的な関わりが，乳児期の発達において非常に重要であるということです。

こうした対人的な敏感さとともに，見た目のかわいらしさや泣き・微笑みといった初期から見られる表出行動は，乳児が身近な他者，すなわち養育者から，世話や関わり，保護を引き出すために生まれつき持っている特徴とも言えます。これらに支えられながら養育者とのやりとりを繰り返していく中で，乳児は，日常的に関わることの多い人とそうでない人とを識別し，養育者に対しては声を出したり顔を見てほほえんだりする一方で，知らない人には恐れを示し避けようとするようになります。

このように，乳児が養育者に対してもつ緊密な感情の絆を，ボウルビィ

（Bowlby, J., 1969）は**愛着**（attachment）と呼びました。愛着がどの程度安定しているかということについては，養育者の態度や子どもの生得的な気質

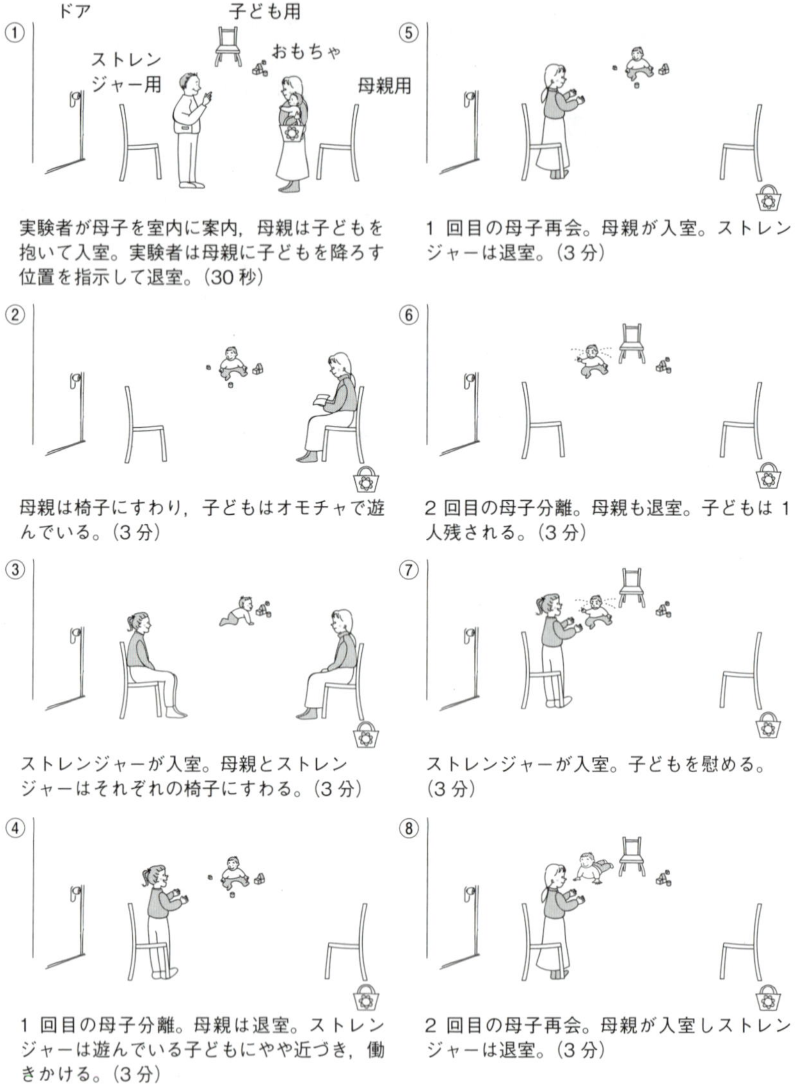

ドア
子ども用
ストレンジャー用
おもちゃ
母親用
①
実験者が母子を室内に案内，母親は子どもを抱いて入室。実験者は母親に子どもを降ろす位置を指示して退室。（30秒）
②
母親は椅子にすわり，子どもはオモチャで遊んでいる。（3分）
③
ストレンジャーが入室。母親とストレンジャーはそれぞれの椅子にすわる。（3分）
④
1回目の母子分離。母親は退室。ストレンジャーは遊んでいる子どもにやや近づき，働きかける。（3分）
⑤
1回目の母子再会。母親が入室。ストレンジャーは退室。（3分）
⑥
2回目の母子分離。母親も退室。子どもは1人残される。（3分）
⑦
ストレンジャーが入室。子どもを慰める。（3分）
⑧
2回目の母子再会。母親が入室しストレンジャーは退室。（3分）

図3.3　ストレンジ・シチュエーションの8場面（繁多，1987）

などによって個人差があることが明らかとなっており，その測定方法として，エインズワースら（Ainsworth, M. D. S. et al., 1978）の開発した**ストレンジ・シチュエーション法**（**図 3.3**）が広く知られています。

ハイハイやつたい歩きでの移動が始まる乳児期後半以降になると，周囲の**探索行動**を積極的に展開していく姿も見られるようになります。愛着が安定している場合，養育者は子どもにとっての安全基地として機能します。怖い思いをしたり驚いたりしたときには養育者のもとに戻って慰めや励ましを受け，再び探索へと向かいます。乳児が行動範囲を広げ，さまざまなものに触れて色々と試したりしながら，自分を取り巻く環境について学んでいくうえで，心のよりどころとなる養育者との関係は非常に重要と言えます。

3.2.2　幼児期の発達

1 歳を迎える頃，積み木を耳にあてて電話で話すふりをするといった，ある対象を他のもので表す様子がよく見られるようになります。これは，実際にその場にあるものではなく，心の中にあるイメージを表す**象徴機能**（symbolic function）が出現してきたことを意味します。

また，乳児期における養育者を中心とした他者との関わりの中で，子どもは相手に伝えたい・分かってほしいという気持ちや，指を差したり顔を向けたりして注意・意図を他者と共有するといったコミュニケーションの基盤を培っていきます。同時に，周囲の人の話す言葉から，母語に含まれる音韻をより正確に聞き分けられるようになっていくとともに，のどや口・鼻など音声を発するための器官の発達により，音声言語の基本的特徴を備えた**喃語**（babbling）を発するようになります。

これらさまざまな側面の発達に支えられて，1 歳頃に初めての言葉（**初語**）が出現します。その後，語彙や文に含まれる単語数の増加，名詞・動詞・形容詞に加え助詞や助動詞の使用など，3 歳頃までの幼児期前半にかけて，話し言葉が発達していきます。

また，**幼児期**（early childhood）に入ると，しだいに子ども同士の遊びがさかんになってきます。2歳頃はまだ互いのイメージを言葉で伝え合い共有するということが難しいため，遊びが長続きしなかったりいざこざが起きたりすることも多く見られますが，3歳頃からは，子ども同士で会話しながら一緒に遊ぶことが増え，さらに4，5歳児になると共通のイメージやルール・目標のもとで互いに協力したり役割を分担したりするようになります。

こうして，仲間とともにイメージを共有して遊ぶ日々の経験の中で，さまざまな葛藤や喜びを味わいながら，自分の思いを他者に対して伝える力と，他者の心に気づき理解する力が育まれていきます。子ども同士で関わり合う経験を通して，3～5歳の幼児期後半には，自己主張や待つ・譲るといった自己抑制のように自分の感情や行動を自分自身で制御する力（**自己制御機能**；self-regulation）が発達するとともに，他者の感情や思考，知識，意図などの理解が進み，人の「心」の存在やその働きについての「**心の理論**（theory of mind）」が成立します（Premack & Woodruff, 1978；子安，2000）。私たち人間が社会において他者と関わりながら生きていくための土台づくりをするうえで，幼児期の仲間との豊かな遊びの経験は大きな役割を果たすものと言えるでしょう。

3.2.3 児童期の発達

児童期（late childhood）には義務教育が始まり，子どもたちは学校という場において，自分の属する社会で必要とされる知識や技能の習得が求められることになります。人が社会との関わりを通して生涯にわたりどのような発達を遂げていくのかということを，各時期における**発達課題**（developmental task）によって示したエリクソンは，「やればできる」という体験をもとに勤勉性を身につけることが，児童期の課題であるとしています（Erikson, E. H., 1959；西平・中島訳，2011）。

学校教育において，同世代の子どもたちとともに授業を受け，直接体験ではなく主に言語を通して学習するというスタイルで，子どもたちは体系的に新しい知識・概念を得たり，論理的な規則を用いて問題を解決したり，さまざまな事象を理解・推測したりする能力を身につけていきます。児童期には，こうした学びが成り立つために必要となる，言語を自らの行動の調整や思考の道具として使用する力や読み書きの能力が発達するとともに，記憶の容量と方略の増加などが見られます。さらには，幼児期には難しかった自他の視点を区別し複数の視点で客観的に物事をとらえることなども可能となります。

表 3.1 ピアジェの認知発達段階（ピアジェ，1972 をもとに作成）

段階		およその年齢	特徴の概要
感覚運動期		誕生～2 歳頃	生後まもない時期から，吸う・つかむなどの生得的な反射を使いながら身近な環境に関わる。しだいに自発的な身体活動が増え，手をのばしてものをつかむなど感覚と運動の協応を獲得して，身体の活動を体制化していく。さらに，自分の身体活動によって生じる外界の変化を再生させるために，身体活動を反復するようになる。またこの時期に，事物が目の前から消えても存在し続けていること（事物の永続性）を学習する。
表象的思考期	前操作期	2～7 歳頃	事物や事象を理解したり表現したりするために，象徴やイメージを使うようになる。ことばの使用が始まり，見立て遊びや目の前にいない人のまね（延滞模倣）がよく見られる。この時期の思考には大人の思考のような抽象性や論理性はないが，自分が見ているものと他人が見ているものとは必ずしも同じでないことを徐々に理解するようになる。 4 歳頃になると大人のものに近い概念を用いることができるようになるが，物の外観に影響を受けやすく，一貫性を欠くため，直観的と見なされる。
	具体的操作期	7～11 歳頃	組織的で論理的な思考が可能となる。ただし，この時期はまだ具体的な事物や事象に照らして考えることができる場合に限られる。また，他の人の行動やそれが生じる場面を観察し，行動の動機を推察することができるようになってくる。脱中心化・保存概念の成立が見られる。
	形式的操作期	11，12 歳～	具体物や観察可能な事象に限らず，頭の中で論理的に考えることが可能となる。抽象的・仮説的な問題を，体系的に思考したり推論したりすることができるようになる。

やがて，児童期の終わり頃（11～12歳頃）になると，具体的な事物・事象に照らさずに仮説をたてて論理的に思考することができるようになります。子どもの記憶や学習，思考といった**認知機能**（cognitive function）が発達していく過程を段階的に示した（**表3.1**）スイスの心理学者ピアジェは，これを**形式的操作期**（formal operational period）と呼び，思考の完成として位置づけました（Piaget, J., 1970；滝沢訳，1972）。このように児童期は，認知的な面で大きな質的変化を遂げていく時期と言えます。

一方この時期，人間関係の面では，子どもたちの中で友達との関係が重みを増してきます。仲間集団における関わりを通して，子どもは他者の行動や思考，態度とその結果に接し，それらをモデルとしながら，社会で求められる振る舞い方や状況・理由に応じた判断力などを身につけていきます。

3.3 青年期以降の発達

本節では，発達の時期的区分の後半である青年期・成人期・老年期について取り上げます。前節に比べると対象となる期間がかなり長く，また後になればなるほどライフイベントの経験や生活環境は時期も内容も多様となるため，一般的な説明に個々人の実際の発達過程が必ずしも当てはまらない場合も増えていくでしょう。さらに，時代の社会状況によって各時期の節目となる年齢もしだいに変わっていくことが考えられます。そうしたことをふまえつつ，それぞれの時期の主なテーマ（発達課題）を見ていきたいと思います。

3.3.1 青年期の発達

児童期の終わり頃，中学生前後になると，大人の男性・女性らしい体型へと身体が大きく変化する**第二次性徴**（secondary sex characteristic）を迎えます。社会的には，中学生・高校生・大学生や社会人へと変わっていき，周囲から期待される行動や他者との関わり方も，しだいに「子ども」から「大人」へと移行していきます。

こうした変化は自分への意識を高めることにつながり，外見や行動，能力はもとより，「自分は判断力がある」「自分にとって大切なのは○○だ」など，パーソナリティや信念，価値観といった自身のより内面的な面にも関心を向けるようになります。また，他者からの評価や他者との比較などを意識し，より客観的な視点から自分をとらえようとします。このようにして，自己の肯定的な面だけでなく否定的な面をも理解し，より多様で複雑な視点から，現実的にとらえるようになるのです（岩熊・槇田，1991）。そして，そのことによって，周囲が期待する自分，自身が理想とする自分と，実際の自分との差や違いに気づき，悩んだり不安になったりすることも多くなっていきます。

青年期（adolescence）が進んでいくにしたがい，そうした自己の多様な側面を受け入れ，周囲からの期待や自身の理想と，現実の自分や自分を取り巻く状況との間で折り合いをつけて，進学や就職など将来の進路選択を考えるようになります。このように，社会における「子ども」という立場から脱するにあたり，改めて自分とは何かということを真剣に問い直し，「これが自分だ」という感覚を持てるようになること，そしてそれが周囲の人々や社会との関わりにおいて認められていると思えること，すなわちエリクソンの言う**アイデンティティ**（identity）を確立することが，青年期をかけて向き合う課題と言えます。

青年期には，親からの自立，価値観・思想といった内面的な事柄で共感しうる友人関係，特定の相手との親密・性的な恋愛関係など，身近な他者との関係においても非常に濃く深い個人的体験が生じます。また，成人としての責任や義務を負わずに，将来に備えて自由にさまざまな役割を実験することが社会からある程度許される猶予期間（**モラトリアム**）として，アルバイトやボランティアなどの経験を積んだり，旅行やサークル活動などに打ち込んで色々な人と交流の機会を持ったりすることが可能です。こうした多様な経験を積みながら，それぞれに今後の自分らしい生き方を見出していくのです。

マーシャ（Marcia, J. E., 1966）は，個人のアイデンティティの状態を，これまでに**危機**（crisis），すなわち葛藤や探求の過程を経ているかどうか，信念や職業意識など人生形成において重要な領域に自ら積極的に関与しているかどうかという2つの観点から，4つに分類しています（表3.2）。

表3.2　アイデンティティの状態の分類（Marcia, 1966をもとに作成）

アイデンティティの状態	危　機	積極的な関与
アイデンティティ達成 (identity achievement)	経験した	している
モラトリアム (moratorium)	その最中	しようとしている（関与できるところがまだ見つかっていない）
早期完了 (foreclosure)	経験していない	している
アイデンティティ拡散 (identity diffusion)	経験していない	していない

青年期に獲得されたアイデンティティは，その後の社会生活において実体験の中で試されることになります。傾倒した対象は本当にそれに値する意義あるものなのかどうかということを，実際の経験を通じて再び吟味したり検討したりする過程は，成人期以降も折に触れて繰り返されるのです。価値観や生き方，就業形態が多様化している現代社会においては，青年期に確固たるアイデンティティを築くことはますます難しくなっています。成人後もアイデンティティの模索は続いていく（Stephen et al., 1992）ことを前提に，青年期はその最初の時期としてとらえられるべき時期であるとも言えます。

3.3.2　成人期の発達

成人期（adulthood）前半（青年期の終わりから30代頃）には，多くの人が就職や結婚，出産といったライフイベントを経験する中で，物理的・精神的な自立を果たし，社会や家庭においてさまざまな役割を担うことになります。ただし，どのようなライフイベントをいつ頃経験するのか，あるいはしないのかといった点については，青年期までと比較すると，人によってかなり違いが出てくるのがこの時期の特徴です。とくに近年，未婚化・晩婚化の進行や，若年層の非正規雇用や労働環境の悪化といった社会問題が指摘される状況のもと，家庭生活の面でも職業選択の面でも，人々の生き方や価値観はさらに多様化していると言えます。

かつては，「壮年期」「中年期」とも呼ばれる40歳頃から65歳頃までの時期（成人期後半）は，自分の生き方や自分らしさといったものに悩み，模索する青年期と比べて，比較的精神的に安定・充実した時期ととらえられていました。しかし現在では，上記のような社会状況の変化をうけて，この時期は人生の折り返しの転換点として位置づけられています。体力の衰えや体調の変化といったこれまでとは異なる身体的感覚を感じとって，退職や子育て終了後の生活，そして死までの残された時間に目を向け，自分はどのように生きていくかを改めて問い直し，生活や価値観などの軌道修正を迫られるのです。青年期や成人期初期にいったん達成されたアイデンティティが再度危機を迎え，より成熟したアイデンティティの達成に向けて**再体制化**（reformation）が行われるとも言えます（岡本，1985）。そして，こうしたアイデンティティの再体制化には，仕事と家庭における個々人の経験が密接に関わっています。

職業生活では，自分がやりたいこと・できることと，所属する組織や社会から要求されること・期待されることとが，個々人のキャリアを積む過程で変化していきます。自身の専門性を高めることや後進を育てたり組織の指導者となることを求めたり求められたりする一方で，時に自己の有限性を受け入れることも必要となります。

また，家庭生活においては，子育てや介護といった他世代のケアという経験と，それをめぐる人格的な成長や価値観の変容，他者との関係のあり方の見直しや変化といったことが，大きな発達のテーマとなります。他者のケアは精神的にも身体的にも大きな負担感やストレスをともなうものであることが少なくありませんが，そうした葛藤を抱えつつ対処していく経験を重ねる中で，養護性，柔軟性，視野の広がりなどさまざまな面での自身の成長を自覚することにもつながります。さらに，子どもの自立や老親の看取りに向き合う体験を通して，夫婦・親子の関係を見直したり再構築しようとしたりするとともに，自身のこれまでの人生を振り返り，自分が人生の中で何に価値を置いているのか，どのような生き方を選択し，何にどれくらい労力を配分するのかといったことを問い直します。このように成人期は，それぞれの多様な生き方の中で，他者とともに生き，他者を育むことを通じて，人としての成熟を深めていく時期と言えます。

3.3.3 老年期の発達

心理学的には，65歳頃からを生涯にわたる発達段階の最終にあたる**老年期**（senescence）として位置づけます。身体的には運動能力や知覚，認知能力の低下によって老いが自覚されるとともに，本人あるいは配偶者の定年退職によって生活環境や人間関係もそれまでとは異なるものとなります。

エリクソンは，この時期の発達課題を，人生の統合であると述べました。自分の人生を振り返り，もはややり直す時間がないことを感じながらも，肯定的な部分も否定的な部分も自分自身のものとして受けとめることによって，人生を受容し知恵という力を獲得することができるということです。また，アメリカの精神科医バトラーは，高齢者が自らの人生における出来事を想起することは，自分の生をさまざまな観点で見つめ，葛藤を解決したり人生の意味を発見したりすることにつながるとして，老年期における回想の重要性を指摘しています（Butler, R. N., 1963）。

老年期は，さまざまな能力が衰えていくものの，残された能力や訓練，経験の蓄積から得た知識などによってそれらを補いながら，喪失に適応していく過程としてとらえられます。高齢者の知能に関する研究の進展により，処理能力の速さや思考の柔軟性といった面は60代後半以降大きく低下していくのに対し，言葉の意味や判断力，一般的知識などの経験が関連する面に関しては，80歳前後まで保たれることなどが明らかとなっています。また，加齢とともにその人を取り巻く対人的なネットワークの範囲はより狭くなっていきますが，身近な関係の数や，そこから得られる情緒的な支援は比較的安定しているとも言われています。老年期には，若い頃と異なり，ネットワークを広げることよりも，親しい人や楽しい相手との関わりを大切にすることに重点が置かれるようになるのだと考えられます。

老化という現象や高齢者に対する一般的なイメージは否定的な面が強いと思われますが，平均寿命が延び高齢化社会を迎えている現在，老年期における発達の様相をより深く，正しく理解していくことは今後ますます重要となっていくでしょう。

人の生涯は各々にとって一度きりであり，それぞれに異なるものです。しかし，ここまで見てきたように，多くの人に共通して見られる発達の道筋も存在します。発達心理学における知見は，人が自分自身の人生に見通しを持つことや，振り返って理解を深めることだけでなく，自分とは異なる世代の人々を理解したり支えたりすることにも役立つと考えられます。また，現代の人々の発達の様相について知ることを通して，私たちの社会がどのように変化しているのかということも垣間見えてくるでしょう。今後の研究の進展によって，発達支援や心理臨床，教育・保育，医療や介護，福祉といったさまざまな領域における実践や施策への活用が期待されます。

Q3.1

図 3.1 で示した生涯発達のモデル以外に，どのような発達観が考えられるでしょうか。さらに，多様な発達観を持つことの意味について，考えてみましょう。

memo

Q3.2

心身の変化と社会から要求・期待されることの変化の間で，何らかのずれが生じてうまく適応できない，言わば発達における「つまずき」の一つに，発達障がいが挙げられます。この発達障がいに関して，周囲の人々に必要とされる理解や支援，態度として，どのようなことが考えられるでしょうか。

memo

Q3.3

経済，医療，福祉，情報，科学技術など社会のさまざまな変化によって，人の一生の過ごし方や生活様式は大きく変わります。またその影響を受けて，心の発達も時代に応じて違いが見られる面があります。少子高齢化と呼ばれる現代社会において，今後どのようなことが発達の課題としてより重要となってくると考えられるでしょうか。

memo

A3.1

発達をどのようなものとしてとらえるか，そのイメージは図 3.1 で示したもの以外にも実に多様です。たとえば，発達を個人の変容としてとらえるだけでなく，親子の関係性が子どもの成長にしたがい変わっていく様子に着目するなど，人間と人間の関係の変容としてとらえる見方もあります。もっと広げれば，一対一の人間関係だけでなく，家族や学校の仲間たちなど集団と個人の相互作用的な変容の過程を発達として見ていくこともできるでしょう。ブロンフェンブレンナーの生態学的システム理論（Bronfenbrenner, U., 1979；磯貝・福富訳，1996）では，個人を取り巻く環境を，その人が直接関わる家族・学校からマスメディアや医療・福祉サービスなど間接的な環境，さらには社会の文化や信念までも含めた入れ子の構造でとらえ，それら全体が時間とともに変容していくという考え方がとられています（図 3.4）。

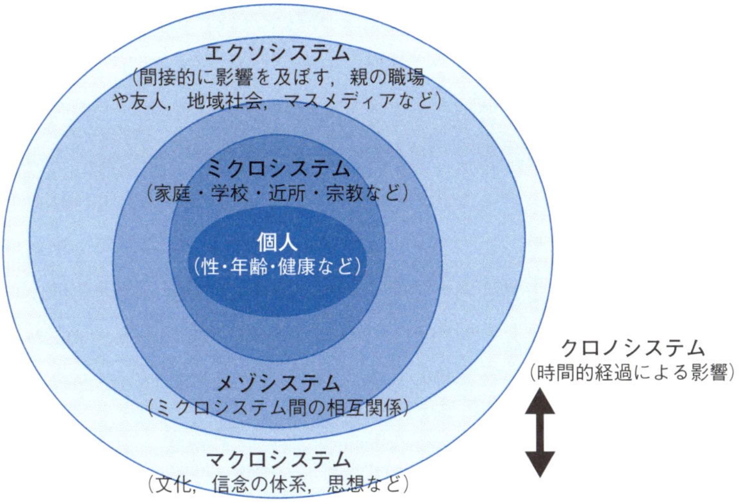

図 3.4　ブロンフェンブレンナーの生態学的システム理論
（ブロンフェンブレンナー，1996 をもとに作成）

また，発達を個人の人生を超えた，より長期の視点で見ていくというとらえ方もあります。たとえば，アイデンティティの概念と生涯発達を提唱したエリクソンは，晩年，ライフサイクルは一個人の中で完結するのではなく，世代から世代へと歯車のようにかみ合いながらリニューアルしつつ継続していくという見方を示しました（Erikson & Erikson, 1985；村瀬・近藤訳，2001）。

こうした長期的な発達観について，『西の魔女が死んだ』（梨木，2001）という作品を例に考えてみます。周囲の同級生となじめず不登校となった中学生の少女が，イギリス人である祖母のもとでの「魔女修行」の日々を経て生きる力を取り戻していく姿を描いた小説です。主人公の青年期におけるアイデンティティの危機とその克服の物語であると言えるでしょう。同時に，「世代的なサイクルとしての発達」という観点を加えると，たとえば日本という異国の地で結婚し暮らしてきた祖母，ハーフとしての周囲からの疎外感や母とは違う価値観に葛藤を抱えながら故郷を離れワーキングマザーとして生きている母親，そして両親や友達との関係の中に生きづらさを感じて心が疲れてしまった主人公の，三世代にわたる「居場所づくり」という課題をめぐる物語としても読むことができます。主人公の不登校といういわゆる問題行動は，世代間で相互に絡み合い形を変えながら受け継がれてきた一つのテーマが，彼女の代に至って外的に表現されたものとしてとらえられます。このような見方をすれば，生きづらさを抱えて傷つき，青年期特有の発達課題に直面した少女の姿よりも，祖母・母から暗黙のうちに渡された大きな課題を引き受けて心の回復・統合へと向かおうとする，彼女のたくましさや健やかさといったものが前面に浮かび上がってくるかもしれません。

一つの研究の内においては，どのような発達観で対象を見ていくかということをある程度明確に定める必要がありますが，どの発達観がもっとも正しいとか誤っているということではなく，むしろ多様な発達観があることが対象の理解を広げたり深めたりして，発達研究の発展を支えてきたとも言えます。そしてそれは，私たちの実生活においても同じではないでしょうか。ぜひ，色々な発達観を取り入れながら，人の育ちを豊かにとらえるということについて考えてみてほしいと思います。

A3.2

発達の過程における何らかのつまずきは，身体面・心理面・行動面において発達の時期に応じたさまざまな形で現れます。その背景としては，中枢神経系の障がいである発達障がいなどのように，生得的な要因により何らかの著しい偏りや困難を抱えている場合や，虐待や養育放棄など生育環境に深刻な問題がある場合，さらに事故や事件・災害・大きな病気やケガといった精神的に衝撃や負担の大きい出来事により，ストレスフルな状況が継続する場合などが挙げられます。

要因や内容の違い，程度の差といったものは個々人によって異なるものの，発達のつまずき自体は誰もが経験する可能性のあるものであり，また，つまずきを経たからこそ大きく成長していく面も多々あります。しかし，中には個人の変化や努力だけでは対処・解決して乗り越えることの難しいつまずきが少なくないこともまた事実です。さらに，ある困難や問題を抱えた人に対して，周囲の理解や支援が十分でないために，自尊心や自己効力感が低下し，そのことでさらに抑うつ，不登校，引きこもり，非行といった別の問題が副次的に引き起こされ，状況がいっそう深刻になることもあります。

保育・教育現場を中心に現在広く知られている発達障がいは，1980年にアメリカの精神医学の診断分類DSM−IIIにおいて位置づけられた，疾病概念としては比較的新しいものです。以前は，一般の人々にとって，障がいの要因はもちろん，その発達障がいの特徴として見られるような子どもの行動や振る舞いが障がいによるものであるという認識自体も十分ではありませんでした。人によって症状・特徴やその程度が多様だったこともあり，とくに知的な遅れをともなわない場合には，単なる家庭でのしつけや本人の行動・性格上の問題としてとらえられることも多かったようです。

筆者は以前，今から40～50年ほど前の保育者向け雑誌数種類の読者投稿欄や特集記事を収集整理したことがありますが，当時の保育者の悩みとして，「他の子どもたちとトラブルが多い」，「指示や注意を聞かず困っている」といったことで挙げられている事例の中には，今であれば発達障がいの可能性が高いと考えられるであろう子どもたちに関する記述が散見されました。どのように対処すればよいか分からない中で試行錯誤していた当時の保育者の苦労もさることながら，本人や保護者が深く傷つき大変な思いをすることがその後の人生も含めてどれほど多くあったかは，想像に難くありません。実際，成人してから初めて発達障がいであったことが分かった，もっと早くに分かっていればよかったという事例を，現在しばしば耳にします。

その一方で，最近では発達障がいという言葉が広く知られるようになったことにより，何らかの（とくに対人的な）難しさを抱えている場合に，その人をじっくり理解しようとせず「あの人（子）は○○障がいだ（であろう）」と根拠のないレッテルをはることで，あたかも問題が解決したかのように思い込んでしまうことへの注意も必要となりました。

障がいをはじめとして，発達のつまずきによるさまざまな困難や問題を抱える人への支援において大切なことは，正しい知識や理解を持つとともに，その人の問題となる部分のみにとらわれず長所や強み・健康な部分にも目を向けて全体としてとらえ，「どのようにすればその人の居心地の良さや生活への適応を支えることができるのか」という観点での環境の工夫や関わりのあり方を考えていくことです。そのうえで，困難・問題は固定的なものではなく発達過程に即して発現してくることをふまえて，その支援もまた，その内容や程度，質を状況に応じて変えていくことが求められます。

A3.3

「氏より育ち」「カエルの子はカエル」という一見相反する慣用句が現代にも残っているのは，生物学的要因と環境要因の双方が発達に影響することを古くから人々が体験的によく理解していて，これらの慣用句を状況に応じて使い分けてきたからではないかと思います。また，「寝る子は育つ」「三つ子の魂百まで」など昔からの子どもの育ち・育てに関する身近な知恵や伝承が，現代の生理学や脳科学といった領域における新たな知見によって，改めて科学的に裏づけられるという例も，しばしば見かけます。いずれにしてもこうしたことは，人の心の発達には時代が変わっても本質的にはそれほど大きく変わらない面があることを意味していると考えられます。

一方で，本章でこれまでにも述べてきたように，時代の移り変わりとともに変化する社会状況や生活環境もまた，心の発達に大きな影響を及ぼします。乳児死亡率の低下や生殖医療の進歩を背景とする「授かる」ものから「つくる」ものへという子どもについての意識の変化（柏木，2012），事実婚や同性のパートナーなど既存の法制度には収まらないさまざまな「家族」の出現とその社会的認知など，家庭生活一つをとっても，現代では個々人の意思や選択というものが，「こうあるべき」という社会通念よりも尊重される傾向が強まりつつあると考えられます。しかし一方で，こうした変化は，アイデンティティの模索過程において選択を行うことへの重圧感や，選択の結果に対する「これでよい（よかった）のか」という成人期以降の不安や悩み，迷いの増大・継続をもたらしているとも言えるでしょう。

では，現在わが国における社会の特徴かつ課題の一つである少子高齢化をめぐって，個人の発達においてはどのようなことが新たな課題として現れてくると考えられるでしょうか。日本において少子化が今日のような社会問題となったのは，1990年代以降のことです。そしてその頃に生まれた人たちが，ちょうど現在20代半ばの時期，つまりこれから出産や育児のピークを迎えようとしています。地域に同年代の子どもがかつてに比べてとても少ない環境の中で生まれ育ってきた人々が，親になったとき，たとえば自分の子どもをどのように理解するか，親としての自分の立場や役割をどのように受けとめるか，子育てをめぐって身近な他者や社会全体とどのように関わっていくのかといったさまざまな面で，これまでとは異なる発達的な課題に直面し，新たな支援が必要となるかもしれません。自身が少子化時代の子どもとして成長してきた人の，親としての発達，それを取り巻く祖父母世代との関係性の変化，社会全体の意識や価値観の変容といったことを，より丁寧に検証していくことが必要となるでしょう。

また，老後の生活はかつてよりもずっと長いものとなっただけでなく，最近は元気な高齢者も増えました。さらに情報や科学技術，流通や交通の進歩によって，高齢者の人間関係や行動範囲も昔とは随分と異なるものになっているはずです。こうした状況のもとで，たとえば，退職し子どもも自立したのちの生活の変化や配偶者の介護・死などの体験に，人はどのように向き合っていくのでしょうか。また，人類の歴史上でも初めて経験する超高齢化社会（65歳以上の高齢者の占める割合が全人口の21%を超えた社会）の中で，人生の統合と「よい終末」の迎え方という最後の発達課題に，どう応えていくのでしょうか。老年期の発達研究は，今後より重要性を増していくものと思われます。

参考図書

日本発達心理学会（編）（2011–）．発達科学ハンドブック　第1巻–第8巻　新曜社

日本発達心理学会の編纂による最新のシリーズです。発達心理学だけでなく，関連する諸領域を含め統合されつつあるより広範な「発達科学」における研究・実践を展望しており，1・2巻は理論や方法論，研究法に関する総論で，3巻以降はテーマ領域ごとに取り上げる構成となっています。今後も研究の進展に即して既存巻を改訂していくとともに，経常的に新企画巻を追加していくことが予定されています。

無藤　隆・子安増生（編）（2011・2013）．発達心理学Ⅰ・Ⅱ　東京大学出版会

発達心理学の基本的知識・理論・研究方法に加えて，発達の各領域・時期における近年のトピックスと知見を取り上げており，発達心理学の全容を体系的に知ることができます。

氏家達夫・高濱裕子（編著）（2011）．親子関係の生涯発達心理学　風間書房

子どもの発達，親としての発達という「個人」の発達だけでなく，「親子関係」がどのように変容していくかという観点から生涯にわたる発達を取り上げています。人と人との関係性もまた発達するものであるという発達観を提示した一冊です。

第4章 学び方・学ぶ意欲
教育心理学

英単語や漢字を覚えるときに，「どうすれば効率的に覚えることができるのか」と考えたことはないでしょうか。あるいは，勉強や課題をする意欲がわかないときに，「どうすればやる気を出せるか」と考えたことはないでしょうか。教育心理学は，このような問題について研究することを一つの目的としています。

4.1 教育心理学とは

そもそも，「教育心理学」とはどのような学問なのでしょうか。「教育心理学」の名のつく書籍をいくつか手に取ってみると，非常にさまざまな内容が本の中で扱われていること，また，本によって内容が異なることに気がつくと思います。実際に日本教育心理学会（2003）では，教育心理学の研究領域には，「発達」「学習」「性格」「教授過程」「臨床・障害」などさまざまなものがあるとされています。

「教育心理学とは何か」という問題について鹿毛（2006）は，「教育心理学は心理学的なアプローチに基づく教育学」であるとし，教育心理学の役割には，教育を理解するための側面（「教育についての心理学」）と，教育を創り出すための側面（「教育のための心理学」）があると指摘しています。また，これら2つの側面は表裏一体で，「教育の理解を通じて教育を創造すること」が教育心理学の目的の一つとされています。冒頭の例に即して言えば，たとえば「英単語は，“un-able” や “care-less” のように，接頭語や接尾語に分解して覚えると効率的である」ということを明らかにすることで，教育のあり方に関する私たちの認識は深まります。これは，教育を理解するための側面と言えます。また，こうした研究知見を通して，「接頭語や接尾語に分解して英単語を覚える方法を生徒に教えるべき」というように，教育実践に対する示唆を提示することは，教育を創り出すための側面と言えます。

そこで本章では，学習や学習意欲の仕組みについて考えると同時に，「どのように学習をすることが望ましいのか」「どうすればやる気を引き出せるのか」という問題について考えていきたいと思います。

4.2　意味を考える・理解する

皆さんは，教師や親から「意味を考えなさい」「理解をして覚えなさい」などと言われたことはないでしょうか。では，意味を考えたり，理解をすることはなぜ重要なのでしょうか。

この問題について考えるために，まず図 4.1 を見てください。たとえば，この図を 1 分間で丸暗記するのは非常に難しいと思います。また，仮に丸暗記をすることができたとしても，多くの人はすぐに忘れてしまうと思います。しかし，図の中にある法則を知れば，覚えることは簡単です。

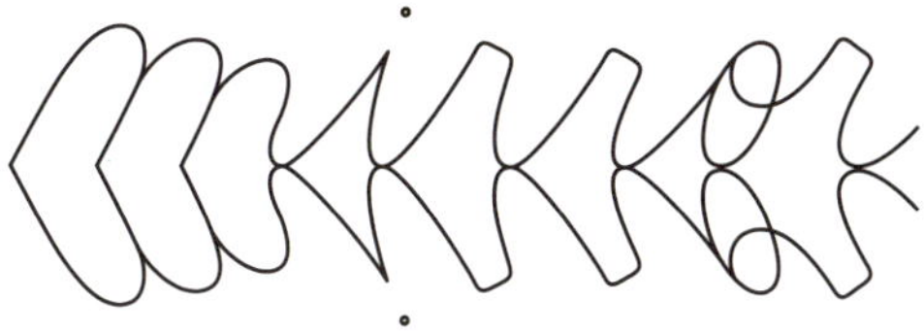

図 4.1　正確に丸暗記することができますか？（市川，2004）

図 4.1 は上下対称になっている図です。そこで，下半分を隠して見てみてください。「mirror」という字が筆記体で書かれていることが分かると思います。つまり図 4.1 は，「mirror」と「『mirror』を折り返してできた字」を合わせてできた図です。この法則を知ることができれば，10 秒未満でも覚えることは容易だと思います。また，法則さえ覚えていれば，翌日や 1 週間後になっても図 4.1 を思い出すことができると思います。

このように，法則を知ったり，提示された情報と自分が持っている知識を関連づけることで，覚えることが容易になり，忘れにくくなります。このことが，意味を考えずにただ単に反復して覚えようとするよりも，意味を考えたり，理解をして覚えることが重要である理由の一つになります。ただし，ここで重要なのは，「mirror」という単語を知らなかったり，筆記体を知らなかったりする場合には，この法則を知っても覚えるのは困難だということです。つまり，正しく理解をするためには，必要となる知識を持っていることが重要になります。

また，クレイクとロックハート（Craik, F. I. M., & Lockhart, R. S., 1972）は，**処理水準**（levels of processing）という概念によって，反復の「量」よりも「質」のほうが学習にとって重要であることを指摘しています。処理水準説では，情報の処理方法には「深さ」があると考えます。具体的には，形態的な処理，音韻的な処理，意味的な処理の順に処理水準は深く，学習時の処理水準が深いほど記憶が定着しやすいということが知られています。たとえば，「りんご」という単語を処理する場合に，「カタカナか否か」の判断が形態的な処理，「濁音が含まれるか否か」の判断が音韻的な処理，「食べられるものか否か」の判断が意味的な処理になります。

以上のように，効率的に学習をするためには，「どのように学習をするのか」という，学習方法が重要になるということが分かると思います。そこで次節では，学習方法に関する問題について，どのような研究が行われてきたのかを見てみることにします。

4.3 学習方略

4.3.1 学習方略の分類

心理学では，学習方法や学習スキルのことを**学習方略**（learning strategy）と呼び，「どのような学習方略が効果的なのか」という問題について研究が進められてきました。村山（2007）によると，学習方略は，①認知的方略，

②メタ認知的方略，③外的リソース方略の 3 つに大別されます（表 4.1）。

まず認知的方略は，学習内容を覚える際に使用される方略と言え，「浅い処理の学習方略」と「深い処理の学習方略」とにさらに分類されることが多いです。浅い処理の学習方略とは，意味を考えずに何度も繰り返して読む・書く，数学の公式や英文の日本語訳を丸暗記するといった学習方略です。一方の深い処理の学習方略は，なぜこうした公式が得られるのかを理解しながら覚えたり，これまでに学習した内容と関連づけて覚えるなど，意味を理解することに重点を置いた学習方略です。記憶の処理水準説からも示唆されるように，一般的には，深い処理の学習方略のほうが，浅い処理の学習方略よりも効果的であることが示されています。表 4.1 に，具体的な学習方略を示します。

表 4.1 学習方略の分類と具体例

【認知的方略】
浅い処理の学習方略
●英単語は，ひたすら書いて覚える。
●歴史の年号や出来事は，ひたすら唱えて覚える。
深い処理の学習方略
●数学の公式は，どのようにしてそれが求められたかを考えながら覚える。
●理科の学習において新たな用語が出てきたときには，その意味や具体例を考える。
【メタ認知的方略】
●英文は，どこまで分かっているのか，どこから分からなくなったのかに注意して読む。
●文章を読んでいるとき，分からないところはゆっくり読む。
【外的リソース方略】
依存的援助要請
●なんとなく分からないときには，すぐに先生に質問する。
●分からない問題があったとき，自分で考えるよりも先生に解いてもらうように頼む。
自律的援助要請
●先生に説明してもらうときには，答だけでなく考え方についても教えてもらう。
●質問するときは，まずは自分の考えを先生に説明する。

次にメタ認知的方略は，自分自身の知的状態をモニタリングし，行動を調整（コントロール）しようとする方略です。たとえば授業を受けた後に，授業内容を理解できたか・まだ分からない点はどこかを把握するなど，自分の

理解状況を評価することがモニタリングと言えます。またコントロールとは，モニタリングの結果，「もう一度ノートを見直そう」というように，自身の認知や行動を調整することです。学習内容を理解できていないのに，理解できたつもりになって復習をしないままでいると，テストなどで失敗してしまう可能性があります。一方で，本当は理解できているのに，理解ができていないと思い込み，何度も復習をすることは，学習の効率性という観点からすれば好ましいことではありません。このように，メタ認知的方略を適切に使用することは重要ですが，一方で，正確なモニタリングをすることは困難であることも知られています。

最後に外的リソース方略とは，自分の周りにいる人や，周りにあるものを活用して学習をする方略です。たとえば，問題の解き方が分からないときに，教師や友人に尋ねてみたり，インターネットなどで調べることは，外的リソース方略と言えます。これに関して，自分で考えずに，他者に依存することは好ましくないと思う人もいるかもしれません。他者に援助を求めることについて瀬尾（2007）は，答を教えてもらうだけで自分では考えようともしない「依存的援助要請」と，自分の力で考えたり調べてから援助を求めたり，答だけでなく考え方までも教えてもらう「自律的援助要請」を区別し，自律的援助要請をするように促すことの重要性を指摘しています。

なお，ここで紹介をしたのは，教科・科目に関係のない一般的な学習方略ですが，英語や社会など教科・科目に特有の学習方略や，予習や授業時など学習場面に特有の学習方略もあります。学習方略に関するより詳しい解説については，辰野（1997）などを参照してください。

4.3.2　学習方略の使用を規定する要因

前項まで，「どのような学習方略が効果的であるのか」という問題について考えてみました。それでは，効果的な学習方略を自発的に使用する人と使用しない人がいるのはなぜなのでしょうか。このことは，自分が効果的な学習方略を身につけるうえでも，効果的な学習方略を使用するように生徒や自分の子どもを促すための方策を知るうえでも重要な問題になります。

まず，どのような学習方略があるのかを知らなければ，方略を使用することはできません。こうした，学習方略に関する知識は方略知識と呼ばれます。したがって，効果的な学習方略を使用するためには，まず学習方略について知ることが重要と言えます。

また，方略知識を持っていても，その方略を使用するとは限りません。たとえばある方略について，効率的に覚えたり，テストで良い点数を取ったりするうえで有効であると思わなければ，その方略を使用しないと考えられます。このように，方略の有効性を認知しているかどうかで，方略使用は変わってくることが予測されます（佐藤，1998）。

有効性の認知だけでなく，学習者がどのような学習観を持っているかによっても，方略の使用は異なることが予測されます。ここでは学習観を，「『学習とはどのようにして起こるのか，どうしたら学習は効果的に進むのか』という学習成立に関する信念」（植木，2002）と定義します。植阪ら（2006）は，学習観には8つの側面があると整理しています（図 4.2）。

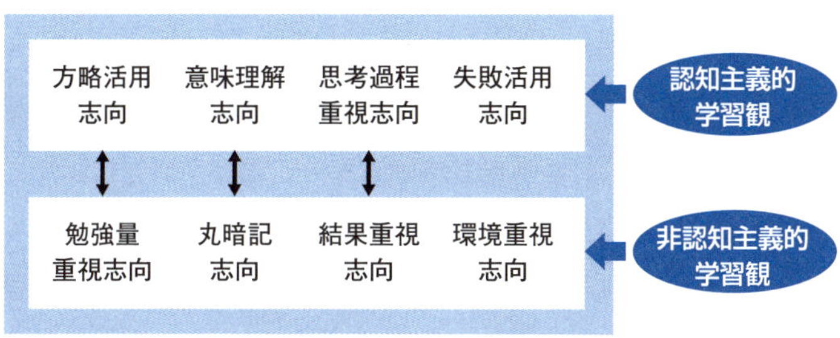

図 4.2　**学習観の構造**（市川ら，2009 より一部改変）

植阪ら（2006）では，まず，学習全体に対するとらえ方として，たくさん勉強することが何よりも大切であり，勉強の量だけに頼ろうとする考え方である「勉強量重視志向」と，勉強量だけでなく勉強の方法も工夫しようとする考え方である「方略活用志向」の2つを区別し，これらを対比しています。また覚え方については，とにかく丸暗記さえすればよいと考える「丸暗記志向」と，ただ丸暗記するのではなく意味を理解して覚えることが重要であると考える「意味理解志向」に分けています。さらに問題の解き方については，答さえ合っていればよいと考える「結果重視志向」と，答だけでなく，どのように考えて解いたのかという思考過程も重視しようとする「思考過程重視志向」に分けています。その他にも，学習環境さえよければ成績は向上すると考える「環境重視志向」と，失敗は自分の弱点を知り，今後の学習に役立つと考える「失敗活用志向」が特定されています。

これら 8 つの学習観は，「認知主義的学習観」と「非認知主義的学習観」の 2 つの学習観に分けることができます。方略活用志向と意味理解志向，思考過程重視志向，失敗活用志向は，認知心理学が提唱する学習方略と整合的な学習観であることから，認知主義的学習観と呼ばれています。たとえば，意味理解志向の高い学習者は深い処理の学習方略を，丸暗記志向の高い学習者は浅い処理の学習方略を使用する傾向にあることが予測されます。また，問題を解き終わった後には，たとえ正解していたとしても，考え方や解き方が適切であったのかを振り返ったり，より良い解き方について考えたりすることが重要になります。思考過程重視志向の高い学習者は，このような学習をする傾向にあると考えられますが，結果重視志向の高い学習者は，振り返りをしない傾向にあると予測されます。学習者がどのような学習観を持っているかによって，使用される学習方略が異なることは，研究によっても実際に明らかにされています（瀬尾，2007；植木，2002 など）。

ただし，どのように学習をするかは，学習者の有効性の認知や学習観だけで決まるわけではありません。たとえば数学のテストで，「八角形の内角の和は何度か」というような，公式さえ覚えていれば解決できる問題ばかりが出題されれば，公式を丸暗記するような学習が促されると予測されます。一方で，「八角形の内角の和が 1080 度になることを，図を使って説明しなさい」というような説明を求める問題が出題されれば，公式の理解を指向する学習が促されると考えられます。このように，テスト形式などの要因も，学習方略の使用に影響を与えることが知られています（村山，2003）。また，次節で説明するように，学習への動機づけも学習方略の使用と関わることが知られています。

4.4 学習への動機づけ

4.4.1 動機づけとは

効果的な学習方略を身につけていたとしても，学習をする「やる気」がなければ，高い学業成績を達成することは困難だと考えられます。そのため，学習方略を身につけるだけでなく，「やる気」を高めることも重要になります。この「やる気」という心理現象は，**動機づけ**（motivation）と呼ばれる研究領域で研究が進められてきました（鹿毛，2004）。動機づけは，「人の行動を一定の方向に生起させ，維持，調整させる過程」（中谷，2006）と定義することができ，「学習などの行為がなぜ，どのように起こるのか」という問題に関する研究が行われてきました（鹿毛，2004）。

4.4.2 内発的動機づけと外発的動機づけ

動機づけは従来，内発的動機づけと外発的動機づけの区分が適用されてきました。**内発的動機づけ**（intrinsic motivation）とは，「問題を解くことがおもしろいから学習をする」など，学習内容に興味を持っている状態で，学習それ自体を目的とした動機づけになります。一方で**外発的動機づけ**（extrinsic motivation）とは，「ご褒美がもらえるから」「やらないと叱られるから」といったように，外的に与えられる報酬の獲得や罰の回避など，学習とは直接関係のない目的を達成するための手段としての動機づけです。

しかし，皆さんが学習をする理由は，「好きだから」という内発的なものや，「報酬がもらえるから」という外発的なもの以外にもあると思います。実際に近年では，さまざまな枠組みによって動機づけがとらえられてきています。その中の一つに，行動することを自分の意志で決定している程度（自律性の程度）に着目して動機づけ概念を整理した，**自己決定理論**（self-determination theory；Deci & Ryan, 2002）という理論があります。

自己決定理論では，学習に対する動機づけが非動機づけ，外発的動機づけ，内発的動機づけの 3 つに大別されます（図 4.3）。非動機づけとは，「学習したいと思わない」など，学習にまったく動機づけられていない状態です。次に，外発的動機づけは自律性の程度によって，さらに 4 つに細分化されます。それらは，自律性の低いほうから順に，外的調整，取り入れ的調整，同一化的調整，統合的調整の 4 つです。まず外的調整というのは，上述した，従来の外発的動機づけに相当する動機づけです。取り入れ的調整とは，「友だちよりも良い成績を取りたいから」「友だちにバカにされたくないから」など，自尊心の維持や恥の回避などにもとづく動機づけになります。同一化的調整は，「希望する高校や大学に進みたいから」「自分が就きたい職業に必要だから」など，学習する価値や重要性を認めている状態の動機づけです。そして統合的調整は，「自分がやりたいことだから」といったように，学習活動が自分の価値観と一致して，学習することを違和感なく受け入れることのできている状態の動機づけになります。

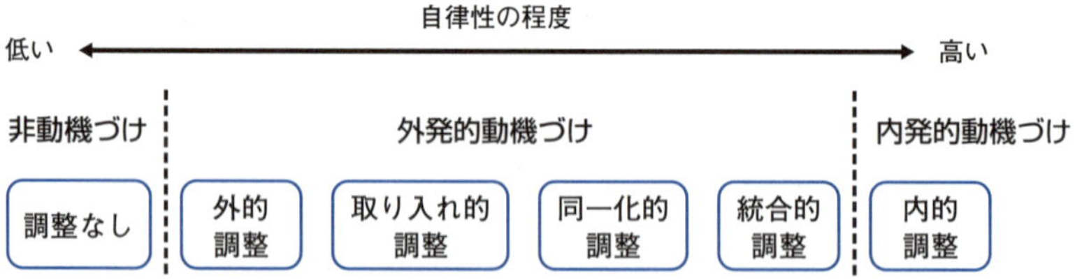

図 4.3 自己決定理論（Deci & Ryan, 2002 より作成）

自己決定理論の特徴の一つは，内発的動機づけと外発的動機づけを二項対立的なものとしてではなく，連続線上の両極にあるものとしてとらえていることにあります。つまり，最初は外発的に勉強をしていたとしても，動機づけが内発的な方向に徐々にシフトしていくことがありえるということです。たとえば，英語にまったく興味を示していない学習者に対して，いきなり英語に興味を持ってもらうことは難しいと考えられます。楽しさや面白さというのは，経験してみないと分からないことが多いため，興味を持つためには，まずは学習をすることが重要になります。このとき，はじめは好きな先生に褒めてもらうために学習をしたり（外的調整），定期テストで低い点数を取って恥をかかないために学習をしたりしているうちに（取り入れ的調整），英語の面白さに気づいて，英語に興味を持つようになる可能性があります。そういう意味では，最初はどのような理由でもよいので，学習をするきっかけを得ることが重要と言えます。ただし，私たちのこれまでの経験からも分かる通り，長い時間学習をしても興味を持てないことがあります。興味を持つためには，英語力が成長していることを実感したり，実生活の中で英語を利用して，英語を学習する価値を認識したりする経験が重要になるでしょう。

4.4.3　自己効力感

自己決定理論からは，私たちがさまざまな理由で学習をしているということが分かります。しかし，たとえば「志望大学に入学するためには，数学の勉強をしなくてはいけない」というように，学習をする価値や重要性を認めていたとしても，学習をする気が起きないということもあると思います。こうした問題について，**自己効力感**（self-efficacy）理論は重要な示唆を与えてくれます。

バンデューラ（Bandura, A., 1977）は，ある行動を遂行すれば目標とする結果が得られるという期待を「結果期待」（outcome expectation），その行動を自分が適切に遂行することができるという期待を「効力期待」（efficacy expectation）と呼び，これらを区別しています（図 4.4）。たとえば，「テキストの内容を理解すれば試験に合格できる」という期待は結果期待であり，「テキストの内容を自分は理解できる」という期待は効力期待になります。このとき，試験に合格することが自分にとって重要であったり，テキストの内容を身につければ合格できると分かっていたとしても，効力期待がない場合には，学習をする気になりにくいことが予測されます。

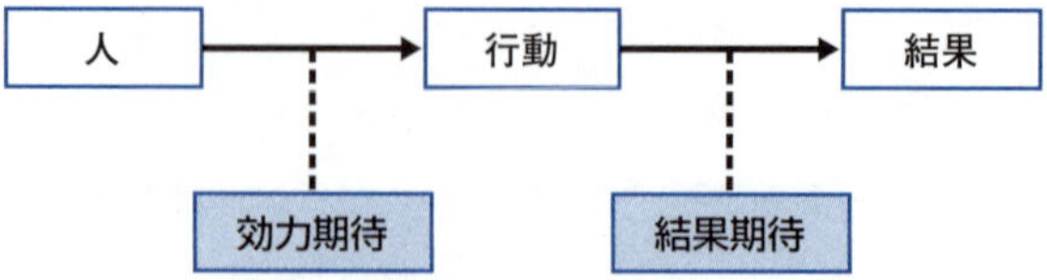

図 4.4　効力期待と結果期待（Bandura, 1977 より作成）

では，教育実践場面において効力期待を高めるためには，どうすればよいでしょうか。一つは，前節で述べたような学習方略を身につけることだと考えられます。効果的な学習方略を身につけることで，学習内容を習得できそうだという「見通し」を持つことは重要だと考えられます（岡田，2007）。また，他者の行動を観察するというモデリング（観察学習）も重要と考えられます。自分以外の他者が何かを達成した様子を観察することで，「自分にもできる」という信念が高まると考えられます（Bandura, 1977）。とくに，自分と学力が同程度であるなど，自分との類似性が高い他者であるほど，モデリングの効果は大きいと考えられます。

4.4.4　動機づけと学習方略の関係

学習者がどのような動機づけを持っているかによって，学習者が使用する学習方略が異なることが，多くの研究によって示されています。たとえば内発的動機づけ（内的調整）の高い学習者は，学習内容について深く知りたいという志向を持っているために，自分があらかじめ持っている知識（既有知識）と学習内容を関連づけるなど，深い処理の学習方略を使用する傾向にあることが示されています（Suzuki & Sun, in press）。また西村ら（2011）は，同一化的調整の高い学習者が，メタ認知的方略を使用する傾向にあることを報告しています。西村ら（2011）は，同一化的調整が高いということは，学習は目的（たとえば受験や資格試験の合格など）を達成するための手段であるとされるために，目的に対して自分自身の学習がどの程度遂行できているかを確認する（モニタリングする）必要性が生じるのだと述べています。

これらの一方で，取り入れ的調整や外的調整といった，自律性の低い学習動機づけを強く持つ学習者は，意味を考えない単純な反復学習を重視するなど，浅い処理の学習方略を使用する傾向にあることが示されています（Yamauchi & Tanaka, 1998）。これは，学習内容に対する関心が低いために，学習の仕方について深く考えることがなく，その場しのぎの学習をしがちなのだと考えられます。また，取り入れ的調整や外的調整の高い学習者ほど，授業中に挙手や発言をあまりしない傾向にあるなど（安藤ら，2008），学習に対する動機づけは授業中の学習とも関わることが示されています。

さらに，自己効力感も学習方略の使用と関わります。たとえば自己効力感の高い学習者は，難しい課題であっても粘り強く積極的に取り組む傾向にあることや，メタ認知的方略を使用する傾向にあることが明らかになっています（Bandura, 1995；Sungur, 2007）。

以上のように，動機づけを持つことは，学習に向かうために必要になりますが，どのような動機づけを持つかによって，使用される学習方略も異なります。そのため，適切な学習方略の使用を促すためという意味では，学習内容の価値を認めたり，学習内容に関心を持ったり，自己効力感を高めたりすることが重要と言えます。

4.5　おわりに

本章では，教育心理学の中でも，学習方略と動機づけに関する問題について解説をしてきました。学業場面で高い成果を達成するためには，適切な学習方略を身につけ，状況に応じて学習方略を使い分けることや，学習をするやる気を自ら引き出せるようになることが重要になります。言い換えれば，学習方略と動機づけの問題は分けて考えるべきではなく，統合的にとらえていく必要があります。このように，学習者が自らやる気を高め，目標達成に向けて適切な学習方略を選択し，自立的に学習をしていくことは**自己調整学習**（self-regulated learning）と呼ばれることがあります。したがって，自己調整的な学習者を育成することが教育の重要な目標と言えます。教育実践の中で自己調整的な学習者を育成するための方策を明らかにしていくことが，今後の教育心理学研究の大きな課題と言えるでしょう。

Q4.1

　試験の前日や当日などに，「全然勉強していなくてヤバい」といった会話を耳にしたり，あるいは自分が言ったりした経験はないでしょうか。もちろん，思い掛けない出来事が起こり，意思に反して勉強できないこともあると思いますが，本当は勉強をしているのに，あえてそれを隠して「勉強をしていない」と主張したり，わざと試験前に用事を入れて，勉強ができない状況を作ることもあると思います。このような行動にはどのような機能があるのでしょうか。

memo

Q4.2

本章では，深い処理の学習方略の重要性を述べましたが，浅い処理の学習方略には効果がないのでしょうか。また，浅い処理の学習方略が効果的であるとすれば，それはどのようなときでしょうか。

memo

Q4.3

あなたが本書を読んだり，心理学に関する講義を大学で履修したりするのは，どのような動機づけによるものでしょうか。

memo

A4.1

ある行為が遂行される前（たとえば試験を受ける前）に，自分の能力に対する自信を守ろうとするために，あらかじめある種の行為や発言をすることは，**セルフ・ハンディキャッピング**（self-handicapping）と呼ばれます。たとえば，本当は家で勉強をしているのに「勉強していない」と発言をするなど，ハンディキャップを言語的に主張することは，主張的セルフ・ハンディキャッピングと呼ばれます。このような発言を事前にすることで，たとえば試験で良い成績を取ったのであれば，「勉強していないのに良い成績を取れた」と，自分の能力の高さを示すことができ，悪い成績を取ったのであれば，「勉強をしていないのだから当然だ」というように，能力ではなく努力不足のせいにすることができるため，自己評価の低下を避けることができます。また，試験前にアルバイトなどの用事を入れ，勉強のできない状況を作ることで，失敗をしたときの自己評価の低下を避けようとすることもあると思います。このように，ハンディキャップが実際の行動として遂行される場合には，獲得的セルフ・ハンディキャッピングと呼ばれます。

セルフ・ハンディキャッピングには自己評価の維持という機能がありますが，それ以外にも社会的な機能があります。一般に，親や教師は一生懸命努力することの大切さを強調するのに対して，仲間集団は一生懸命に勉強することを格好悪いとみなす傾向にあります。そのため，友人に対しては勉強していないことを見せつつ，親や教師に対しては勉強していることをアピールするというような行動をとることがありえます（村山，2010）。

こうしてみると，セルフ・ハンディキャッピングは適応的に見えますが，たとえば「勉強していない」と発言をするのにいつも良い成績を取っていれば，友人からは嫌味だと思われ，良くない印象を与える恐れもあります。また，セルフ・ハンディキャッピングをすることは生産的とも思えません。

セルフ・ハンディキャッピングをする理由の一つは，失敗をしたときの自己評価の低下を避けるためですが，失敗をすることは決して悪いことではありません。むしろ，失敗をした原因を分析し，自己改善することによって，より高いパフォーマンスを示すことができるようになります。そのため，失敗をしたときは，「自分の能力が劣っている」と考えるのではなく，「やり方が悪かったのだから改善しよう」と考えて学習に向かい，自己成長につなげていくことのほうが生産的だと考えられます。

A4.2

本章で述べたように，学習方略には「質」があり，深い処理をして学習をすることが重要になります。ただし，これは意味を考えたり，理解をすることで，「より効率的に覚えることができる」という意味であり，単純な反復や丸暗記にまったく効果がないということではありません。実際に，日常生活の中で丸暗記に頼る場面は少なくないと思います。また，時には「意味は分からないけど，とりあえず覚えておく」ということも必要になると考えられます。たとえば，本書を読んでいる人の多くは，「$2 \div \frac{3}{7}$」といったような，分数の割り算をすることができると思います。しかし，「分数で割るときには，分子と分母をひっくり返してかける」という手続きを知っていても，なぜそのように計算をするのかという理屈を理解している人は少ないのではないでしょうか。

小学校の教科書には，「分数の割り算で，分子と分母をひっくり返してかけると，なぜ答が出るのか」について説明が書かれています。しかし，その説明を小学生が理解するのは難しく，理屈を理解したうえで計算手続きを習得しようとすると，かえって学習が阻害される恐れがあります。そのため，ひとまずは計算手続きを覚え，理解力が育った後に改めて，「なぜ，ひっくり返してかけるのか」という理屈を理解するようにするほうが効率的だと考えられます（市川，2000）。

ただし，どのような場合は丸暗記に頼るべきで，どのようなときには意味を理解するべきなのかを判断することは容易ではありません。これに関しては，自分なりのバランスを取ることが重要ということになります。また，「とりあえず覚えておく」ことが有効であったとしても，意味にまったく注意を向けないことは好ましくないでしょう。そのときは理解できないとしても，意味に注意を向ける姿勢を持つことは，学習に限らず，どのような場面でも重要になります。

A4.3

たとえば心理学に関する講義を履修する動機づけとしては，「必修だから」という外的調整，「将来就きたい仕事で役に立つから」という同一化的調整，「心理学に興味があるから」という内的調整によるものなどが考えられます。このように，自己決定理論によって，人が学習をする動機をとらえることはある程度可能と言えます。しかし，「心理学的な観点でものごとを考える力を身につけたいから」「仲の良い友人が履修するから」「楽に単位が取れるから」など，自己決定理論では説明のしにくい動機づけもあります。

市川（2011）は，大学生を対象に「なぜ勉強をするのか」という自由回答形式の質問を行い，その結果をまとめて，図4.5のような学習動機のモデルを提案しています。自己決定理論などが，心理学の理論をもとに人の行動をとらえようとしたものであるのに対して，市川（2011）のモデルは，学習者自身の認識をもとにして，人の行動をとらえようとしたものであるという点で違いがあります。

市川（2011）の研究では，学習動機には6つのタイプがあり，それらは学習内容そのものを重視している程度である「学習内容の重要性」と，学習による直接的な報酬の期待の程度である「学習の功利性」という2つの次元で整理できるとされています。たとえば，「心理学的な観点でものご

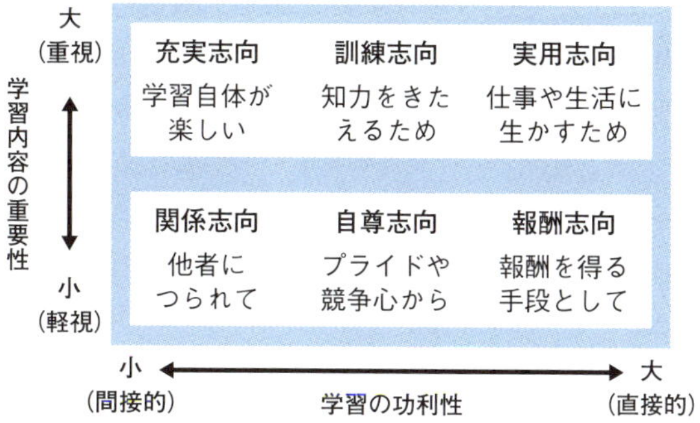

図 4.5　学習動機の 2 要因モデル（市川，2011）

とを考える力を身につけたいから」というのは訓練志向，「仲の良い友達が履修するから」というのは関係志向による動機づけと言えます。また，「楽に単位が取れるから」というのは，単位という報酬を得るために履修していると考えれば報酬志向，「あまり努力をせずに単位を取得することで，自身の優位性を示すことができる」という思いが背景にあると考えれば，自尊志向による動機づけと言えます。

このように，同じ行動であっても，背景にある動機づけは人によってさまざまで，どのような動機づけによって自分が学習しているのかを知ることは，自分の動機づけを高める手段を知るうえでも有用です。たとえば関係志向の高い人は，友人と一緒に学習する機会を作ることで，学習する習慣を作れるかもしれません。また自尊志向の高い人は，友人と成績を競うことで意欲を高められるかもしれません。さらに，自分が今は持っていない学習動機を持てるように工夫をすることも重要と考えられます。たとえば，もともと関係志向が高い場合は，心理学が身近な現象を理解するのに役立つことを認識したり，心理学を学ぶことで科学的な考え方が身につくことを認識したりするなど，実用志向や訓練志向といった別の動機を持つようにすることで，より学習動機を高められる可能性があります。

参考図書

藤田哲也（編著）（2007）．絶対役立つ教育心理学――実践の理論，理論を実践――　ミネルヴァ書房

教育心理学の理論と教育実践の結びつきを意識して書かれたテキストです。

市川伸一（2004）．学ぶ意欲とスキルを育てる――いま求められる学力向上策――　小学館

教育実践の中で適切な学習方略を習得させ，学習意欲を高めるにはどうすればよいかという問題について，幅広く論じられています。

鹿毛雅治（編）（2012）．モティベーションをまなぶ12の理論――ゼロからわかる「やる気の心理学」入門！――　金剛出版

さまざまな動機づけ理論が，最新の知見も含めて丁寧に紹介されています。

西林克彦（1994）．間違いだらけの学習論――なぜ勉強が身につかないか――　新曜社

理解とは何か，なぜ理解が重要であるのかといった問題について，詳しく説明されています。

第5章 変容する主体
臨床心理学

私たちは何かの問題にぶつかったときや，悩みをどう解決したらよいか分からなくなったとき，また時には何だか理由が分からないときも含め，気持ちが落ち込んだり，イライラが続くことがあります。そして，どうしてそうなったのか，どうしたら解決できるのかと考えます。なぜ「私」は変わってしまったのか，またどうすれば元の「私」に戻れる，あるいは新しい「私」に変わることができるのでしょうか。本章では，こうした心の問題に関する謎をひも解いていきます。

5.1 臨床心理学とは何か――精神医学との違いから

臨床心理学（clinical psychology）は，心の問題（本章では，あらゆる心の問題や症状等を総じて，心の不調とします）がどのように生じ，また，どう援助していくかに関して，実践的，かつ，理論的に探究する学問です。下山（2001）は臨床心理学について，「対象の病理体験についての語りを聴くことを通して患者が自己の病理を受け入れ，病理を抱えつつ生きられるような心理的な援助を行うこと」と述べています。ここで注意すべきは，「病理を抱えつつ生きられるような」とあるように，臨床心理学は病理の治療を目的としていないということです。この点について，同じく心の不調を扱う精神医学との違いから臨床心理学とは何かを見ていきましょう。

精神医学では，精神的・行動的症状などの病理を特定し，精神医学的診断を行って治療することが目的です。一方，臨床心理学は，病理を持つ人だけでなく，悩みや苦しみ，さまざまな障がいを持ち，心の問題や不適応などを抱えている人を対象とし，心理的な問題を解決するための援助を行うことを目的としています。

たとえば，友人とうまくいかないことから気分が落ち込み，学校に行けなくなった高校生のAさんがいたとします。気持ちは落ち込んでいますが，家族とは朝と夕食時には顔を合わせ，一緒に食事をとって楽しく会話をし，夜も眠れているようです。このような状態にあるAさんの場合，精神医学では治療の対象とならないことがあります。明確な精神医学的診断が難しく，医学的に見た治癒の状態も判別しにくいからです。一方で，臨床心理学ではAさんは援助の対象となり，Aさんの体験や悩みについて聴くことを通して，Aさんなりの適応的な生活が送れるようになることを目指します。つまり，精神医学は人間の客観的な疾患を扱いますが，臨床心理学は対象となる人の主観的な心の不調を扱う，と整理できるでしょう。

5.2 心の不調の生じ方——臨床心理学の諸理論

心の不調はなぜ生じるのでしょうか。臨床心理学ではこの問題に対して，理論的背景をもって理解しようとします。多くの学派がありますが，ここでは代表的な3つの理論について説明します。

5.2.1 精神分析

精神分析は，オーストリアの精神科医，フロイト（Freud, S.）が創設し発展させた理論です。精神分析については，前田（1994）に詳しく解説されており，以下ではそれに即して説明します。フロイトは，人の心は意識，前意識，無意識の3つの部分から構成されると考えました。**意識**（consciousness）とは，私たちが普段，気がついている部分です。しかしこれは，心全体からすれば氷山の一角にすぎません。**前意識**（preconsciousness）とは，普段は意識されていませんが，「そういえばこんなことがあった！」など，何らかのきっかけがあれば意識化できる部分を指します。**無意識**（unconsciousness）とは，私たちに自覚がなく意識できない部分であり，この無意識が人の心理や行動に影響を与えるとされます。しかし，後にフロイト自身がこの

3つの領域のみでは心全体をとらえることが不十分であるとし，心を構成する3つの層を新たに考え出しました。それが，エス，超自我，自我です（図5.1）。

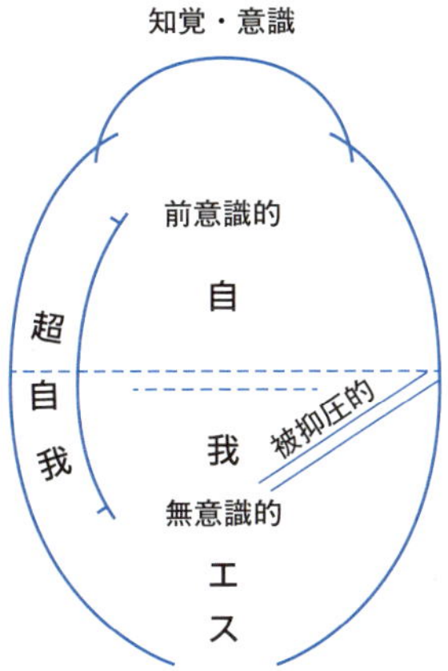

図5.1 **フロイトによる精神装置図**（古沢，1953）

エス（es）は無意識の世界にあり，コントロールすることが難しい本能的な欲求の貯蔵庫です。フロイトはこの本能的な欲求を**リビドー**と名づけ，人間が生きるための基本的な原動力であるとしました。エスは，ただひたすら快く，楽しいものを求め不快で苦しいものは避けるという**快楽原則**（pleasure principle）に従っています。たとえば，期末試験の前日に，「今すぐに遊園地に行きたい！」という衝動が該当します。**超自我**（super ego）は，幼少期の親からのしつけを通じて道徳的規範や倫理が内在化したものであり，良心や理想のことです。エスの本能的衝動を検閲し，自我が良心的，理想的方向に向かうように働きかけます。先の例で言えば，「明日は期末試験だから，今日は遊びに行かずに勉強しなければならない」が該当するでしょう。**自我**（ego）は，主に意識できる部分を指します。現実を検討してエスや超自我からの要求をうまく調整する機能を担っており，たとえ不快であっても外界の現実に合わせようとする**現実原則**（reality principle）に従っています。たとえば,「今すぐに遊園地に行って遊びたいけど，明日は試験だから我慢して，試験が終わったら遊びに行こう」となります。つまり，自我は心全体のまとめ役をしている，と言えるでしょう。

エスによる欲求は，快を満たすために無意識から自我に移ろうとします。このとき超自我による検閲が働き，検閲によって超自我から認められた欲求は自我に入り込みます。自我は外界の要求を考慮し，その欲求を満たすかどうかの判断をします。一方，超自我に認められなかった欲求は，自我による調整が難しくなり，自我は意識からこの欲求を押し出して無意識下に抑え込み，何でもなかったようにしようとします。このことを**抑圧**（repression）と言います。しかし抑圧されて無意識化された欲求は，何とか意識上に出ようと夢や症状などに形を変えて現れます。このようにして心の不調が生じていく，とフロイトは考えました。

自我は，現実（外界），エス，そして超自我からの要求をうまく調整できないと不安にさらされます。このとき自我は，不安を解消し適応するためにさまざまな手段をとります。これを**防衛機制**（defense mechanism）と言います。先の抑圧はこの代表的なものです。主な防衛機制を表 5.1 に示しました。防衛機制がうまく作用する場合，たとえば，攻撃的な衝動はそのままの形では現実世界にそぐわないため，自我がうまく調整し，スポーツで発散するような場合には，不安や衝動は静まります。しかし，防衛機制が失敗する

表 5.1　主な防衛機制（前田，2014 より一部抜粋し簡略化）

種　類	内　容
抑　圧	苦痛な感情や記憶を意識から閉め出す。
退　行	早期の発達段階へ戻る，現実より退く。
置き換え	代理満足。
投影（投射）	相手への感情や欲求を人のせいにする。
反動形成	本心と裏腹な行動をとる。
転　換	不満，葛藤を身体症状へ置き換える。
合理化	嫌な考えを正当化する。
昇　華	欲求，感情を社会的に有用に置き換える。
補　償	劣等感を他の方法でおぎなう。

と不安や症状はさらに強まります。たとえば，転換は，不満や葛藤を無意識のうちに抑え込もうとした結果，体への症状として出ている状態です。また，不適切な防衛機制を用いる場合にも不安や症状が強まると考えます。このように，精神分析では防衛機制によって心の不調を説明しています。

5.2.2　学習理論

フロイトが心の機能や無意識などのプロセスを重視したのに対して，パブロフ（Pavlov, I. P.）の条件づけ研究や，ワトソン（Watson, J. B.）の**行動主義**（behaviorism）による**学習理論**（learning theory）では，心の不調そのものを「誤って学習された行動である」ととらえます。つまり，問題とされる症状や行動は，他の行動と同じように学習によって習得されたもので，正常な行動と質的に異なるものではないとします。学習理論には，レスポンデント条件づけ，オペラント条件づけなどがあり第8章で詳しく述べられていますので，ここでは症状の形成との関連について説明します。

1. レスポンデント条件づけ

レスポンデント条件づけ（respondent conditioning）とは，パブロフの実験にあるように，**無条件反応**（unconditioned response）（唾液分泌）を引き起こす**無条件刺激**（unconditioned stimulus）（食物）と**条件刺激**（conditioned stimulus）（ベルの音）を繰返し提示することで，無条件刺激（食物）を提示することなく，条件刺激（ベルの音）だけで**条件反応**（conditioned response）（唾液分泌）が引き起こされることです。症状形成との関連では，ワトソンが行った有名なアルバート坊やの恐怖実験（Watson & Rayner, 1920；図5.2）があります。

生後11カ月のアルバート坊やは，始め白ネズミを怖がっていませんでした。アルバート坊やが白ネズミ（条件刺激）を触ろうとしたときに，後ろで大きな音（無条件刺激）を出し，怖がらせる（無条件反応）ことを繰返し行ったところ，やがてアルバート坊やは白ネズミを見ただけで怖がる（条件反応）ようになりました。つまりこの実験は，恐怖症状という心の不調は学習

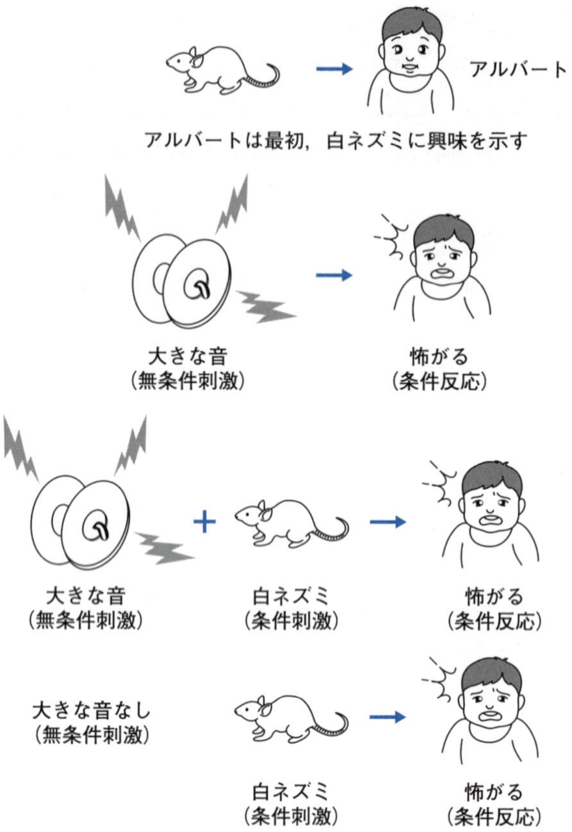

図 5.2　ワトソンが行ったアルバートの恐怖実験

によって後天的に形成される，ということを示したものです。

2. オペラント条件づけ

オペラント条件づけ（operant conditioning）は，スキナー（Skinner, B. F.）の実験で示されているように，自発的な行動に報酬や罰という**強化子**（reinforcement）が対提示されることによって，その行動の生起頻度が上がる（あるいは，下がる）というものです。

そして，ある行動（症状）がなぜ生じているのかを理解するためには，その行動だけを見て判断するのではなく，行動の前に起きたことと，行動の結果の3つの関係をとらえる必要があります。この三者関係を，**三項随伴性**（three term contingency）と言います（図5.3）。たとえば，「施錠を確認せずにはいられない」という強迫症状に悩んでいるBさんがいます。Bさんは，「ドアのカギを閉めたかな？」と不安になり，実際に施錠を確認し不安が下がりました。しかしさっき確認したにも関わらず，しばらくすると「本当に閉めたかな？」とまた不安になり，再び施錠を確認するという症状に悩まされています。確認してもまたすぐ不安になるので，何度も施錠確認しなければならず日常生活に支障をきたしています。こうした心の不調は，苦痛や不快を感じる症状や状況が他の行動によって和らいだとき，この苦痛や不快が和らぐことが報酬となってその行動が強化された状態である，と学習理論では考えます。つまり，「鍵をかけたかな？」という不安を感じる状態（A：先行手がかり）が，「施錠を確認する」という行動（B：行動）で和らいだ（C：結果・効果）ため，次に不安を感じたときにもその施錠確認の行動をとるように条件づけられた，ということです。

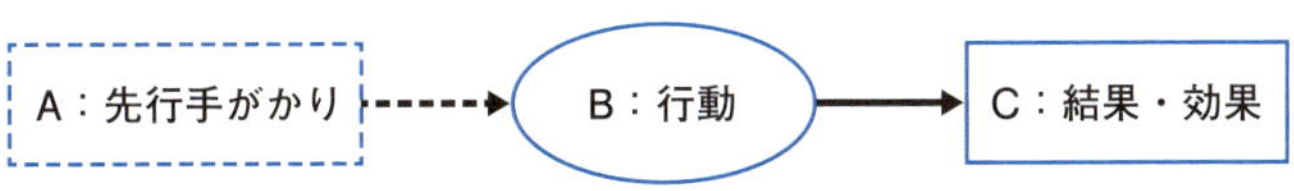

図5.3　三項随伴性（鈴木・神村，2005を参考に作成）
三項随伴性では，どのような状況で（A：先行手がかり），どのような行動が起こり（B：行動），どのような結果をともなったか（C：結果・効果）という，前後関係を含めて行動をとらえる。

以上のように，学習理論では，心の不調はたとえ望ましくないものであっても本人にとっては意味があり，その症状（行動）がパターン化してその人の日常生活に現れている結果，ととらえます。

5.2.3　人間性心理学

精神分析や学習理論に対峙するものとして発展してきたのがマズロー

（Maslow, A. H.）やロジャーズ（Rogers, C. R.）らによる**人間性心理学**（humanistic psychology）です。人間性心理学では，精神分析や学習理論のいずれも，人間の病的な側面を対象としており健康で正常な人を対象とする視点が抜けていると批判しています。そして，**自己実現傾向**（self-actualizing tendency）という「人が持っている基本的な動機づけの傾向であり，これにより人は必ず健全になり，成長の方向に向かうもの」（Rogers, 1951；伊東訳，1967）を重視し，人は絶えず成長していくものと考える学派です。

ロジャーズ（1951）は，心の不調について2つの円（自己概念と経験）を用いて説明を試みています（図5.4）。**自己概念**（self concept）とは「自分はこういう人間である」など自分自身に対して持っている自己イメージのことを言い，自分に対する認識のことです。一方，**経験**（experience）は，実際に自分が経験していることで，現実の自分を意味します。普通，この2つの円は完全ではないにしても一致（**自己一致**；self congruence）しているものです。しかしながら，自分のイメージ（自己概念）と現実の自分（経験）との間に矛盾が生じると**自己不一致**（self incongruence）となり，心に不調をきたします。

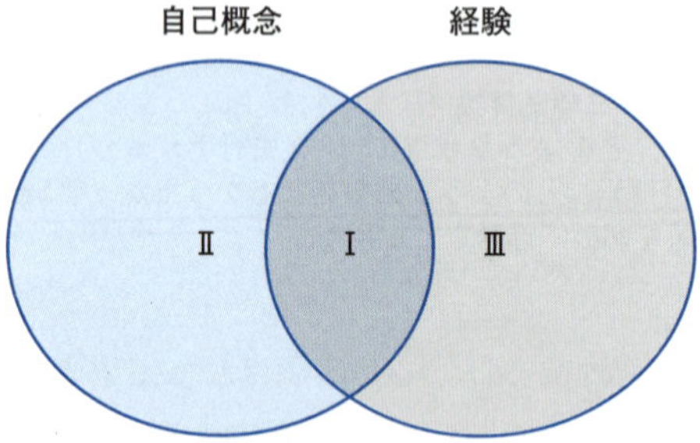

図5.4　ロジャーズの自己理論（ロジャーズ，1951を参考に作成）
自己一致している場合Ⅰの重なりが大きく，自己不一致の場合は，Ⅰの重なりが小さくなる。

たとえば，自分は勘が鋭くヒラメキタイプだと思っているCさんがいます。

Cさんの自己概念は「直感型。インスピレーションでうまくいくタイプ」です。ところが実際には，Cさんは直感タイプではなく，計画を立て地道に努力することで成果を出せる人です。そのため，インスピレーションに頼ろうとしてもなかなかうまくいきません。つまり，この人が実際に経験していることは自己概念との不一致になります。このような状態の場合，生活は不自由なものとなり，自分の行動を否認したり，不安や緊張が続くため，心に不調をきたす，とロジャーズはとらえています。

5.3 人の心が変わる——臨床心理学的援助の方法

心の不調を臨床心理学的に援助するためには，大きく2つの方法があります。第1に，不調を抱えた人の状態を把握する，心理アセスメントがあります。そして第2に，アセスメントの結果にもとづいて具体的な支援を行う臨床心理学的援助（**カウンセリング**（counseling）や**心理療法**（psychotherapy））が挙げられます。なお，カウンセリングと心理療法は厳密には異なるものですが（多田，1996），本章ではいずれも臨床心理学的援助の方法であることから同義語として用います。

5.3.1 心の不調を把握する——心理アセスメント

心理アセスメント（psychological assessment）とは，対象となる人の病理を特定するためのものではなく，健康な部分も含めたその人のパーソナリティを主とするさまざまな情報を収集し，それらによって援助の方法を探るためのものです。下山（2003）は，「臨床心理学的援助を必要とする事例（個人，または事態）について，その人格や状況および規定因に関する情報を系統的に収集・分析し，その結果を総合して事例への介入方針を決定するための作業仮説を生成する過程」と定義づけています。この「作業仮説」という言葉にもあるように，一度のアセスメントで必ずしもすべてが明確になるわけではなく，結果はあくまでも仮説であるため，随時情報収集を行いながら仮説を検証し，必要であれば修正することが求められます。このような性質から心理アセスメントは**見立て**とも呼ばれます。

心理アセスメントの方法には，面接，観察，心理検査があります。

1. 面　接

心理アセスメントを行うための面接は，相談に来た人（クライエント）に対し，これからどのような援助ができるかを考えるため，クライエントと対話するものです。沼（2009）は，アセスメント面接の内容として，以下の５つを挙げています。

(1) クライエントは今，何を一番問題にしているか。
(2) その問題に対してクライエント自身はどう対処してきたか。
(3) 問題を周囲の人間はどのようにとらえているか。
(4) クライエント自身の生育史や自分自身のとらえ方。
(5) クライエントを取り巻く社会環境やそこにおける対人関係の援助，どのような環境や家族関係の中で育ったか。

つまり，何に困っているかといった主訴から，主訴に対するクライエントの対応，対処能力，周囲の環境等を確認していきます。またこの他にも，生活環境や現病歴，自分の考えるパーソナリティなど症状の背景にある事柄等を確認します。アセスメント面接は，相談に来たクライエントを引き受けるか否かを決める面接でもあることから，**受理面接**，**インテーク面接**（intake interview）とも呼ばれます。

心理アセスメントにおける面接で重要なことは，クライエントが話す内容だけでなく，話し方や声のトーン，表情，動作など非言語的な情報にも十分な注意を払うことです。また，隣室の音が聞こえない，邪魔が入らない，話していることが外には聞こえない，など物理的な環境を整えることに対する配慮も必要です。さらには，ラポールの形成もとても大切です。**ラポール**（rapport）は，クライエントと面接者における信頼関係のことを指します。ラポールが形成されれば，クライエントは過度に警戒することなく，自分の内面を表現しやすくなるため，面接で得た情報が信頼性を増すことになります。

2. 観　察

面接のところでも述べましたが，クライエントが話す内容だけでなく，声のトーンやしぐさなどもクライエントを知るためには欠かせない情報です。そのため，問題行動や症状の頻度などに加え，面接の際のクライエントの非言語的な側面を観察することが重要です。非言語的な観察内容については，菅野（1987）による以下の5つのリストが参考になります。

(1) 時間的行動：予約時間，打ち切り時間，話題に入るまでの時間など。
(2) 空間的行動：距離，坐る位置，鞄やものを置く位置など。
(3) 身体的行動：視線・アイコンタクト，目の表情，姿勢，身振りなど。
(4) 外観：体型，服装，髪型など。
(5) 音声：語調，音調，話し方の速さなど。

たとえば，つらい抑うつ症状を訴えているものの，華やかな花柄のワンピースを着て，朗らかな表情で相談に来たクライエントの場合，話の内容と服装や表情のミスマッチは，クライエント像や症状をとらえるための重要な情報となります。

観察法にはいくつか手法がありますが，「心理臨床場面では参加観察は実務として日常的に行われている」（台，2000）とあるように，アセスメントにおいても参加観察が多くみられます。**参加観察**（participant observation）とは，「観察者が自分の存在を被観察者に示しながら直接観察する方法」（古池，2003）であり，観察者が感じたことやどう対処したかも，得られる情報の一部となります。また，土居（1992）が，「面接者が被面接者を観察するばかりでなく，被面接者も面接者を観察する」と述べているように，クライエントがその場面や観察者をどのようにとらえているかも，その人を理解するうえで重要な情報となります。

3. 心理検査

アセスメントで用いられる心理検査には，質問紙法，投影法などのパーソナリティ検査や，知能検査などがあります。なお，パーソナリティ検査の詳細については第6章で説明されていますので，そちらも参照してください。

質問紙法（questionnaire method）は，たとえば「物事を慎重に考えるほうだ」などのパーソナリティや心理状態を表す多くの質問項目に対し，「はい」か「いいえ」，あるいはいくつかの選択肢からどの程度当てはまるかを答えてもらう検査です。主観的な自己報告のため，自分のことを自分でどうとらえているかといった意識的な側面を把握することができます。主な検査として，**MMPI**（Minnesota Multiphasic Personality Inventory），**矢田部–ギルフォード性格検査**などがあります。

投影（映）法は，あいまいな刺激や言葉を与えて，それに対する反応の仕方や反応内容からその人のパーソナリティや心理状態を把握しようとするものです。何について調べたいのかが被検者に分かりにくいことから，無意識的な側面が表現されやすいと考えられています。主な検査として，絵を刺激とする**ロールシャッハ・テスト**（第6章，**図6.4**参照）や**TAT**（Thematic Apperception Test），言葉を刺激とする**文章完成法**（Sentence Completion Test；**SCT**）などがあります。

知能検査は，知能を客観的に測定するための検査です。しかし，単に知能指数（IQ）を測定するのみではありません。伊藤（1976）が「その人の発達上のつまずきや自己実現の疎外条件を正しく発見し，その人が外界に主体的に働きかけ自己変革する過程を支援する知見を提供するためにある」と述べているように，クライエントのできること，不得手なことなどの能力を把握し，日常生活を送るうえでどのようにすればより適応していけるかに関する情報をとらえるための検査とも言えるでしょう。主な検査として，**ビネー式知能検査**，**ウェクスラー式知能検査**があります。

心理検査の実施にあたっては，**インフォームド・コンセント**（informed consent）（説明と同意）を得ることが求められます。つまりクライエントに対して，何のために検査を実施しようとしているのかを説明し，検査の必要性を理解してもらうことが重要です。また検査に真面目に答えてもらう，回答を歪めることなく素直に回答してもらうためにも，ラポールの形成が必要です。しかし，どのような検査においても，効用があるとともに限界もあります。そのため，1つの検査だけではその人の断面的な側面しか見ることができません。いくつかの検査を組み合わせることで，その人のパーソナリティや症状の背景などが立体的なものとなって見えてきます。

このように複数の検査を組み合わせることを，**テストバッテリー**（test battery；第6章，A6.2参照）と言います。たとえば，知能検査からウェクスラー式知能検査，パーソナリティ検査からロールシャッハ・テストとMMPIなど，一般的には異なる目的の検査を組み合わせます。テストバッテリーの注意点は，検査の数が多いほどクライエントに負荷がかかりますので，目的にそった最小限の数を組み合わせることです。そのため，教育場面や精神医療の領域ではいくつかの典型的なテストバッテリー（岡堂，1988）が考えられています。

5.3.2　心の不調を改善する――三大心理療法

心の不調に対する援助には，さまざまな心理療法があります。ここでは，先の5.2で述べた，なぜ心の不調が生じるか，という3つの理論背景（精神分析，学習理論，人間性心理学）にもとづいて，それぞれどのような方法で援助しているかを見ていきましょう。

1. 精神分析

フロイトは，心の不調は，意識化したくない衝動が抑圧され無意識の中に閉じ込められていることにより生じると考えました。症状を改善するためには，抑圧された無意識を意識上に浮かび上がらせることが必要であり，この方法としてフロイトが体系化したものが精神分析です。5.2.1では理論体系に関する精神分析について取り上げましたが，ここでは，心理療法としての精神分析について説明します。

精神分析の具体的な手法として**自由連想法**（free association method）が挙げられます（前田，1994）。自由連想法では，クライエントは寝椅子に横になり，治療者はクライエントから見えないよう頭の後ろ側に座ります。そこでクライエントには何でも思いついたことを自由に話してもらいます（自由連想）。この自由連想によってクライエントの抑圧がゆるみ，抑えられていたものが，クライエントが意識していない象徴的なものとして連想の中に浮かんできます。**精神分析**は，この象徴的な内容が本当に意味することが何であるかを分析・解釈し，無意識を探っていくものです。自由連想の最中，クライエントは何も思い浮かんでこないこと（**抵抗**）や，自由連想によりさまざまな連想が浮かんでも無意識のうちにそれを言葉にせず，その代わりにセラピストに対する愛情や怒りなどの感情に移しかえること（**転移**）があります。これらの抵抗や転移を扱い，クライエントが抑圧しているものが何であるかに対して洞察（意識化）し，抑圧されたものをクライエントが意識的に受け入れられるようにしていくことが精神分析の流れです。しかし自由連想法は，週4～5回の頻度で1回45～50分のために，時間的にも経済的にもクライエントに負担がかかることがあります。そのため現在では，面接頻度を週1回にしたり，対面法を用いる（前田，2014）など，実用的にした**精神分析的心理療法**（psychoanalytic psychotherapy）が多くなっています。

2. 行動療法

行動療法とは，学習理論の原理にもとづいて行われる心理療法の総称です。5.2.2で述べた通り，学習理論では心の不調は，誤った学習によるものと考えます。したがって同じように再学習することによって症状を取り除いたり，望ましい行動がとれるよう援助していくことが行動療法の基本的な考え方です。具体的には，レスポンデント条件づけを利用した技法（**系統的脱感作法**，**積極的条件づけ法**など）と，オペラント条件づけを利用した技法（**トークン・エコノミー法**や**バイオフィードバック法**など）があります。ここでは代表的なもののみ紹介します。

(1) レスポンデント条件づけにもとづく技法——系統的脱感作法

系統的脱感作法（systematic desensitization）は，ウォルピ（Wolpe, J., 1958）が考案した技法であり不安や恐怖の症状軽減に効果的とされます。人は不安や恐怖を感じているときに，それと拮抗するリラックス反応を両立することができません。系統的脱感作法は，不安や恐怖を感じているときに，リラックス反応を同時に引き起こす（**脱感作**）ことで，不安や恐怖の反応を段階的（系統的）に消去していく技法です。

具体的な手続きでは，まずクライエントの訴える不安や恐怖を感じる場面について，程度の低いものから強いものへと並べた**不安階層表**を作成します。不安をまったく感じない状態を 0，もっとも不安が高い状態を 100 とし，それぞれの場面の不安強度を示します。例として，石川と坂野（2005）による不安症状を訴える児童の不安階層表を**表 5.2** に示しました。不安階層表を作成したら，次に，クライエントはリラクセーション法を習得します。よく用いられるリラクセーション法には**漸進的弛緩法**があります。これは人が不安や恐怖を感じているときは筋肉が緊張し，この緊張がさらに不安や恐怖を高めることから，筋肉の緊張と弛緩を繰り返すことで段階的に筋肉の緊張をゆるめる方法です。これにより，リラックスした状態を安定して作り出すことができるようになります。クライエントがリラクセーション法を習得したら，不安階層表の不安がもっとも低いものからその場面をイメージし，それに対して不安や恐怖を感じたらリラクセーション法を行います。不安や恐怖が消去したら，今度はその次に不安や恐怖の高い段階のイメージを行い，またリラクセーション法を行う，という段階的な脱感作を行います。やがてもっとも不安や恐怖を感じる場面をイメージしても不安が生じないようにしていく

表 5.2　不安階層表の例（石川・坂野，2005）

	SUD
家のまわりに知らない人がいた時	100
インターネットをやってて個人情報がばれる	95
知らない車が家の周りにいた時	80
車のエンジンが聞こえた時	50
インターホンがなった時	40
電話がかかってきた時	20
ゲームをやってる時	0

※ SUD：Subjective Unit of Disturbance 自覚的障害単位と訳される。ここでは不安感の強さのこと（注釈は筆者加筆）。

ものが，系統的脱感作法です。

刺激には，イメージの他に現実場面を用いること（**現実的脱感作法**）もあります。とくに，9歳以前の子どもはイメージすることが難しいことから，幼少児の場合は現実的脱感作法のほうが効果的（Purkel & Bornstein, 1980）であることが分かっています。また，近年では，イメージや現実場面の代わりに，コンピュータ等によるバーチャルリアリティを用いた手法（宮野・坂野，2002）もあります。

(2) オペラント条件づけにもとづく技法——トークン・エコノミー法

オペラント条件づけにもとづいた方法は，望ましい行動の形成や望ましくない行動の除去を図る際に用いられます。とくに**トークン・エコノミー法**は，望ましい生活習慣の確立など適応的な行動を増加させるうえで効果があります。望ましい行動を行ったときにトークンと呼ばれる代用貨幣を報酬（正の強化子）として与え，その行動を増加させます。トークンにはシールやカードなどを用いることが多く，トークンの数が一定に達したらクライエントの望むものと交換します。たとえば岡島（2014）は，登校しぶりがみられる7歳男児に対して，「登校がんばり表」を用い，登校したら先生から表に丸印をつけてもらう，丸印がたまったら昼休みに好きな遊びをしてよい等の報酬を与える，といったトークン・エコノミー法を用いて，登校維持率を高めています。

いずれの技法を用いるにしても，行動療法では，心理アセスメントを通して目標とする症状や行動を明確化し，その行動の形成や除去に適する技法を選択（時に組合せ）して，クライエントを援助していきます。

3. クライエント中心療法

5.2.3で説明した通り，ロジャーズの自己理論にもとづけば，心の不調は自分の経験が自己概念と一致していない，あるいは，自己概念と矛盾する経験を自己のものと認めがたいと考えるために生じるととらえます。そのため，クライエント中心療法では，この自己概念と経験を一致させること（**自己一致**）を目的とした援助を行います。そして，「説得的で解釈的な方法は治療上，十分な効果を上げることができない。よって自己構造に何らの脅威ももたらさない許容的な条件こそが必要とされるものであり，そうした条件のもとで，初めて新しい経験を取り入れ構造を再体制化することが可能となるのである」（末武，2004）と考えます。つまりクライエントがカウンセラーに対し恐れたり，崇めたりするといった脅威を一切感じずに安心できる雰囲気によってこそ，その援助は自己一致を促す，と言えるでしょう。この「脅威を感じない」ということから，ロジャーズは相談に来た人を，上下関係を示唆する「患者」とは呼ばずに，対等であるという意をこめて「クライエント（相談者，来談者）」と呼び，援助者とクライエントの関係を何よりも重視しています。

ロジャーズ（1957）は，カウンセリングが成功するための条件として次の3つを挙げています。

(1) 純粋性（genuineness）

カウンセラー自身がクライエントに対する感情において，常に敏感であり，自分自身を否定しないこと，また適当であればその感情についてクライエントに隠すことなく正直であることです。たとえば，カウンセラーがクライエントの話になぜこのことでそんなに落ち込むのか，と思っているのに「それは落ち込みますね」と応答するような見せかけは「純粋性」とは異なります。ただし，感じたことを何でもクライエントに伝える，という不用意なことも純粋性ではありません。この条件は，カウンセラーが面接の中で生じた感情に対して，常に素直であろうと意識し努力すること，と説明できるでしょう。

(2) 無条件の肯定的配慮（unconditional positive regard）

クライエントのありのままを受容し，尊重することです。たとえば，「この部分は認める（良い）けれど，この部分については認めない（良くない）」といった条件つきで受け入れるのではなく，クライエントの態度が否定的であろうと肯定的であろうと，あるいは以前の態度と矛盾していたとしても，その一部分だけを取り上げるのではなく，クライエントのあらゆる側面に対して同じように理解し，一人の人間として受け入れようとすることです。

(3) 共感的理解（empathic understanding）

クライエントの内的な世界や体験を，クライエントの立場にたって感じ取り，体験しようと努めることです。しかしそれでいながらも，クライエントの怒りや混乱に巻き込まれることなく，「あたかも～であるかのように」といった特性をカウンセラーが失わずにいることが大切とされます。また，カウンセラーは感じ取ったことから，クライエントがうまく表現できなかったことについて言葉にして返すことも求められます。

クライエント中心療法（client-centered therapy）は，心の不調を解消するために特別な技法を用いるのではなく，クライエントが自ら備えている力で自己実現できるよう，カウンセラー側の聴く態度を追求していくアプローチと言えるでしょう。

5.3.3　その他の心理療法

前節までは，臨床心理学的援助の方法として，3つの心理療法を紹介しましたが，カウンセリングや心理療法と呼ばれるものはこの他にも数多く存在します。たとえば，精神分析を簡易化し一般にも用いやすくした**交流分析**（transactional analysis）や，行動をコントロールする認知の仕方に注目する**認知療法**（cognitive therapy），さらに日本で独自に開発された吉本伊信による**内観療法**（Naikan therapy）や，森田正馬による**森田療法**（Morita therapy）などがあります（窪内・吉武，2003 参照）。

なぜこんなにも数多くの心理療法があるのでしょうか。それは，心の不調のとらえ方にはさまざまな理論があり，それだけ援助方法も異なってくるからです。しかし，1人のクライエントが，いくつかの症状を抱えていることもあり，1つの心理療法だけでは問題が改善しない場合があります。こうした現場での背景から，近年では，**統合的心理療法**（integrative psychotherapy）（Lampropoulos et al., 2003）と呼ばれる，各種の心理療法の理論や技法を整理・統合した新しいアプローチも見られるようになっています。

Q5.1

大学生のAくんは半年前からカウンセリングを受けています。次の予約は来週でしたが，友人と喧嘩をしてしまったことから不安でたまらなくなりました。どうしてもカウンセラーに話を聴いてもらいたかったAくんは，クリニックに電話をかけてみました。すると運よくカウンセラーが出てくれたので，「いますぐ悩みを聴いてほしい」と辛い状況を話し出しました。さてこの場合，カウンセラーはどうすることが望ましいでしょうか。

memo

Q5.2

あなたは，いつも学校で一緒にいる友達のBさんとばったり街で会いました。「Bちゃん，偶然だね！」と嬉しくなって声をかけましたが，「あー，ほんとうだね」となんだかつれない返答のまま，どこかへ行ってしまいました。さて，あなたはどんなふうに感じるでしょうか。

ところで，Bさんの友人であるCさんとDさんも，これとまったく同じ状況を体験しました。Cさんのほうは，この日の夜，気になってほとんど眠れず，翌日もBさんのことを何となく避けてしまいました。一方Dさんは，あまり気に留めずいつもと同じように過ごし，翌日，Bさんに「昨日は偶然だったね。もしかして急いでた？」と声をかけました。

このCさんとDさんの心の働きには，どのような違いがあると思いますか。

memo

Q5.3

心の不調の生じ方に関する理論や，その援助方法にはさまざまなものがあります。その中でも有効であると考えられるのは，どのような心理療法なのでしょうか。

memo

A5.1

カウンセリングは心に不調をきたした人のための援助方法の一つです。不安に苛まれている時間は，とてもつらく耐え難いものでしょう。そのため読者の中には，「Aくんの不安が下がり，落ち着くまでカウンセラーが話を聴いてあげることがよい」と考えた人もいるかもしれません。しかしカウンセリングでは，**治療構造**（therapeutic structure）と呼ばれる「枠」を大切にします。**枠**とは，たとえばカウンセリングの頻度や時間，場所など，いくつかの決まりごとのことです。この枠によって，カウンセリングは日常生活での単なる会話ではなく心理援助の場となるのです。また枠があるために，クライエントも気兼ねしないで積極的に援助を求めることができます。いつでも話を聴いてあげることは，一見，本人の気持ちを大切にしていそうですが，クライエントの依存性を高め，さらには自立性を損なうことにもつながる可能性があります。またカウンセラー側も，いつでもクライエントの要望により話を聴いていたのでは，疲弊しクライエントに対してネガティブな感情を持つこともあるでしょう。こうした関係は，クライエントのためにならず，またカウンセリングがうまくいかない原因となります。そのため，「枠」を守り，Aくんのケースにおいても次の面接日への促しなど行い，その場で安易に話を聴くことはカウンセラーとして避けなければなりません。

A5.2

同じような出来事であっても，それをどのように受け止めるかによって，人によっては落ち込んだり，あるいは何でもなかったりします。ここには，「認知」という，ものの考え方が作用していると考えられます。たとえば，問題の例で言うと，Cさんは，Bさんの返答がつれなかったことから，「嫌われてしまったのかな？」などと考え（認知），気分が沈み眠れなくなっているようです。一方Dさんは，Bさんの対応は確かにつれなかったものの，「急いでいたのかな？」と考え（これも認知），Dさん自身の気分は影響を受けていません。つまり，2人の違いには認知が介在しており，この認知によって気分や感情，翌日の態度までもが変わっている，と言えます。これは心理療法の一つである認知療法の基本的なとらえ方で，心に不調をきたしやすい人には，ものの考え方にくせ（認知の歪み）があり，この歪んだフィルターのために気分や感情がマイナスの影響を受けているとされます。認知療法は，認知の歪みを同定し，より適応的な認知を身につけることによって心理的な苦痛を軽減しようとするアプローチです(Beck, 1976)。対象となる人は必ずしもうつ病などの疾患，診断がある場合に限りません。たとえば白石（2005）は，大学生のうつ傾向に対し，予防的介入として認知療法を用いています。その結果，認知の歪みの修正や，抑うつ感の軽減を確認しています。

今回のCさんの場合，認知が歪んでいるとまでは言えないかもしれませんが，Bさんのつれない返事の理由にはいくつか可能性があったのに(たとえば，お腹が痛かった，親に怒られた後で気持ちが塞いでいた，など)，自分が何かしたのでは？　ということのみに囚われ落ち込んでしまい，さらに翌日には，CさんのほうからBさんを避けてしまっています。このように同じ出来事であっても，その人の考え方しだいで，気分や行動が左右されます。そのため事実はどうあれ，日常生活を過ごしやすくするためには，まず状況の受け止め方の可能性を広げることが大切と言えるでしょう。

A5.3

心の不調の生じ方をどうとらえるかの理論や，援助方法はさまざまなものが存在します。しかし残念なことに万能な援助方法はありません。それは，たとえば同じ不登校に悩む子であってもその理由はさまざまであるように，それだけ心が複雑であることを反映していると言えます。また，すべての理論や技法に精通しているカウンセラーはおらず，どうしても自分の好みが出てしまうことがあります。では，援助方法の選択は二の次でいいのか，というともちろんそうではありません。カウンセリングがクライエントの福祉を目指し対人援助を行うものである以上，「この手法こそ，もっとも効果的だ！」とカウンセラーが思い込むただ1つの方法に固執するような，カウンセラー側の独りよがりの援助であってはなりません。クライエントのためだけではなく，臨床心理学の発展のためにも，カウンセリングの効果を客観的に示していくことは重要です。

このような課題に答えるために，**メタ分析**（meta-analysis）という手法が考え出されました（第7章参照）。この手法は数多くの研究で報告された効果を統合し，効果の度合いを確認するものです。主要なものとしてスミスとグラス（Smith, M., & Glass, G., 1977）による研究が挙げられます。この研究では，心理療法の効果について375の論文によるメタ分析を行い，その結果，心理療法は客観的に見て，何もしなかった場合と比べて中程度以上の効果があること，また，精神分析的な心理療法やクライエント中心療法，行動療法など治療法による顕著な効果の差は認められなかったことを報告しています。しかし近年では，どのような心理療法がどんな症状にとくに効果があるか，といったより細かな検証結果がメタ分析によって報告されるようになってきています。

たとえば，うつ病の場合，高い効果が確認されているのは認知療法である（Hollon & Beck, 2004），また，人格障がいの場合には精神分析の効果が高い（Leichsenring & Leibing, 2003）などがあります。つまり，それぞれの心理療法は適用できる対象や症状に得意・不得意があると言えるでしょう。現在，このような知見が蓄積されつつあります。とくに，さまざまな効果を客観的に評価し，その成果を誰でもアクセスできるようにした国際的共同プロジェクトであるコクラン共同計画（Webサイト：http://

www.cochrane.org）の中でも行われています。

上述のように効果の客観性を示していくことはとても大切です。ただし，このような一般化された情報を一義的にクライエントに当てはめるのではなく，目の前にいるクライエントをしっかりとアセスメントすること，効果指標では見られないような効果を考慮することも，忘れてはならない視点です。

参考図書

氏原　寛・杉原保史（編）（1998）．臨床心理学入門――理解と関わりを深める――　培風館

臨床心理学全般について平易な言葉と豊富な具体例を用いて解説しています。

松原達哉（編）（2013）．臨床心理アセスメント［改訂版］　丸善出版

さまざまな心理検査について分かりやすい解説があり，実施方法にも詳しい記述がなされています。

窪内節子・吉武光世（2003）．やさしく学べる心理療法の基礎　培風館

さまざまな心理療法について，理論と基本的なポイントが丁寧に整理されている一冊です。

第 III 部
自己と社会

第6章 多様な持ち味
パーソナリティ心理学

この世界に，あなたとまったく同じ人は１人もいません。人はそれぞれに“その人らしさ”を持った個性的な存在です。この一人ひとりの違い，すなわち個人差や個性は，心理学においても主要なテーマの一つとして古くから研究されてきました。**パーソナリティ心理学**とは，人の考え方，感じ方，行動に表れる個人差や個性について研究する心理学の一分野です。つまり，パーソナリティという観点から，“その人らしさ”について探求していく学問と言えるでしょう。

本章では，パーソナリティに関する用語の説明や代表的な理論を紹介しながら，日々の生活の中で私たちがパーソナリティについて抱く素朴な疑問に迫ってみたいと思います。

6.1 パーソナリティの基礎的側面

私たちは日常的に，自分や他者のパーソナリティを“優しい”とか“明るい”などの言葉で表現し，コミュニケーションをしています。また，“なぜきょうだいでこんなに性格が違うのだろう？”とか，“こんな性格，もう変えてしまいたい！”などと思うこともあるでしょう。こういった私たちの日常での素朴な関心は，パーソナリティの把握や記述，形成，変化の解明といった学問的な関心と重なっており，これがパーソナリティ心理学の特徴とも言えます。上記では，パーソナリティという語をとくに説明なしに用いてきましたが，パーソナリティとはそもそも何なのでしょうか。

6.1.1 パーソナリティに関連する用語

パーソナリティに言及することは私たちにとって身近なことですし，日常では用語の意味についてもとくに意識しないまま，何気なく言葉を使っています。日々の生活はそれで支障はないのですが，パーソナリティを心理学的に探究していく際には，言葉の意味を理解したうえで使用する必要があります。以下では，パーソナリティに関連する用語，およびパーソナリティについての考え方や定義について見ていきましょう。

personalityを片仮名で表した「**パーソナリティ**」よりも，「性格」や「人格」といった語のほうが日常では馴染み深いかもしれませんが，近年，心理学の専門用語としては「パーソナリティ」の語を使うことが一般的になっています。これは「パーソナリティ」という語が，人の全体性や統一性をもっともよく表現すると考えられているためです。従来，personalityの訳語には「**人格**」の語がしばしば使われていましたが，「人格」はたとえば“人格高潔”のように道徳的な良し悪しの意味を含んで使われることもあるため，学問上は価値評価を含まない，より中立的な語として「パーソナリティ」を用いるように変化してきました。また，characterの訳語である「**性格**」は「パーソナリティ」と同義として使われることも多いのですが，もともとcharacterの語に価値評価が含意されていることから，日本でもcharacterの訳語の「性格」よりも「パーソナリティ」の語が選ばれるようになってきました。このように注意深く用語を区別して用いるようになった経緯には，道徳性や倫理的規準とは異なる視点から個人差を探求しようとする心理学者の姿勢が反映されていると言えます。本章でも，すでに定訳となっている用語（たとえばpersonality inventoryを人格目録と呼ぶなど）以外は，パーソナリティという語を使っています。

以上の用語に加えて，「気質」という語もパーソナリティに関連してしばしば耳にします。「**気質**」はtemperamentの訳語ですが，パーソナリティの中でとくに生得的で遺伝的に規定された傾向を指し，パーソナリティの基礎となる部分と考えられています。パーソナリティは，生得的で遺伝的に規定された部分を基礎として，環境との相互作用を通じて発達し，変化していきます。

図6.1を見てみましょう。同心円の中心には，生得的で遺伝的に規定され

た傾向として,「気質」と併せて「**体質**」(constitution) が記されています。ここに身体の形態や働きを意味する「体質」が併記されているのは，パーソナリティの基礎を身体要因に求める考え方があるからです (6.2.1 参照)。「気質・体質」の外側には環境の影響が加わった「狭義のパーソナリティ」があり，その外側にはさらに環境要因からの影響が強い，反復により習得される「習慣的行動」や事物に対する好悪を示す「態度」があります。そして，周辺部には “学生らしさ” “女らしさ” などのように，状況や社会的役割によって変化する「役割的パーソナリティ」が配置されています。図 6.1 はパーソナリティについての模式図の一つですが，パーソナリティには生得的な要因による影響が強い部分と，環境によって変化する部分があることを分かりやすく示しています。

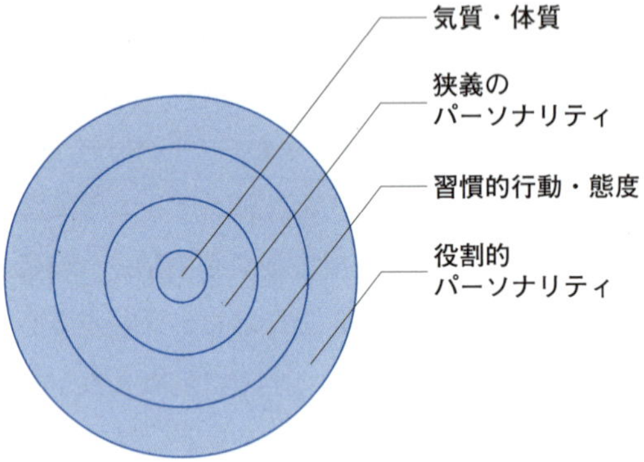

図 6.1　**パーソナリティの構造**（宮城，1960 をもとに一部改変）
同心円の内部は遺伝的・生得的要因による影響が強く，外部ほど環境的・獲得的要因による影響が強いことを示す。

ここまで，一人ひとりの違いを「個人差」や「個性」と呼んできました。「**個人差**」は individual difference の訳語ですが，似た用語に「**個性**」(individuality) があります。その人らしさを表現する際，18 歳の男子の平均身長よりも A さんは背が高いとか，大学生の標準的な値と比べて B さんはうつ傾向が強い，といった言い方ができます。このように何らかの基準に照らして個人を位置づける，言わば相対的にとらえた個々人の違いを「個人差」と呼んでいます。一方，他との比較ではなく個人の絶対性や全体性からとらえた個々人の違いを「個性」と呼んで，「個人差」とは区別しています。一人ひとりの違いを何らかの基準との関係で見る個人差の研究と，その人の独自性に焦点をあてる個性の研究では，人一般の法則性の解明と個人の固有性の解明というそれぞれの目的のため，異なった研究方法が用いられることになります。前者の個人差研究は多くの人から集めた資料をもとに基準を見出す定量的な方法で，後者の個性研究は1人ないしはごく少数の人を詳細に探究する定性的な方法で研究が進められてきました。それぞれの研究方法について**法則定立的**（nomothetic）アプローチ，**個性記述的**（idiographic）アプローチという名称が使われることもあります。

6.1.2　パーソナリティとは

“パーソナリティとは何でしょうか？　思った通りに自由に書いてください”と尋ね，得られた回答を似たもの同士でまとめると表6.1のようになりました。これはおよそ200名の女子大学生の回答結果ですが，パーソナリティについて一般の人たちが素朴に抱いている考えをよく表しています。一方，研究者がパーソナリティをどのように考えるかは，その研究者が持つ人間観によって異なります。それゆえ，パーソナリティはこれまでさまざまに定義されてきました。その中でもパーソナリティ心理学者のオールポート（Allport, G. W., 1937）の定義はよく知られています。オールポートは，パーソナリティの語源で演劇の仮面を意味する**ペルソナ**（persona）の語を起点として，神学や哲学など多数のパーソナリティの語義を整理し，心理学における定義として“パーソナリティとは，個人の内部で，環境への彼独自の適応を決定するような，精神物理学的体系の力動的機構である”と述べています。

この定義の鍵となるいくつかの言葉についてオールポート自身が補足・解説していますが，その概要は以下の通りです。まず，オールポートは自身の定義の“力動的機構”の部分について，パーソナリティは常に進化し変化し

表6.1　"パーソナリティとは何か？" という問いに対する回答例と分類

分類カテゴリー	自由記述の例
独自性	一人一人にある／その人らしさ／その人を表す／自分らしさ／個人差／個性／その人の特徴／みんな違う／その人特有のもの
影響因	決定に影響する／人を作り上げるもの／行動のもと／心の表れ／外面に現れる／生活に現れる
内部にある	その人が持つ／人間が持つ／内面
様々な側面	人間性／基本的な感情パターン／行動の仕方／態度／人との関わり方／重要だと思うことの違い／価値観／考え方のパターン
遺伝と環境	先天的要因と環境要因によるもの／成長とともに構成される／生まれながらに持つ／環境や経験により変化する／変わらないもの／素質
対人知覚・対人認知	自分を説明する際に使う言葉／その人を簡潔に表すもの／人間の判断材料

筆者が2013年に実施したアンケートの "パーソナリティとは何か？" という問いに対して，199名の女子大学生が自由に回答した結果をまとめた。

ており，動機づけられ，自己調整的である，と述べています。また "精神物理学的体系" の部分については，身体と精神の作用が複雑に絡み合って人格的な統一体となる，と記しています。また "決定する" の部分において，パーソナリティが特定の行為の背後に，また個々人の内部にあって何かをなすものである，という意味を含めました。さらに "独自" の部分において，個々人の適応における独自性や個別性を強調するとともに，"環境への適応" の部分において，パーソナリティが生存の一様式であり，そこには自発的かつ創造的な行動や不適応も含みうることを述べています。

パーソナリティ心理学では，パーソナリティにおける個人差や個性をどのようにとらえ，記述するのか，また，その個人差や個性がどのように形成され，変化するのかに関心が寄せられてきました。本章では，続いて個人差や個性の把握と記述に関する代表的な研究や理論を紹介していきます。

6.2 パーソナリティをとらえ，記述すること

6.2.1 類 型 論

まず，一人ひとりの違いをとらえ，記述する代表的なアプローチとして**類型論**（typology）を取り上げます。対象を何かの特徴によって分類することは私たちが通常行っている素朴な営みですが，分類は単に対象を分ける作業に留まるものではありません。分類することによって，対象についての説明や理解が更新されたり深まったりします。分類という手段は，古くギリシャ時代から主としてヨーロッパにおいてパーソナリティの説明や理解のために用いられてきました。パーソナリティの分類，いわゆるタイプ分けによるアプローチは類型論と呼ばれています。一般に類型論とは，何らかの観点から典型となるいくつかの類型（いわゆるタイプ）を定め，その類型に当てはめることで個々人のパーソナリティを理解・説明しようとする考え方です。

類型論のうちでもっともよく知られているのは，クレッチマー（Kretschmer, E.）の体質と体型による類型です。ドイツの精神医学者であったクレッチマーは，師のクレペリン（Kraepelin, E.）による内因性精神疾患（個人の素因が主たる発病原因とされる精神疾患）の早発性痴呆（現在の統合失調症）と躁うつ病に関する知見をふまえ，多数の患者の観察から精神疾患と体型との関連を仮定しました。そして，統合失調症が細長型，躁うつ病が肥満型の体格に多く見られること，また病前の患者の気質に一定の特徴が見られることを主張し，分裂気質と循環気質という気質の類型を考えました。この後，てんかん患者について闘士型の体格と粘着気質との関連を見出し，併せて３つの類型を設定しました（表 6.2）。クレッチマーはこの３類型を健常者にも適用できると考えましたが，健常者の計測データから体型とパーソナリティ特徴との関連を調べたのは，アメリカで研究を行ったシェルドン（Sheldon, W. H.）です。シェルドンは，内胚葉・中胚葉・外肺葉の３体型（それぞれクレッチマーの肥満型・闘士型・細長型にあたる）を，内臓緊張型・身体緊張型・大脳緊張型の３つのパーソナリティの型に対応させ，体格とパーソナ

リティの関係について実証的に検討しました。

表6.2　クレッチマーによる類型（Kretschmer, 1955；相場訳, 1974をもとに作成）

気　質	体　型	基本的特徴	その他の特徴
循環気質	肥満型	社交的・善良・親切・温厚	躁とうつ（明朗，ユーモアあり，活発，激しやすい，寡黙，平静，陰うつ，気が弱い）
分裂気質	細長型	非社交的・静か・控え目・真面目（ユーモアを解さない）・変人	過敏と鈍感（臆病，恥ずかしがり，敏感，神経質，興奮しやすい，自然や書物に親しむ，従順，正直，落着き，鈍感，愚鈍）
粘着気質	闘士型	粘着性・流動困難性・鈍重・鈍感・頑固・安定・慎重・強靭	粘着と爆発（粘り強い，几帳面，融通がきかない，感受性が鈍い，動揺しにくい，爆発的に怒る）

精神疾患と体型の関連については，クレッチマーによって躁うつ病と肥満型，統合失調症と細長型，てんかんと闘士型との関連が報告されている。
粘着気質は他２つの気質ほど，特徴が明確に整理・記述されていないため，「闘士型のねばりのある気質（pp.249-260）」の章から語を引用し，（　）内に筆者の解釈を加えた。

クレッチマーの理論は，後のパーソナリティ研究に影響を与えましたが，とくに実験など多様な手法で多くの人からデータを収集したこと，パーソナリティの基礎に生物学的要因を想定したこと，健常と病理との連続性について考えたことなどは，現在でも評価されています。類型論にもさまざまなものがあり，どのような観点から類型を定めるかは研究者の理論的な立場によって異なります。クレッチマーのように身体や気質といった生物学的な特徴による類型の他にも，たとえば，人が志向する6つの価値（理論・審美・経済・宗教・社会・政治）にもとづくシュプランガー（Spranger, E.）の類型や，ユング（Jung, C. G.）の心的エネルギーの方向性による内向型—外向型の類型など，心理的な特徴に着目した類型論もあります。

類型でパーソナリティを記述すると，人物の全体像が理解しやすく伝達もしやすいことから，類型論はその人となりを把握し，記述するうえで有用なアプローチです。しかし，パーソナリティの多様性を考えると，類型論が示す典型にぴたりと合う人はあまりいないことや，典型から外れた特徴を見逃してしまう可能性に気づくでしょう。また，パーソナリティの発達や変化を考えると，類型に当てはめることでパーソナリティについての見方が固定化したり，発達や変化を見逃したりする可能性にも気づくでしょう。さらに，各類型論が独自の理論的背景を持つために，類型間の関係が理解しづらい，経験や直観にもとづく分類は実証性や客観性が乏しい，といった点が類型論の問題点として指摘されてきました。

急ぎの判断を求められると，私たちはあまり考えないで単純なものの見方をしがちです。パーソナリティについても，少数の類型に当てはめて性急に答を得ようとすることは，人の多様性を見過ごしたり，偏った見方をしてしまったりする危険性を孕んでいます。加えて，類型の中には理論的背景や根拠の乏しいものもあります。たとえば，血液型にもとづくパーソナリティの類型判断は科学的根拠がないにも関わらず，繰返し人々の興味や関心の対象となってきました（小塩，2011）。自分や他者について多面的に考えるという作業は，時間や負荷がかかります。血液型にもとづくパーソナリティの類型判断は，自分や他者のパーソナリティについて“手っ取り早く，楽に知りたい”という気持ちを満足させるかもしれませんが，偏見やハラスメントに発展する恐れがあることも知っておかねばなりません。

現在，パーソナリティの把握や記述に関する研究は，次に述べる特性論によるものが主流となっています。しかしながら，クレッチマーの理論をはじめ，これまで提唱されてきた類型論にみられる人間観や類型の基礎となっている考え方は，パーソナリティを学ぶうえで現在でも有用で興味深いものです。類型論を過去の遺産として置き去りにするのではなく，問題点も含めてその理論を学ぶことは，パーソナリティについての多面的な視点を私たちにもたらしてくれることでしょう。

6.2.2 特 性 論

続いて，一人ひとりの違いをとらえ，記述するもう一つのアプローチ，**特性論**（trait theory）について見てみましょう。ヨーロッパでは類型論のように，パーソナリティを全体としてとらえる伝統がありますが，アメリカではパーソナリティを要素の集まりとしてとらえる分析的・構成的な考え方が支持され，特性論として発展してきました。特性論とは，パーソナリティは**特性**（trait）と呼ばれる基本的な要素から構成されると仮定し，個々人が持つ特性の違いによってパーソナリティをとらえ，記述しようとする考え方です。

パーソナリティ特性（以下，特性とします）そのものは直接観察されるものではなく，繰り返される行動やある程度安定した態度から推測され，構成されるものです。たとえば，“いつも忙しくしている”とか“小さなことにくよくよしやすい”といった行動や態度は，活動性や心配性という特性によるパーソナリティ理解へと結びつくことになります。**図 6.2** は代表的な特性論の一つであるアイゼンク（Eysenck, H. J.）によるパーソナリティのモデルですが，日常の一つひとつの行動（特定反応水準）から，特定の状況下で繰返し見られる行動（習慣反応水準），いくつかの関連する習慣がまとまった特性水準，そしてもっとも上位にいくつかの関連する特性がまとまった類型水準が階層的に配置されており，個々の行動から特性がどのように構成されるかについて，私たちの理解を助けてくれます。

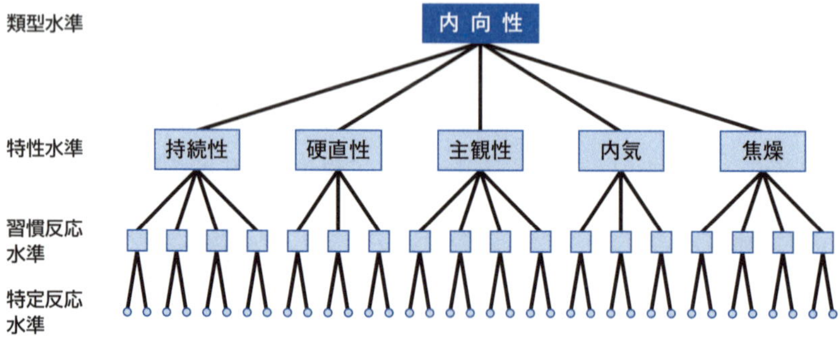

図 6.2　パーソナリティの階層的構造（Eysenck, 1970 をもとに作成）

先にパーソナリティの定義の部分で紹介したオールポートは特性論の主唱者と言われていますが，特性について**個別特性**（個々人が独自に形成していく固有の特性）と**共通特性**（人一般に共通していて他者との比較が可能な特性）の2つを区別し，個性と個人差についての研究を行いました。オールポート自身は一人の人間の独自のパーソナリティの構造や形成を探求する個性研究を重視していましたが，個々人固有の特性は量的に測定することが難しいことなどから，これまでの特性論にもとづく研究は共通特性に関する個人差研究が主流となっています（以下では，とくに言及しない限り「特性」の語は共通特性のことを指しています）。

私たちが日常で使っている“活動性”や“心配性”といった言葉は特性を表現するものですが，個人差研究におけるパーソナリティの差異とは，これらの特性を個々人がどの程度持っているかという量的な違いによると考えます。測定という面から考えると，“心配性”という特性を測定する複数の質問項目から構成される尺度（物差し）上のどこに位置するかによって，個人の特性の量的な程度を表現することになります。特性論にもとづくパーソナリティ検査では，図6.3のように**プロフィール**（複数の特性の量的差異をグラフ化したもの）が，パーソナリティの自己理解や他者理解に用いられています。図6.3の活動性—非活動性（激しい活動を好むか／おだやかで物静かな活動を好むか）と温厚—冷淡（他者に温かく友好的に接するか／淡白でクールに接するか）を例にとると，Aさんは“活動性が強く，やや温厚”であり，Bさんは“非活動性がかなり強く，温厚か冷淡かについては中程度（どちらとも言えない）”ことが分かります。

パーソナリティを構成する“活動性”や“心配性”などの特性は日常語として表現されていることから，私たちが日々使用している特性語を収集し，整理することを通じて，文化や言語を共有する人々のパーソナリティ構造を明らかにすることができると考えられます。このように，特性語を分類・整理することによって，パーソナリティを構成する基本的な特性を見出そうとする方法を**語彙研究**（lexical study）と呼んでいます。

最初の語彙研究は，オールポートとオドバートによって行われました（Allport, G. W., & Odbert, H. S., 1936）。彼らはウェブスター社の1925年版の辞

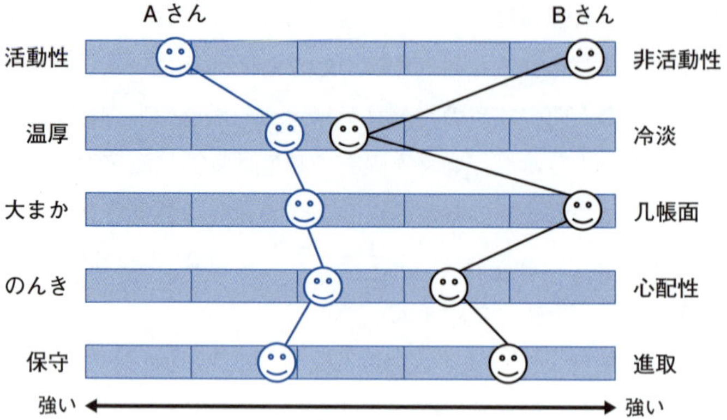

図 6.3　特性論にもとづくパーソナリティのプロフィール
Aさんと Bさんのパーソナリティの違いは，特性の量的な差異によって表現される。スケールの両端にある特性の名称は，5因子モデルにもとづくパーソナリティ検査 FFPQ（FFPQ 研究会，2002）より引用。

典から“ある人の行動から別の人の行動を区別できる”という基準に沿った 17,953 語を選出し，さらにそれらの語を4つのグループに分け，特性語のグループに分類されるものが 4,504 語であることを示しました（その際，現時点での活動や一時的な状態や気分，評価語は特性語とは異なるとして，別のグループに分類されました）。このとき選出された特性語のリストは，後にキャッテル（Cattell, R. B.）によってパーソナリティを構成する基本特性を探索する際に使用されるなど，オールポートとオドバートによるこの語彙研究は，その後の特性論の研究に大きな影響を与えました。

ところで，パーソナリティをとらえ，記述するために，いくつの特性を考えればよいのでしょうか。多くの特性を分類・整理し，文化や言語の違いを超えてあらゆる人のパーソナリティをとらえ，記述できる特性を見出す試みがオールポートとオドバートの研究以降，続けられてきました。これまでパーソナリティを構成する特性が少数と考える立場と多数と考える立場があり，現在も議論が続いています。たとえば，図 6.2 で引用したアイゼンクは3特性という少数の特性を仮定していますが，キャッテルは 16 特性という多数の特性を仮定しています。こうした特性は，多くの人から収集したパーソナリティに関するデータを，因子分析という数学的方法を用いて分析することで見出されたものです。同時に，特性を測定する道具として質問紙法によるパーソナリティ検査も開発されてきました。アイゼンクの**EPQ**（Eysenck Personality Questionnaire）やキャッテルの**16PF質問紙**（Sixteen Personality Factor Questionnaire）はその代表的なものです。このように，特性論は特性を測定する道具であるパーソナリティ検査の開発と，分析手法である因子分析の精錬とともに発展してきました。

近年，因子分析の結果から見出された**ビッグ・ファイブ**（Big Five）と呼ばれる5因子と，この5因子を基本的な特性として仮定する**5因子モデル**（FFM；Five Factor Model）が広く受け入れられています。5つの特性が言語や文化の異なる国での語彙研究と，複数のパーソナリティ検査による調査研究において繰返し見出されたことから，これらを基本的なパーソナリティ次元とすることが個人差の把握や記述に有効と考えられているのです。5つの特性の名称やその内容は研究者によって異なる部分がありますが，よく使用されているのは「神経症傾向（Neuroticism）」「外向性（Extraversion）」「開放性（Openness）」「調和性（Agreeableness）」「誠実性（Conscientiousness）」と呼ばれる5特性です。

ビッグ・ファイブや5因子モデルはアメリカで提唱されたものですが，日本でも研究が行われており，5特性を測定するパーソナリティ検査や尺度も開発されています。その代表的なものとして，アメリカで開発されたNEO Personality Inventory Revised（NEO-PI-R）と短縮版のNEO Five Factor Inventory（NEO-FFI）の翻訳版である**NEO-PI-R人格検査**と**NEO-FFI人格検査**（下仲ら，1999）があります。この他，ビッグ・ファイブの主唱者ゴールドバーグ（Goldberg, L. R.）の研究をもとに開発された**主要5因子性格検査**（Big Five Personality Inventory；村上・村上，1997, 1999）や，日本の文化や社会の特徴を取り入れて独自に開発された**FFPQ**（Five Factor Personality Questionnaire；**5因子性格検査**；FFPQ研究会，2002）もよく使われています。以上の検査では，たとえば“大勢でわいわい騒ぐのが好きである”，

“冷や汗をかきやすい” といった短文形式の項目への回答を求めますが，Adjective check list（ACL）をもとに作成された BFS（Big Five Scales；和田，1996）では，たとえば “話好き”，“心配性” といった特性語の項目に回答するようになっています。5つの因子の内容が分かるよう，FFPQ と BFS を例として表 6.3 と表 6.4 に示しました。表 6.3 では，5つの特性の両極（たとえば内向性—外向性）と各因子の意味内容を包括的に説明する本質，一般的特徴に加えて，その特徴が極端に強くなった場合の病理的傾向も記載されています。また，表 6.4 では各因子から代表的な特性語を抜粋して示しました。これらの表に記載された内容や語群を参照しながら，自分や身近な人のパーソナリティについて考えてみてください。

特性論では，複数の特性を組み合わせることでパーソナリティを多面的，かつ詳細にとらえることができます。また，複数の特性でパーソナリティが構成されると考えると，特性の一部が変化したり特性によって変化の様相が異なったりすることも想定できるため，パーソナリティに対する固定的で静的な見方に結びつきにくく，パーソナリティの発達や変化を検知しやすいと考えられます。これらは特性論の優れたところと言えるでしょう。一方で，特性という要素の組合せからは，パーソナリティの全体像を把握したり伝達したりすることが難しいという意見もあり，これが特性論の問題点とされています。さらに，パーソナリティの把握や記述のために必要かつ十分な特性の数やその内容については，研究者の間で未だ合意には達していません。ビッグ・ファイブや5因子モデル以降にも新たなモデルが提唱されるなど，現在も活発な議論が続いています。このことが特性論によるパーソナリティ理解を難しくしている，という批判もあります。

こういった批判はあるものの，特性に関する理論の発展はパーソナリティ検査や因子分析といった統計的手法の開発や精錬を促し，特性間や特性と行動との関連などについての量的・客観的な研究を進展させてきました。有力な理論の登場とそれに対する批判がその分野の研究を推進することは，歴史が証明しています。特性論はビッグ・ファイブあるいは5因子モデルを参照

表 6.3　FFPQ における 5 因子の本質と特徴（辻，1998）

名　称	本　質	一般的特徴	病理的傾向
内向性―外向性	活動	控え目／積極的	臆病・気おくれ／無謀・躁
分離性―愛着性	関係	自主独立的／親和的	敵意・自閉／集団埋没
自然性―統制性	意志	あるがまま／目的合理的	無為怠惰／仕事中毒
非情動性―情動性	情動	情緒の安定した／敏感な	感情鈍麻／神経症
現実性―遊戯性	遊び	堅実な／遊び心のある	権威主義／逸脱・妄想

FFPQ では，日本人のパーソナリティを適切に把握し，記述するための 5 因子の名称と内容が提案されている。表中の特性は，上から順に外向性（E），調和性（A），誠実性（C），神経症傾向（N），開放性（O）との対応づけが可能である。

表 6.4　ビッグ・ファイブを構成する特性語の例（和田，1996 より作成）

因子（対応する特性名）	特 性 語
N（神経症傾向）	悩みがち，不安になりやすい，心配性，気苦労の多い，弱気になる
E（外向性）	話し好き，無口な*，陽気な，外向的，暗い*
O（開放性）	独創的な，多才の，進歩的，洞察力のある，想像力に富んだ
A（調和性）	温和な，短気*，怒りっぽい*，寛大な，親切な
C（誠実性）	いい加減な*，ルーズな*，怠惰な*，成り行きまかせ*，不精な*

和田（1996）の作成した BFS（Big Five Scales）から，5 特性の内容を示す代表的な項目（因子分析において因子負荷量の高かった項目から順に 5 つ）を抜粋。
*印は意味が逆転している項目。

枠としつつ，今後もいくつかの理論が提唱される中で研究がさらに展開していくことが期待されます。

6.3　パーソナリティの測定

類型論や特性論を紹介しながら，パーソナリティの把握や記述について述べてきましたが，実際にはパーソナリティはどのような方法で測定するのでしょうか。たとえば，ペンの長さは定規で直接測ることができますが，パーソナリティはペンと違って実体がない（目に見えない）ので，定規で測るように直接測定することができません。そこで，心理学では何らかの刺激に対する反応（たとえば，質問項目に対する回答）から，間接的にパーソナリティを測定します。心理学の研究法である実験・観察・面接・調査・検査はすべてパーソナリティの測定に用いられていますが，これらの中でパーソナリティを測定する道具として組織的に開発されてきたのが**パーソナリティ検査**です。以下では，パーソナリティ検査を質問紙法・作業検査法・投影法に分け，それぞれの方法の特徴や代表的な検査について紹介します。

6.3.1 質問紙法

まず，**質問紙法**のパーソナリティ検査とは，人の行動・思考・感情について尋ねる短文や語（項目）に対し，自分が回答したり自分のことをよく知っている人物に回答してもらったりすることで，パーソナリティを測定する検査です。その多くは，項目への当てはまりの程度をいくつかの段階（たとえば，「非常に当てはまる」～「まったく当てはまらない」）で回答する評定尺度法を採択しており，測定という面からは回答結果を数値化して量的・客観的に処理できるという長所があります。また，特別な技能や用具がなくても実施できることや集団での実施が容易なことから，一度に多くの人の回答を得ることができることも質問紙法の長所と言えます。

一方で，質問項目に回答するためには一定の内省力や判断力が必要であり，幼い子どもや加齢・疾病などによって能力に低下が見られる人には質問紙法は適しません。さらに自己報告による回答には意図的・無意図的な歪みが混入する可能性が排除できないことから，検査の作成や実施の段階から歪みの混入をできるだけ少なくする工夫や，歪みの混入を確認する方法について考えておく必要があります。

先述の通り，質問紙法によるパーソナリティ検査は特性論とともに発展し，これまでに非常に多くの検査が開発されています。先に紹介したビッグファイブや5因子モデルにもとづく検査以外に，**YG性格検査**（矢田部–ギルフォード性格検査）やうつや不安などを測定する複数の臨床尺度（たとえば，うつや不安の状態にある人とそうでない人とを弁別するための尺度）を備えたMMPI（ミネソタ多面人格目録；Minnesota Multiphasic Personality Inventory）がよく知られています。質問紙法によるパーソナリティ検査は研究目的での実施の他に，たとえば企業などの研修会や学生相談などの臨床実践の場において，他者や基準との比較を通じて自己理解や他者理解を深めるといった目的で実施されることも多いようです。

6.3.2 作業検査法

作業検査法とは，被検者に一定の時間内で簡単な作業を繰り返してもらい，その遂行結果からパーソナリティを判断する検査です。たとえば時間の経過にともなう作業量の変化やミスの多寡といった作業の質が判断材料になります。作業そのものは新奇なものではないので受検に際して抵抗感を感じにくいこと，被検者に検査の目的が分かりにくいために意図的に反応を歪曲しにくいこと，集団実施も可能であることが長所と言えます。一方で，遂行結果の解釈には知識と経験が必要とされること，解釈に主観が混入する可能性を排除できないことが短所と言えます。

代表的な作業検査として，**内田クレペリン精神検査**があります。この検査では，隣り合う1桁の数字を連続して加算する作業を1分ごとに繰り返し，計30分間（5分の休憩を挟んで前半15分間と後半15分間）の遂行量の推移をもとに作業曲線を描いてパーソナリティを判断します。判断の際の着眼点は，作業の安定性や誤答数，開始や終了直前における作業量の変化，休憩の影響などです。作業検査では，遂行結果にパーソナリティが反映されると考えられていますが，作業には意志緊張・興奮・慣れ・練習・疲労の関与が仮定されていることから，職業適性検査の課題の一部に含まれていたり，自動車運転の適性を判断するための課題として実施されたりするなど，適性検査として使用されることも多いようです。

6.3.3 投影法

投影（映）法とは，曖昧な刺激（図版や絵，文章など）に対する被検者の自由な回答をもとに，パーソナリティを把握しようとする検査です。曖昧な刺激が連想を喚起し，被検者が通常は意識していないパーソナリティの側面が連想を通じて表現されると仮定されています。また，刺激の曖昧さゆえに個々人の反応に違いが生じやすく，その回答の多様性の中に個人の特徴を見出すことができると考えられています。投影法は被検者に検査の目的が分かりにくいために意図的に反応を歪曲しにくいこと，自分について問われるわけではないので内省力や判断力が十分でない人にも，あまり負荷をかけずに実施できることが長所と言えます。一方で，検査の実施や結果の解釈には専門的知識と経験が必要になるため，検査者は十分な訓練を受けておかねばなりません。また，反応が多様で複雑なため，客観的な評価が難しく，解釈に主観が混入する可能性を排除できないことが短所と言えます。

代表的な投影法検査には，**ロールシャッハ・テスト**（Rorschach Test）があります。これは左右対称のインクのしみが描かれた図版を提示して，それが何に見えるかを尋ね，回答から被検者のパーソナリティの特徴をとらえようとする検査です（図6.4）。この他，**TAT**（Thematic Apperception Test；**主題統覚検査**）もよく知られています。この検査では，被検者に人間関係や人生における選択などを示唆するような絵を見せて，登場人物の欲求や将来を含めた物語を作ってもらい，その物語から被検者の欲求や葛藤を調べようとする検査です。また，**P-F スタディ**（Picture Frustration Study；**絵画欲求不満検査**）では，登場人物に葛藤や欲求不満を生じさせるような場面を描いた線画を提示して，登場人物の吹き出しに台詞を記入してもらいます。この台詞を分析することで，被検者の攻撃の方向（自分を責めるか，相手のせいにするかなど）や攻撃の型（被害を指摘するのみで表立った反応をしないか，問題の解決に固執して対応を求めるかなど）を明らかにしようとします。

描画からパーソナリティの特徴をとらえる描画法と呼ばれる検査もあります。代表的なものとして**バウムテスト**（Baum Test；樹木画テスト）がありますが，これは被検者に実のなる樹を1本自由に描いてもらい，描かれた樹木の大きさや樹幹などに着目しながらパーソナリティを分析します。その他，

図 6.4 ロールシャッハ・テストの模擬図版（筆者作成）

描画法では，山や川など10のアイテムを順に描いて1つの風景を完成させる**風景構成法**もよく知られています。図版や絵ではなく言葉を使ったものとしては，被検者の感情や経験などを喚起したり，連想を生じさせたりするような書きかけの文章を提示し，その後を自由に続けて文章を完成してもらう**SCT**（Sentence Completion Test；**文章完成法**）もあります。投影法によるパーソナリティ検査は，その信頼性や妥当性に関して批判的な意見もありますが，検査結果のみならず検査の過程で受検者に関する豊富なデータが得られることから，臨床実践においてはアセスメントや面接の進展を目的として頻繁に使用されています。

パーソナリティへの興味・関心は昔からごく日常的なものであり，それは現在でも変わりません。“自分について知りたい”，“他者を理解したい”という私たちの好奇心や探求心は，パーソナリティの研究を発展させる原動力の一つと言えるでしょう。このような好奇心や探究心とともに，パーソナリティ心理学は発達心理学・臨床心理学・社会心理学など他の心理学の分野や，医学や生理学といった他領域の学問と深く関連しながら発展してきました。本書についても，それぞれの章について学んだ後に再び，各章のトピックを「パーソナリティ」という観点から振り返ってみてください。パーソナリティは各分野にどのように関わっているでしょうか。振り返りの中で疑問や興味が湧いてきたら，続いてパーソナリティ心理学の専門書や文献を手に取ってみましょう。その過程で，パーソナリティについての日常的な興味や関心が，さまざまな学問分野へと広がっていく楽しさを実感できるでしょう。

Q6.1

個人の絶対性や全体性，独自性に焦点をあてる個性の研究は，これまでどのように行われてきたのでしょうか。個性の把握や記述に有用な資料やデータとはどのようなものか，考えてみましょう。

たとえば，あなたの身の周りにある資料やこれまでの経験の中で，“あなたらしさ”を表現していると思える資料や出来事とは何でしょうか。あるいは，初めて会った人に自己紹介するとしたら，どのような事柄をどのように伝えたら“あなたらしさ”が伝わるでしょうか，考えてみましょう。

memo

Q 6.2

本文では，パーソナリティ検査として質問紙法・作業検査法・投影法から代表的なものをいくつか紹介しましたが，これらの検査の中から，あなたが関心を持った検査を複数，挙げてみてください。いくつかの検査を選んだら，それらを用いてある人のパーソナリティを測定する状況を想像してみましょう。あるいは，パーソナリティ検査と実験・観察・面接・調査のいずれかの方法とを組み合わせて，ある人のパーソナリティを測定する状況を思い浮かべてみてください。検査や方法を単独で実施することと比べて，複数の検査や複数の方法でパーソナリティを測定することには，どのようなメリットがあるでしょうか。

memo

Q6.3

あなたがパーソナリティの個人差や個性について研究するとしたら，どのような事項に注意を払ったり，気をつけたりするでしょうか。自身がパーソナリティの研究者になったつもりで，個人差や個性を研究する際にどのようなことに留意すべきか，考えてみましょう。

memo

A6.1

本文では，主として個人差の測定について述べましたが，他との比較ではなく，個人をその絶対性や全体性からとらえる個性研究もこれまでに行われてきています。オールポートが個人特性を重視したことは先に述べましたが，彼は著書の中で個性研究の資料あるいはデータとなる個人的ドキュメントを具体的に挙げています（Allport, 1942；大場訳，1970）。**個人的ドキュメント**とは，“本人の手になるドキュメント”のことで，具体的には自叙伝，質問紙（とくに自由記述），逐語的記録，日記，手紙，表出的（たとえば文学や芸術の作品）・投影的な作品を指しています。オールポートはこれらの資料が多様な目的に役立つこと，とくに個人的経験を全体的に研究する場合（たとえば青年期の葛藤，宗教的な熱望，職業観などの研究）には重要となることを述べています。その他，ファンタジーや創造的思考，心身の異常性がパーソナリティに及ぼす影響について調べる場合や，教育や政策に関連するような経験を対象者から引き出す場合，治療を目的とする場合などを挙げながら，個人的なドキュメントの有用性を主張しています。

実際の研究例として，一人の女性の手紙を資料とした個性研究があります（Allport, 1965；詫摩ら訳，1982）。これはジェニーという女性が11年半（58歳から70歳の間）にわたって，友人に書き送った301通の手紙をパーソナリティ研究の資料とし，3つの心理学的アプローチ（実存分析，精神分析，構造・力動的分析）によってジェニーという一人の人物についての説明を試みたものです。この研究においては，ジェニーの世界は実存分析によって，無意識は精神分析によって，さまざまな特性は構造・力動的分析によってとらえられ，彼女の独自性や固有性が多面的かつ生き生きと描写され，検討されています。なお，こういった手紙にはしばしば日々の出来事が具体的に記述されるものですが，手紙以外のものを資料やデータとして用いる場合でも，個性の理解や記述のためには具体的な行動レベルでのエピソードや逸話が重要と考えられています（北村，2000）。

A6.2

パーソナリティの測定に際して，複数の検査を組み合わせたものを**テストバッテリー**（test battery；第5章参照）と呼び，複数の検査を組み合わせることを“テストバッテリーを組む”と言います。パーソナリティの測定の部分で述べた通り，これまでに多くのパーソナリティ検査が開発されており，それぞれの検査が測定するものも異なっています。1つの検査でとらえられるのは，その人のパーソナリティの一側面と考えてよいでしょう。たとえば，質問紙法によるパーソナリティ検査は自分が意識している側面を，投影法によるパーソナリティ検査は普段は意識していない側面を測定すると考えられていることから，これらを組み合わせたテストバッテリーによって，認知レベルから深層レベルまでの広い範囲にわたってパーソナリティを測定できることが期待されます。つまり，あるパーソナリティ検査を単独で実施するよりも，複数のパーソナリティ検査を組み合わせて実施することによって，より広く・深くその人らしさをとらえることになります。

パーソナリティの測定には検査以外にも実験・観察・面接・調査といった方法が利用できることは先に述べました。本章で紹介したオールポート，クレッチマー，アイゼンク，キャッテルといった著名な研究者らは，測定の際に複数の研究方法を採択することによって個人を多面的に測定し，パーソナリティを探求しました。たとえば，アイゼンクは質問紙法に加えて精神医学的診断，客観的動作テスト（たとえば手先の器用さ，運動反応など），身体的差異という4つの側面における測定結果をパーソナリティの研究に用いています。また，キャッテルはパーソナリティ研究におけるデータ源を次の3つに区分し，これらを収集・分析することを提案しています。第1は，たとえば営業成績や自動車事故件数といった実生活場面で観察された行動の記録（生活記録データ；L data；Life-record data），第2が質問紙によって得られる内省データ（質問紙データ；Q data；Questionnaire data），第3は客観テスト，すなわち実験下での反応（客観データ；T data；Object-Test data）です。このような3つの異なるデータ源から得たデータの分析によって，より信頼できる結果を得ることができると考えました。この他，オールポートは，パーソナリティを理解する方法として，検査法や事例研究法，生理学的な診断，表出行動，社会的地位や役割など10を超える方法を挙げています。複雑で多様なパーソナリティを探求していくには，研究する側にも多面的で柔軟な視点と方法の採択が必要になると言えるでしょう。

A6.3

6.2.2において，特性は直接観察されるものではなく，繰り返される行動やある程度安定した態度から推測され，構成されるものであることを述べました。対人認知の研究分野では，私たちが他者の行動や態度の原因について推測する際，その人のパーソナリティ（あるいはパーソナリティの構成要素である特性）などの内的要因を重視し，外的要因である状況を軽視しがちであることが示されています。たとえば，慌てて部屋に入ってきてテーブルの上にあるコーヒーを一気に飲み干すといった行動は，せっかちや粗忽といったその人のパーソナリティを反映したものであると推論しがちであり，その人が時間的に切迫した状況に置かれていることには思いが至らないことが多い，といった具合です。このように，行動の原因を状況の要因よりも行為者の内的要因に求める傾向は，**基本的な帰属の誤り**（fundamental attribution error）と呼ばれています。

私たちは，なぜこのように推論してしまうのでしょうか。その理由の一つは，人の行動には状況や時間を超えた一貫性や安定性があると一般的に考えられていることにあります。パーソナリティの研究分野においては，このような行動の一貫性や安定性についての考え方や，その背後にパーソナリティ（あるいは特性）を仮定する考え方に対し，状況を重視する立場から批判がなされました。1968年の著書 “Personality and Assessment” の中でミシェル（Mischel, W.）は，人は状況に応じて行動しており，状況を超えた行動の一貫性は一般的に考えられているほどには見られないことを，複数の研究結果を示しながら指摘しました。ミシェルの著書が公刊されて以降，この問題に対する論争がおよそ20年にわたって続けられました（**人一状況論争**あるいは**一貫性論争**と呼ばれています）。この論争を経て，現在では行動の原因について考える際に，人の要因と状況の要因をともに考えることの重要性が認識され，研究方法にも新たな工夫が生まれています。このような経緯をふまえ，私たちの日常生活の中で個人差や個性を考える際にも，先に述べたような推論の偏りがあることを知り，行動を規定する要因としての状況の重要性に注意を払う必要があるでしょう。

以上に述べたような状況要因を考慮することの他に，個人差や個性について考えたり研究したりする際には，気をつけておかねばならないことがいくつか考えられます。たとえば，研究を実施する際には研究協力者の福利についてよく考える必要があるでしょう。研究への参加協力を求める際の**インフォームド・コンセント**（対象となる人に事前に研究の内容について情報を開示して同意を得ること）や研究協力者のプライバシーを守ることなど，倫理面での配慮は欠かすことができません。その他，パーソナリティ検査が測定道具としてよりよく機能するためには，信頼性や妥当性といった検査そのものの性能のよさに加えて，実施者が注意すべき事柄――たとえば，自分勝手な手順ではなく標準的な手続きに沿って実施や採点を行うなど――があります。この他にも，個人差や個性について考えたり研究したりする際に，気をつけておかねばならないことはたくさんあります。研究者としての視点に加えて，研究協力者としての視点から考えてみると，さらなる気づきがあるでしょう。

参考図書

小塩真司（2014）．Progress & Application パーソナリティ心理学　サイエンス社

特性論にもとづく考え方を中心に，国内外での新しい研究成果も紹介しながら，初学者にも分かりやすいよう丁寧に解説しています。

菅原ますみ（2003）．個性はどう育つか　大修館書店

親子の追跡研究にもとづく豊富なデータや知見をもとに，個性の発達，個性の発達を規定する要因，環境と個性との適合・不適合について解説しています。

杉浦義典・丹野義彦（2008）．パーソナリティと臨床の心理学——次元モデルによる統合——　培風館

個人差を連続的な次元（物差し）上でとらえる次元モデルを重視する立場から，前半はビッグ・ファイブによるパーソナリティの測定，後半はうつ病や不安などの精神疾患に対する理論と臨床について，新しい研究成果を積極的に紹介しつつ解説しています。

第7章 心と社会
社会心理学

私たちは，他者とともに生きています。多くの人が集まって社会が構成され，社会は私たちの心に影響を及ぼします。私たちの心の中ではどのような「力学」が働いているのでしょうか。そこに他者はどのように関わるのでしょうか。私たちは他者とどのようなやりとりをして，どのような関係性を築いているのでしょうか。本章では，こういった点について，社会心理学ではどのような見方をするのか，コミュニケーションというキーワードに着目して説明していきたいと思います。

7.1 態　　度

人と人とのコミュニケーションについての説明に先立ち，まずは，コミュニケーションの前段階として，個人の「内側」について考えてみましょう。その後，人と人とのやりとりという「外側」に話を進めていきます。個人の「内」には，必然的に社会が関わってきます。言い換えれば，社会に生きる以上，純粋に人の「内」という現象はないということです。個人の「内」を見ることで社会が見えてくるのです。

7.1.1 認知の一貫性

「あの態度は何だ」といった場合の「態度」は，外に現れる態度ですが，心理学で言う態度はもっと内的なもので，感情的，評価的要素が含まれます。"*APA Dictionary of Psychology*" では，**態度**（attitude）とは「社会心理学では，物，人，集団，論点，概念に対する比較的永続的で，全体的な評価。非好意的評価から好意的評価の間で幅をもつ」とあります。態度とは，その後の反応に影響する，人の内にあると推測される構成概念です。「比較的永続的」

とあるように，態度には時間的・構造的な安定性がありますから，その変化（**態度変容**；attitude change）は一般に困難ですが，時にそれを揺るがす局面に遭遇することもあります。その際，自分の心の中を一貫した状態に保ちたいという欲求が呼び起こされます。こうした現象について述べた理論を**認知的斉合性理論**（**認知的一貫性理論**；cognitive consistency theory）と総称しますが，とくに認知的不協和理論（Festinger, L., 1957；末永監訳，1965），そしてバランス理論（Heider, F., 1958；大橋訳，1978）が知られています。

7.1.2 認知的不協和理論

まず，**認知的不協和理論**（cognitive dissonance theory）について説明しましょう。

人の心の中の認知は，常に一貫しているとは限りません。ある飲料Aを好んで飲む習慣のある人が，あるとき，実はその飲料Aに体に有害な成分が含まれていることを知ったとしましょう。この情報は，飲料Aを好むという事実を揺るがします。飲料Aを飲んでいるという認知と，飲料Aは体に良くないという認知は明らかに競合します。こうした心の中の認知の不一致を**認知的不協和**（cognitive dissonance；第1章，A1.1も参照）と言います。この状態は気持ちのよいものではありませんから，人はその不協和を解消するように動機づけられます。この場合，どのようにしたら不協和を脱することができるでしょうか。第1に飲料Aの摂取を止める，第2に飲料Aは体に良くないとは限らないと考える，第3に飲料Aの別の効用について考える（気分転換になって勉強がはかどるなどと正当化する），といったことがあります。

健康というのは一般に重要事項ですので不協和が大きいと考えられますが，健康のことはあまり気にしないという人であれば大きな不協和は生じず，不協和低減にそこまで動機づけられないでしょう。このように，不協和の大きさが，その後の反応に影響します。フェスティンガーとカールスミス（Festinger, L., & Carlsmith, J. M., 1959）の実験では，実験参加者につまらない作業をさせた後，別の人に「作業は楽しかった」と嘘をつかせました。報酬は，1ドル，あるいは20ドルでした（その他に統制条件）。結果は**表7.1**の通り，1ドル条件のみ「楽しかった」の方向の評定平均値であることが分かります。「作業がつまらなかった」という認知と，「作業は楽しかったと言ってしまった」という認知は大きな不協和ですから，「作業は楽しかった」と認知を変えているわけです。一方で，20ドル条件は，不協和を小さく抑え込むことができます。お金のためにつまらない作業を我慢したのだ，という正当化が可能だからです（本実験では，報酬の金額が不協和の大きさに対応しているということです）。1ドル条件は，外的な圧力によって嘘をつかされた結果，態度が変わったわけです。

表7.1　実験条件別（各20人）の平均値（Festinger & Carlsmith, 1959）

面接での質問	実験条件		
	統制条件	1ドル条件	20ドル条件
「作業はどの程度楽しかったですか」（−5〜+5）	−0.45	+1.35	−0.05

以上のように，認知的不協和理論では，ある個人の中での認知の一貫性を問題にします。個人の中で認知間の「やりとり」が生起しているわけですので，思考などに該当する**個人内コミュニケーション**（intrapersonal communication）の一つとして位置づけることも可能でしょう。

7.1.3　バランス理論

認知的不協和理論では，個人内での一貫性の欠如が態度変容につながることを述べましたが，個人間での一貫性の欠如もまた態度変容につながることを以下で述べていきます。

ハイダー自身の例をもとに，**バランス理論**（**均衡理論**；balance theory）について説明しましょう（**図7.1**）。登場「人物」は，p氏（「あなた」とします），o氏（「尊敬する先輩」だとします），x（「嘘」だとします）です。

pはoのことを尊敬しており（Like），また嘘が嫌いです（DisLike）。これらを心情関係と言います。ここにおいてoが嘘をついたとしましょう。oがxと結びついている（単位（Unit）関係と言います）ということです。これを図で表現したものが図7.1なのですが，図中の＋が肯定的な意味を（好き，賛成，など），－が否定的な意味を（嫌い，反対，など）表します。

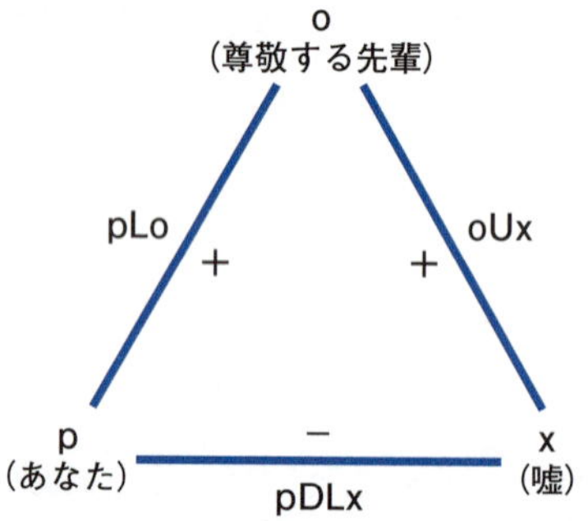

図7.1 バランス理論

以上で，符号をかけ算しますと，（＋）×（－）×（＋）＝（－）となります。このように，全体をかけ算した結果（－）になる場合が不均衡状態（インバランス状態）で，不快や緊張がもたらされます。均衡状態は，全部（＋）か，あるいは2つ（－）で1つ（＋）の場合ですね。いずれもかけ算をすると（＋）になるからです。不均衡状態では，pは「嘘が嫌い」ということと，「尊敬するoが嘘をついた」ということの狭間に立たされます。この場合，たとえば，pが「oは状況のせいでやむなく嘘をついたのだ」と考えることで，oとxの間の単位関係が破壊されて（－）になり，全体のかけ算は（＋）になり，均衡状態になります。このように，人は不均衡状態にあると，全体のバランスを回復しようと動機づけられます。

別の例を考えましょう。pがあなた，oが配偶者，xが何らかの生活習慣だとしましょう。あなたはその生活習慣xが嫌いです。ここで，配偶者とのコミュニケーションが始まります。たとえば，そのxをやめてもらおうと，説得にかかったとしましょう。自分がいかにそのxが嫌いかアピールするという方略もあるでしょうし，xを続けることで，oが大事にしている別の何らかの事象が損なわれるという点を指摘するのも手です（たとえば，子どもに悪い影響があるなどの指摘です）。その結果，oの中で，はっきりとした不均衡状態が喚起されます。好きなあなたからのアピールと，xの維持の狭間に立つわけです。その場合，oがそのxを止める方向性を打ち出し，結果，すべての符号が+になるかもしれません。

実際には，①あなたもxをするようにする，②配偶者にxをやらないようにしてもらう，③配偶者を嫌いになる，という3つの方法があるでしょう。しかし，①は非現実的でしょうし，③に至ってはかなり非現実的です。したがって②がもっとも現実的でしょう。もちろん，これはケースバイケースです。oに健康上の理由があったとして，xが「田舎住まい」の場合，あなたがいかに都会暮らしを志向してそう説得にかかったとしても，結果は不調に終わります。実際には，コストが少なく，変化が生じやすい部分で変化を起こそうとするでしょう。

このように，バランス理論ではp，o，xという三項関係を考えますが，態度形成に第三項が関わってくる点が重要です。人の発達においても，乳児では生後9カ月以降，二項関係から三項関係に移行しますが，これが自己の社会的起源です（板倉，1998）。個人が社会的な存在になるためには，三項関係は必須なのです。バランス理論では，一見，自分と相手という二項関係について述べているように映るかもしれませんが，そこには第三項が常に存在します。また，そこでは自他の態度の一貫性が問題になり，少なくとも二者関係が必要とされるので，個人の態度に社会が関わっていることになります。

7.1.4 態度をめぐるその他のトピック

以上，認知的不協和理論，バランス理論とも，人は自分の認知の体系を一貫性のあるものにしたいという欲求を持ち，一貫性を高めるように行動する，というものでした。人はどのようなときに態度を変化させるか，という点について，認知的不協和理論においては個人内の要因，バランス理論においては個人間の要因を考えました。一方で，相手を説得して態度変容を起こそう，という考えも出てきますが，これについては，**説得的コミュニケーション**（persuasive communication）というテーマで研究が続けられています（深田, 2002）。なお，以上で挙げた例は，「自分はある生活習慣を好む」というように，自分自身で他者に報告できるものであり，これを**顕在的態度**（explicit attitude）と言います。しかしながら，人は，ある種の偏見のように，内省し報告することのできない態度も有しています。これを**潜在的態度**（implicit attitude）と言いますが，測定法の進展とともに，その変容可能性（藤井, 2010），応用可能性（佐藤ら, 2013）について，研究がなされています。実際の測定については，https://implicit.harvard.edu/implicit/japan/ にアクセスすれば経験できます。

7.2 コミュニケーション

私たちは，「コミュニケーション」という語を日常的に使います。英語がそのままの形で使われているということは，この語の翻訳が困難であったことを意味するのかもしれません。情報分野などでは，「通信」と訳されることもありますが，人と人とのやりとりの文脈などでは，ほぼコミュニケーションという語がそのまま用いられます。これまでにもコミュニケーションという語を説明なしに用いてきましたが，本節であらためて，**コミュニケーション**について考えてみることにしましょう。なお，後に引用するビーブら（Beebe, S. A. et al., 2008）では，communication，human communication，interpersonal communication を区別しているのですが，本章ではとくに区別せず，基本的には，人と人とのやりとりである「対人コミュニケーション」を指して，「コミュニケーション」と表記することにします。

まず，『広辞苑［第5版]』を見てみましょう。一番目の意味として「社会生活を営む人間の間に行われる知覚・感情・思考の伝達。言語・文字その他視覚・聴覚に訴える各種のものを媒介とする」とあります。この説明は，このまま心理学の本に書いてあっても違和感がないものです。一方，心理学の事典 "*APA Dictionary of Psychology*" では，第一文目に「言語（口頭か書面）によるか，非言語的な手段による情報の伝達のこと」とあります（二文目以降省略）。以上に共通するのは，まず何より伝達であること，そして伝達のルート，手段の存在です。

7.2.1 コミュニケーションの構成要素

コミュニケーションは，もっとも単純に考えた場合，メッセージ，送り手，受け手，チャンネルの 4 つの構成要素からなります。**メッセージ**（message）には，言語的メッセージもあれば，非言語的メッセージもありますが（後述します），伝達内容がメッセージです。**送り手**（source/sender）とはメッセージの発信源，**受け手**（receiver/recipient）はそれを受ける側です。もちろん，実際のコミュニケーションでは，双方が次々に入れ替わります。**チャンネル**（channel）というのは，コミュニケーションの文脈では，メッセージが伝えられる通路のことです。対面で微笑みを伝える場合であれば，視覚チャンネルを使っていますし，電話越しの相手に怒りをぶつけるのであれば，聴覚チャンネルを使っていることになります。

以上の 4 要素以外に，「効果」を加えて 5 要素にすることもあります。**効果**（effect）とは文字通りの意味なのですが，たとえば送り手が受け手を説得して，受け手の側で態度変容が起こるといったことです（もちろん，このような大きなことばかりではなく，些細な効果もあります）。効果は，**社会的影響**（social influence）と言い換えることも可能でしょう。アロンソン（Aronson, E., 2012）は，社会心理学の定義について述べる際，社会的影響を重視していますが，となりますと，何らかの社会的影響を生み出すコミュニケーションも，社会心理学の重要概念と言えます。

以上，誰が（送り手），誰に（受け手），何を（メッセージ），どのように伝え（チャンネル），どうなったか（効果），という連鎖を考えることができますが，さらに構成要素を増やして，現実のコミュニケーションに迫ってみましょう。以下では，ビーブら（2008）に依拠して，コミュニケーションについて説明していきます。**表 7.2** はコミュニケーションの構成要素です。

表 7.2　コミュニケーションの構成要素（Beebe et al., 2008）

語	定　義
送り手	思考や感情を，受け手のために記号化する発信源。
受け手	発信源からのメッセージを解読し，それを理解しようとする人。
メッセージ	書かれたり話されたり話されなかったりするコミュニケーションの要素であり，それに人々が意味を付与する。
チャンネル	メッセージが送られる通り道。
ノイズ	メッセージの明確な受け取りと解釈に干渉する，文字通りあるいは心理的なものすべて。
記号化	考え，感情，思考をコードに翻訳する。
解　読	コードに翻訳された考え，感情，思考を解釈する。
文　脈	コミュニケーションのための物理的かつ心理的な環境。
フィードバック	メッセージに対する言語的かつ非言語的反応。

先の 4 つの構成要素はやや静的なものでしたが，実際のコミュニケーション過程を考えると，伝えたいことをメッセージの形にまとめるという送り手の作業，つまり**記号化**（**符号化**；encoding）がありますし，受け手の側では，そのメッセージを解釈する，つまり**解読**（decoding）という作業が発生します。また，コミュニケーションの際には，物理的に騒がしかったり，心理的にいらいらしていたりといった**ノイズ**（noise）も関与しますし，どんな状況だったのかという**文脈**（context）も効いています。発したメッセージに対しては，しばしば反応，つまり**フィードバック**（feedback）があります。

7.2.2　コミュニケーションのモデル

続いて，ビーブら（2008）をもとに，コミュニケーションのモデルの歴史的な変遷について見ていきましょう。

送り手と受け手の存在は，送り手から受け手へのメッセージの流れ，という一方向性を含意するものですが（図 7.2a），上述のように，メッセージに対してフィードバックがなされるというやりとりを考えると，作用・反作用の連鎖が想定されます（図 7.2b）。しかしながら，現実場面では，単にやりとりがある以上のことが起こっています。たとえば，B 氏が A 氏の顔色をうかがいながら話しているとしましょう。この場合に，B 氏から A 氏へのメッセージの伝達とまさに同時に，A 氏から B 氏への非言語的メッセージの伝達が生じています。これはもはや，作用・反作用という，言わば「行ったり来たり」ではありません。これを表したモデルがトランザクションモデルです（図 7.2c）。transaction という語は訳出が難しいので，ここでは原語のままのカタカナ表記にしていますが，親子関係に関する発達心理学の文脈で，三宅（1990）は，この語に「相乗的相互作用」という訳を充てています。発達過程において，母から子へ，そしてまた子から母へ，という両方向の影響が互いに作用し合っていく様を表現した語です。単なるやりとりを越えたものという意味が，この transaction という語に込められています。他者に何かメッセージを発するという行為そのものが，他者のみならず，自身にも影響を与えるのです。現実場面ではこのモデルが妥当であり，今や多くの研究者が，コミュニケーションについてこの見方をします。大学における大人数の講義形式の授業のような，一見，図 7.2a のような一方向性を感じる場面ですら，教師はそのときそのときの受講者の表情やざわつき具合などに影響され，授業は進んでいきます。つまり，先に述べたコミュニケーションの

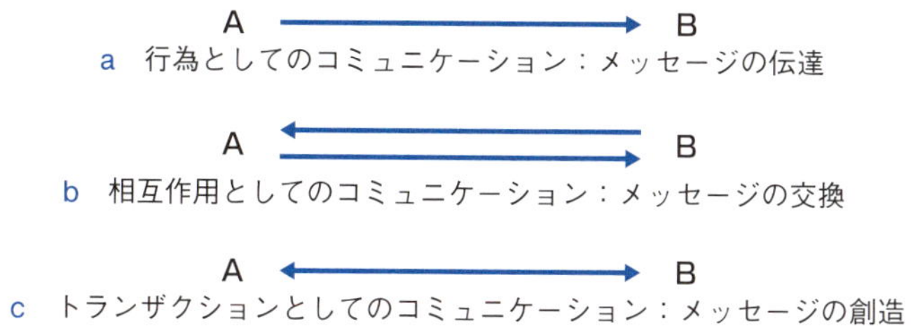

図 7.2 コミュニケーションのモデル（Beebe et al., 2008）

構成要素がすべて同時に生起し，その中で意味が構築されていくと考えるモデルです。

7.2.3　言語的コミュニケーションと非言語的コミュニケーション

人は，言葉を用いて物事を伝えることもあれば，言葉は発さずとも表情だけを使って気持ちを相手に伝えようとすることもあります。もちろん，日々の対面的なコミュニケーションでは，両者を併用することが多いですが，言葉によるコミュニケーションを**言語的コミュニケーション**（verbal communication）と，言葉によらないコミュニケーションを**非言語的コミュニケーション**（nonverbal communication）と言います。また，発せられたメッセージを解釈する他者がいない場合には（つまりそこにコミュニケーションがなければ），それぞれ**言語的行動**（verbal behavior），**非言語的行動**（nonverbal behavior）と言います（Richmond, V. P., & McCroskey, J. C., 2004；山下編訳, 2006）。

非言語的行動にもいろいろありますが，パターソン（Patterson, M. L., 1983）は，対人距離，凝視の方向，身体接触，身体の傾き，身体の向き，顔の表情，姿勢と姿勢の調整，ジェスチャー，手の動き，足および脚の動き，身づくろいのしぐさ，自己や対象へのマニピュレーション（身体操作），瞳孔の拡張と収縮，休止，中断，話の持続時間，を挙げています。こうした非言語的行動にはどのような機能があるでしょうか。同じくパターソン（1983）は，非言語的行動の機能的分類として，情報の提供，相互作用の調整，親密さの表出，社会的統制の行使，サービスと仕事上の目標の促進，の5つを挙げています。以下，非言語的行動に関する研究例として嘘研究を取り上げます。嘘は，パターソン（1983）では，以上の5つの分類のうち「社会的統制の行使」に分類されています。社会的統制の行使とは，受け手に何らかの影響を与える，すなわち社会的影響に当たります。

言語的行動，非言語的行動に関してさまざまな研究がなされていますが，社会心理学では非言語的行動を対象にしたものが多いです。その背景には，私たちは相手の本当の気持ち，態度を知りたい，その本当のところは言葉ではなく言葉でないところに現れるものだ，という信念があると思われます。

多岐にわたる非言語研究があるのですが，ここでは嘘を見抜くことをテーマにしたエクマンとフリーセン（Ekman, P., & Friesen, W. V., 1974）を紹介します。彼らはまず，女性の看護学生に，正負の感情を喚起するような映像を見てもらい，感情を正直に表出させる場合と，偽って表出させる場合，という 2 通りの映像刺激を作成しました。それを別の研究参加者に提示し，嘘なのか本当なのか見破ってもらいました。その際，顔だけを見せる場合と体だけを見せる場合，さらに，刺激の登場人物の正直な映像を事前に見せる場合（親和性あり）と見せない場合（親和性なし）がありました。顔，体という非言語的行動に着目した嘘研究です。さて，どの程度正確に嘘を見破ることができたのでしょうか。結果は表 7.3 の通りです。もっとも正確に見破ることができたのは，嘘をついている刺激について，事前に正直な映像を見たうえで，体のみを見て判断した場合の 63.50％です。顔を見るよりも体を見るほうの正確性が高いことに驚かれるかもしれませんが，顔は嘘を見破るために有効でないことは，その後の研究でもしばしば言われています。

表 7.3　嘘を見破る正確さ（Ekman & Friesen, 1974）

課　題	条　件	観察した行動のタイプ	
		顔	体
親和性なし	本当	42.50	44.81
	嘘	51.37	50.63
親和性あり	本当	43.06	50.13
	嘘	47.69	63.50

表の数値はどれも 50％近辺ですので，全般的に高いものではありません。嘘を見破る正確性についてのこれまでの研究では，嘘は見破ることができないということが，繰返し指摘されています（村井，2013）。エクマン自身も，ピノキオの鼻に言及しながら，「欺瞞行為それ自体を示すサインなどはない

のである」と述べています（Ekman, 1985；工藤訳編，1992）。もし仮に，ピノキオの鼻のような指標が見つかれば，それを見ることで嘘かどうか分かることになるわけですから，人は嘘をつくことを止めるでしょう。幸いなことにそうした指標はないため，私たちは嘘をつき，つかれながら毎日の生活を営んでいます。

先に挙げたリッチモンドとマクロスキー（2006）では，非言語的コミュニケーションについての俗説として６つ挙げていますが，そのうちの１つに「相手があなたの目を見て話していないならば，その人はあなたに真実を話していない」というものがあります。皆さんも，目と嘘の関係を信じているのではないでしょうか。嘘つきは目が泳ぐ，とよく言われます。実際にはどうでしょうか。実はここでもやはり「見破ることはできない」という結論になります。先行研究を全体として見てみると，視線と嘘との間には関係がないことが分かっています（Vrij, 2008）。

非言語的行動については，その他にも多くの研究があります。視線，表情のみならず**パラ言語**（paralanguage；声の高さなど言葉に付随するもの）や，化粧や被服などの外見的特徴も含みますので，対象とする守備範囲は広いです。一方，言語的行動については，心理学と言語学の境界領域的位置づけで研究が進められています。実際の内容については，岡本（2006，2013）をご参照ください。

7.3 ソーシャル・ネットワーク

コミュニケーションを通じて，人と人との間に関係性が構築されます。たとえば，A氏とB氏は親密になる一方で，A氏とC氏は疎遠になり，D氏はA氏，B氏，C氏とも面識があり，という具合に，人と人との間にネットワークができあがっていきます。

7.3.1 対人関係

まずは身近な対人関係を考えてみましょう。皆さんは，何人くらいの友人・知人がいますか。一つの手がかりは，携帯電話の電話帳の登録件数でしょうか。石黒（2013）は，「過去1カ月の間に仕事以外の用件で会うか連絡した」他者の人数は，平均14.46人であったと述べています。吉田（2006）によれば，インターネット利用者の知人数の平均は142.3人，非利用者では98.4人でした。人は，このように他者との関係性の中で生きていますが，つながりゆえのマイナス面もあります。土井（2014）は，「つながり過剰症候群」という概念を提起し，社会的背景などについて論じていますし，つながりに過敏すぎることには危険性があるのです。峰松（1997）は「親友というのが1人でもいれば，すでに多すぎるのではないかと心配したほうがよい」と述べています。いたずらにネットワークの拡大に邁進することには，慎重になったほうがよいかもしれません。

7.3.2 ソーシャル・ネットワーク

次に，視点を対人関係を俯瞰する位置に移動させてみましょう。そこにはどのような構造が見えるでしょうか。**ソーシャル・ネットワーク**（**社会的ネットワーク**，**社会ネットワーク**；social network）とは，「人々あるいは諸集団の間にあるさまざまな関係の総体」（辻，2001）のことですが，以下，簡単な例をもとに，ネットワークの構造を見ることで，個人の特性を見ていくことにしましょう。

ある大学の新入生にA氏からG氏までの7人がいたとします。出身高校が同じ，新入生ガイダンスで隣の席だったので連絡先を交換した，などの理由で面識がある場合も，何も接点がない場合もあるでしょう。図7.3左は，その7人が，すでに面識がある場合に1，面識がない場合に0とした架空のデータです。こうしたデータ行列を**隣接行列**（adjacency matrix）と言いますが，このデータについて**ネットワーク分析**（network analysis）を適用すると，図7.3右のような図が描かれます。こうした図を**グラフ**（graph）と言います（棒グラフなどといった，いわゆるグラフとは意味が違いますので注意してください）。

	A	B	C	D	E	F	G
A	0	0	1	0	0	1	1
B	0	0	0	1	0	0	0
C	1	0	0	0	0	0	0
D	0	1	0	0	1	1	0
E	0	0	0	1	0	1	0
F	1	0	0	1	1	0	1
G	1	0	0	0	0	1	0

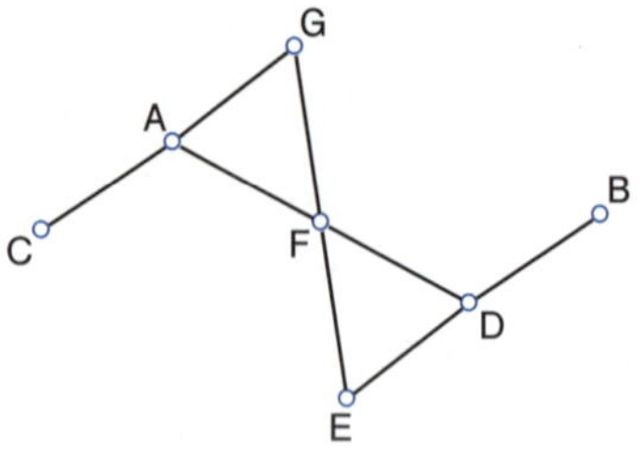

図 7.3　隣接行列とグラフの一例

図 7.3 を見て，何が分かるでしょうか。第1に，F氏は，4人と面識があります。これより，F氏は顔が広い人なのでは，と推測できます。各氏に心理尺度に回答してもらったわけではないのですが，ネットワーク構造を見ることで，性格が何となく推測できそうです。第2に，この7名は大きく2つのグループに分かれており，その橋渡しとなっているのがF氏です。また，B氏とC氏は遠いところに位置していますが，大学生活が進むにつれ，ネットワークの連鎖をたどって接点が生まれるでしょう。

こういったネットワーク全体を見る視点は，前述の「コミュニケーション」という微視的な見方を補うものです。まずはネットワーク構造に注目し，各個人に目をつぶっているわけですが，個人の特性を捨象してこそあぶり出される側面もあるでしょう。これは心理学の視点としては違和感があるかもしれません。心理学では個人に注目しますし，世の中でも，「個性の尊重」といったようなフレーズはたびたび聞かれますが，過度に個に注目することの弊害もあると思います。時に，あえて個から目をそらす必要もあるかもしれません。

本章冒頭で，個人の「内」を見ることで社会を見る，と述べましたが，本節では逆に，社会を見ることで個人を見る，という視点を提示しています。心は構造から影響を受けます。文化心理学の視点も同じように，心が文化の影響を受けると考えます。心が構造を構成する，心の集まりが文化になる，という逆の方向性の視点のほうがなじみ深いかもしれませんが，真逆から考えてみることもまた必要でしょう。各人の中で心が育ち，それが外界に影響する，というのは，心の優位性を過大評価する，僭越な見方なのかもしれません。心は避けがたく外界の影響を受け，縛りの中で奮闘しているとも言えます。

7.4　社会心理学におけるメタ分析

以上，社会心理学の多くのトピックの中から，ごく一部について述べてきました。最後に，ある研究を紹介したいと思います。リチャードら（Richard, F. D. et al., 2003）は過去 100 年の膨大な社会心理学研究を概観したうえで，表 7.4 のようにまとめています。

こうした研究を**メタ分析**（meta-analysis）と言いますが（第 5 章，A5.3 も参照），表の左側には社会心理学のトピックが挙げられています（本章ではごく一部についてしか述べられていないことが分かるでしょう。社会心理学の領域は広いのです）。「相関係数の平均」とあるのは，多くの先行研究を総合的に見た場合，そのトピックについてどの程度の効果があると言えるのか，その効果の大きさを相関係数で表現したものです。相関係数の意味内容については他書を参照していただきたいのですが，相関係数とは関係の強さを表す値であり，おおむね，0 ～ 0.2 の場合にほとんど関連なし，0.2 ～ 0.4 の場合に弱い関連，0.4 ～ 0.7 の場合に中程度の関連，0.7 ～ 1.0 の場合に強い関連あり，とされます。表の値の多くは，「ほとんど関連なし」か「弱い関連」に相当するものであることが分かります。何か一つの研究で強い関連があったとしても，同種の諸研究全体を俯瞰すると決してそうではないことがあります。これは前述した嘘についての研究でもそうです。ある一つの研究結果

表7.4　**社会心理学研究の効果の大きさ**（Richard et al., 2003より作成）

トピック	研究数	相関係数の平均
攻撃性	3,323	0.24
態度	2,476	0.27
帰属	1,929	0.14
期待効果	902	0.16
性役割	1,243	0.18
集団過程	1,183	0.32
健康心理学	2,340	0.17
援助行動	824	0.18
集団間関係	1,542	0.19
法	1,374	0.17
リーダーシップ	2,588	0.25
方法論	2,356	0.21
動機づけ	1,099	0.15
非言語的コミュニケーション	1,471	0.22
パーソナリティ	3,905	0.21
関係性	2,203	0.22
社会的認知	1,526	0.20
社会的影響	1,629	0.13
全体	33,912	0.21

において嘘と視線は関係があると結論づけられたとしても，諸研究全体を見ると「関係がない」となるわけです。このように，わずか一つの研究結果をもとに，人の心について確定的な形でものを信じてしまうことには危険があります。これは社会心理学だけでなく，他の領域でも同じことです。心理学を勉強しながら，**クリティカルシンキング**（critical thinking）（何事も無批判に信じ込んでしまうのではなく，問題点を探し出して批評し，判断すること；道田ら，1999）の能力も身につけていただければと思っています。

Q7.1

皆さんは，どのような認知的不協和を経験し，その低減のためにどのようなことをしているでしょうか。また，社会ではどのような認知的不協和が起こっているでしょうか。

memo

Q7.2

17 世紀フランスのモラリストであるラ・ロシュフコオは，その著『箴言と考察』の中で，「人間がもしだまし合いをしなかったら，永いあいだ社会生活などはしていられなくなるであろう」と述べています。毎日の生活を振り返り，コミュニケーションを円滑に進めるための，人間同士のだまし合い（嘘）について例を挙げ，嘘の機能について考えてみましょう。

memo

Q7.3

コミュニケーションに用いられるさまざまなメディアについて，時代の流れを考慮しながら，できるだけ幅広く考えてみましょう。どのようなメディアがあり，どのような特徴があるでしょうか。

memo

A7.1

認知的不協和の説明の際に，しばしば例として挙げられるのは，喫煙です。「自分はタバコを吸っている」と「タバコは有害である」という2つの認知は不協和です。不協和低減のためには，「タバコをやめる」というように行動を変えたり，「タバコは有害だとする研究結果が疑わしいと考える」というように認知を変化させたり，「喫煙所で友人関係が広がる」といった新しい認知をつけ加えたりするわけです（図7.4）。

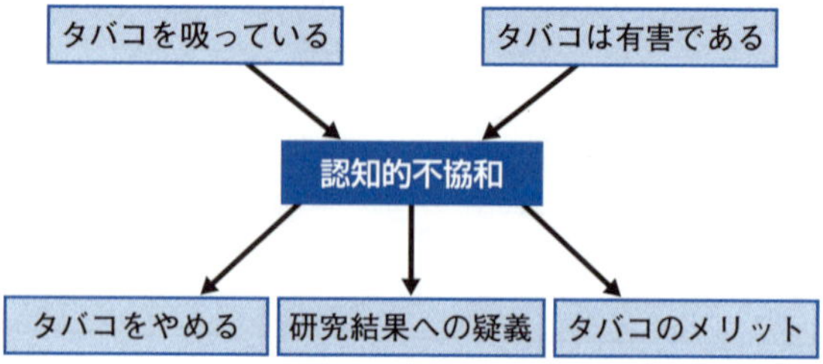

図7.4 喫煙をめぐっての認知的不協和

認知的不協和理論は，さまざまな事象を説明することができます。その一つとして，アロンソン（2012）で紹介されている，2001年9月11日に起きたアメリカ同時多発テロ事件の例を挙げましょう。なぜ，一部のイスラム教徒があれほどまでに強い憎悪を募らせたのか，そこには認知的不協和があるという考え方です。「イスラム教は優れている」と「イスラム世界の発展が遅れている」という2つの認知があり，ここにおける認知的不協和こそが憎悪の原点なのでは，という解釈です。こうした視点は，諸々のテロ行為についても，同様に適用可能だと思われます。また，その他に，ストーカー，リベンジポルノ，といった事象にも認知的不協和は関わっているでしょう。

もちろん，認知的不協和理論によって説明できたからといって，現実の諸問題がすぐに解決されるわけではありません。しかしながら，事象の原点を知ること，つまり動機づけについて知ることができれば，それが端緒となって解決の糸口が見出されるかもしれません。人は憎悪を募らせることがありますが，憎悪発生に対する認知的不協和の関与に意識的になることには意味があるでしょう。アロンソン（2012）は，人は協和のみで生きているわけではないこと，不協和低減に没頭することにはマイナス面があること，自分自身の不協和低減傾向について理解することの意義，について述べています。ただひたすらに不協和解消に邁進したりせず，不協和に耐え忍び，そこで感じる心の動きに耳を傾けることもまた，必要なことなのでしょう。

A7.2

私たちは嘘をつくことでコミュニケーションを円滑化させることがあります。たとえば，気遣いが過剰なA氏から「お元気ですか？」と尋ねられた場合，実際には体調が悪くても「元気です」と答えることがあります。もし正直に「体調が悪いです」と返答したら，A氏から過度に気を遣われてかえって疲弊してしまうかもしれませんので，「元気です」と答えるわけです。この場合，A氏をだましていることになります。「だます」と言うと聞こえが悪いですが，ここでは中立的な意味でこの語を用いています。この場合の「元気です」という嘘は，A氏から過度に気を遣われることから来る精神的疲弊を避けるという機能があります。一方で，A氏と仕事を進める場面であれば，実際には体調が悪いので仕事の進みが悪くなるかもしれず，A氏にしてみれば「最初から正直に体調が悪いと言ってくれれば，日程を再設定したのに」と不快に思われてしまう可能性もあります。このように嘘には一定のリスクがあるわけですが，人は，嘘をつくメリット，デメリットを，意識的，無意識的に秤に掛け，コミュニケーションを営んでいるのでしょう。

思ったことを何でもすべて正直に開示する「正直者」B氏がいたとします。B氏は人に不快感を与えるに違いありません。たとえば，B氏がC氏の新しい髪型を似合わないと思い，C氏の目の前で正直に「似合わないですね」と言ったとしましょう。他ならぬC氏自身が似合っていると思っていようとなかろうと，C氏は不愉快に感じるに違いありません。心に浮かんだことをそのまま加工せずに言うことは，時にコミュニケーションを阻害します。この場合，あからさまな嘘「その髪型，とても似合っています」を述べるのではなく，「イメージチェンジですね」と発言するといったように，対人関係に思いを巡らせながら，状況に応じて「うまく」発言をしていくことが社会的スキルでしょう。このように，人は，嘘と本当の狭間で柔軟に立ち回っていると言えます。そうしたことができない「正直者」B氏の周囲の人は，やがてB氏に本当のことを言わなくなるかもしれませんね。正直であることを貫いた結果，周りからの正直な反応が遠ざかっていくのです。

日々の嘘は社会的潤滑油であり，私たちが日々の生活でつく嘘の多くは，他者のため，自分自身のため，という心理的理由からつかれる嘘，すなわち社会的嘘なのです（Vrij, 2008）。

A7.3

コミュニケーションにおいて，メッセージを伝える際の手段，媒体がメディアです。本文でも述べたように，メッセージを伝える際の通路をチャンネルと言います。メディアとチャンネルは同義にとらえられることも多いですが，ここでは区別したいと思います。電話，インターネットはメッセージを伝えるメディアですし，体全体で愛情表現をすれば，体がメディアになります。声もメディアです。新聞社が新聞という印刷メディアを使ってメッセージを発信することも，基本的には同じことです。人はコミュニケーションの際，何らかのメディアを使う必要があるのです。

いにしえの時代には，人間の体＋αしか，メディアはありませんでしたが，人は次々にメディアを開発してきました。メディアは，人間の創意工夫のもと，常に進化し続けますが，それは人間のコミュニケーション欲求の表れでしょう。狼煙（のろし）は，火というメディアを用いた伝達手段ですし，電話の発明は革命的だったことでしょう。昨今は，コンピュータなどの情報機器を用いて自身のメッセージを発すること，すなわちメディアコミュニケーションが盛んであることは言うまでもありません。

メディアの中でも，スマートフォンの存在は大変大きいです。2015年4月，信州大学の入学式で，同大学学長が「スマホやめますか，それとも信大生やめますか」と新入生に問いかけ，話題になりました。機器の進化は時代の必然であり，大いに利用する価値はありますが，それにはまりすぎず，自身で考え，他者と直接的なコミュニケーションをすることこそが主であることの再確認も必要でしょう。便利なものに心を委ねることは楽ですが，何かに心を預けきってしまうことで，大事な何かを失うことがあると思います。何においても最新のメディアがよいということはありません。授業でも，パソコンとプロジェクターを使う場合よりも，黒板に板書するという昔ながらのスタイルのほうが理解が進む，ということもあるのです。

参考図書

アロンソン, E. 岡 隆（訳）（2014）. ザ・ソーシャル・アニマル［第11版］――人と世界を読み解く社会心理学への招待―― サイエンス社
（Aronson, E. (2012). *The social animal.* 11th ed. New York：Worth Publishers.）

長く読み続けられている名著です。社会心理学について，豊富な例をもとに丁寧に説明が進んでいきます。

ギロビッチ, T. 守 一雄・守 秀子（訳）（1993）. 人間この信じやすきもの――迷信・誤信はどうして生まれるか―― 新曜社
（Gilovich, T. (1991). *How we know what isn't so : The fallibility of human reason in everyday life.* New York：Free Press.）

邦題が本書の内容をよく表しています。私たちの認知の傾向について，さまざまな事例を通して知ることができます。

深田博己（1998）. インターパーソナル・コミュニケーション――対人コミュニケーションの心理学―― 北大路書房

コミュニケーションに関連する諸側面について，社会心理学の立場から解説されています。

岡本真一郎（2006）. ことばの社会心理学［第3版］ ナカニシヤ出版

言葉について，社会心理学的立場から述べた，数少ない書籍の一つです。同著者によるものとして，『言語の社会心理学――伝えたいことは伝わるのか――』（中央公論新社，2013年）もあります。

第 IV 部
心を支える基盤

第8章 行動を支える機序
学習心理学

私たちはさまざまなことを学びながら日々生活しています。学校の勉強はもちろんですが，スポーツ，趣味，仕事などの技能も，知識や経験が積み重なっていく中で上達していきます。また，周りの人たちとコミュニケーションをとりながら関係を築いたり，ふさわしく振る舞うように行動の仕方を考えたりしながら，コミュニティの成員として成長していくことで，いっそう技術が向上したり，知識が深まったりもしていきます。

学習についてはさまざまな心理学的アプローチがありますが，本章ではその中から，条件づけによる学習，状況論的アプローチ，生態学的アプローチの観点を中心に紹介します。

8.1 条件づけによる学習

心理学において学習とは，経験によって行動が持続的に変化したり，知識を獲得することを指します。行動の変化は，外部の他者によって客観的に観察することができます。そのため20世紀前半には，動物を被験体とする実験を行って，学習による行動の変化とその機序を解明しようとする研究が，私たちの心について科学的に明らかにするための有力な方法として盛んに行われました。

8.1.1 古典的条件づけ

条件づけの中でもとくによく知られているのが「パブロフの犬」の研究です。犬は餌を見ると唾液を分泌します。このような生体の自然な反応を**無条件反射**（unconditioned reflex）と言います。ところが，餌を与えるときにいつも合図の音を聞かせていると，餌がなくても合図の音を聞いただけで唾液が分泌されるようになることを，ロシアの生理学者パブロフ（Pavlov, I. P.）は，犬の唾液分泌を測定する装置を用いて明らかにしました。この合図の音によって引き起こされるようになった唾液分泌を**条件反射**（conditioned reflex）と呼び，もともと生体の唾液分泌とは関係なかったけれども，条件反射を引き起こす刺激となった合図の音を**条件刺激**（conditioned stimulus）と言います。このような条件刺激と条件反射の連合が形成されることを**古典的条件づけ**（classical conditioning）と言います（図 8.1）。

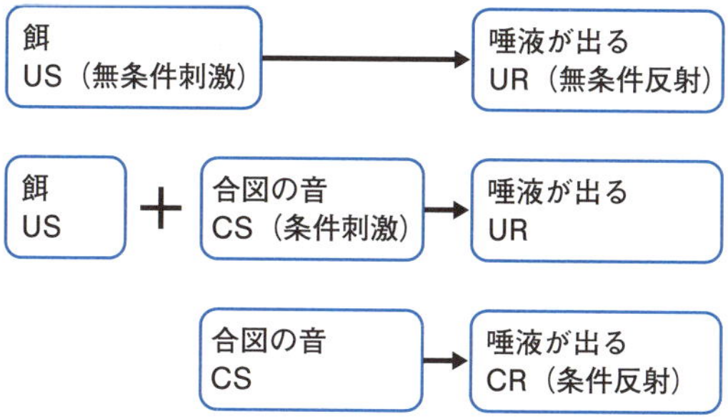

図 8.1　古典的条件づけの形成

行動を客観的に観察するという立場をさらに徹底し，すべてを感覚器官への刺激に対する筋や腺の反応に還元して考えるべきだと主張したのが**行動主義**（behaviorism）で知られるアメリカの心理学者ワトソン（Watson, J. B.）です。ワトソンは，人には生まれたときには，運動反射や情動反応のごく限られた数の**刺激**（S：stimulus）**−反応**（R：response）**連合**しかないけれども，私たちの複雑な行動はすべて，これらの限られた数の非学習性の行動をもとにして形成された S−R 連合，あるいは条件反射の複合体であると考え，数々の実験を行いました（Watson, 1930）。そのうちの一つ，第 5 章で紹介されている「アルバート坊や」の実験では，もともとは怖がっていなかった白ネズミに対して，条件づけの操作によってアルバート坊やが恐怖反応を示すようになり，さらにはウサギや脱脂綿など，白ネズミと似た特徴を持つものも怖がるようになりました。このように，刺激に対して応答的に生じる**反**

応を扱う古典的条件づけを**レスポンデント条件づけ**（respondent conditioning）と言います。

8.1.2　道具的条件づけ

特定の音が聞こえると餌が与えられることを期待して唾液が出てきたり，白ネズミを怖がるというのは，受け身的な行動変化と言えますが，たとえば餌を手に入れるための方法を学習することも，動物にとって重要です。そのような**問題解決型の学習**について，アメリカの心理学者ソーンダイク（Thorndike, E. L.）は，問題箱と呼ばれる実験装置を用いて研究を行いました。

そのうちの一つ，ネコを対象とした実験では，問題箱の中に輪をぶら下げておきました。この輪をネコが引っ張ると，箱の扉が開く仕組みになっています（図 8.2）。問題箱の中に空腹のネコを入れ，箱の外に餌を置くと，ネコは餌を取ろうとして床を引っかいたり，柵から前肢を出したり，立ち上がったり，いろいろな動きを見せます。そうしているうちに偶然，輪に前肢が引っかかって扉が開き，餌を取ることができました。これを 1 つの**試行**（trial）として何度も繰り返していると，しだいに無駄な動きが減っていき，ネコを問題箱に入れるとすぐに輪を引っ張るようになりました。つまりこのネコは，**試行錯誤**（trial and error）を繰り返す過程を経て，餌という報酬を得るための手段として，箱の中の輪を引っ張るという新たな行動を学習したことに

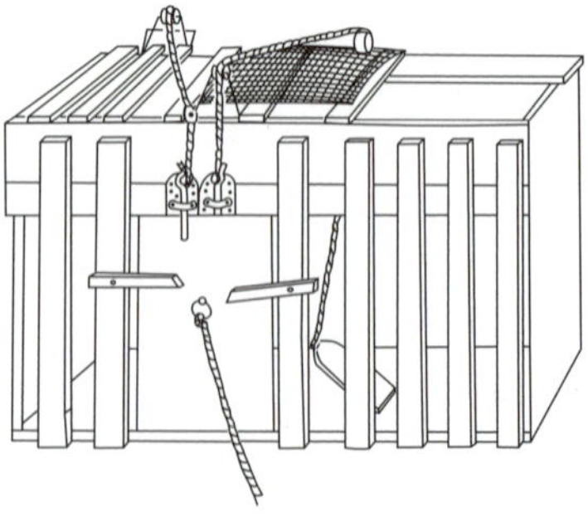

図 8.2　**ソーンダイクの問題箱の一例**（Thorndike, 1898）

なります。このように本来は報酬の有無に関係なく起こった自発的な反応が，その結果として起きた変化のための道具または手段として学習されることを**道具的条件づけ**（instrumental conditioning）と言います。

8.1.3 オペラント条件づけ

後に，同じように自発的に起こる行動に着目して研究を行ったのがスキナー（Skinner, B. F.）です。スキナーは，自発的に起こる（オペラント）行動が，たとえば餌などの報酬を得ることと結びつくことでより頻繁に起こるようになることを示し，その過程を**オペラント条件づけ**（operant conditioning）と名づけました。

スキナーのオペラント条件づけの実験にはスキナー箱と呼ばれる実験装置が用いられました（図 8.3）。外から観察可能な透明な箱の内側の壁にレバーが 1 つ付いていおり，レバーを押すと餌の粒が箱の外のチューブを伝って箱の中の餌皿に落ちる仕組みになっています。たとえばラットを用いた実験では，空腹のラットをこの箱の中に入れます。いろいろな探索行動の中で，偶然にレバーを押すと餌が出てきて，ラットはこれを食べることができます。それを繰り返していくと，ラットはどんどんレバーを押すようになり，レバーを押すというオペラント行動の条件づけが成立します。このとき，オペラ

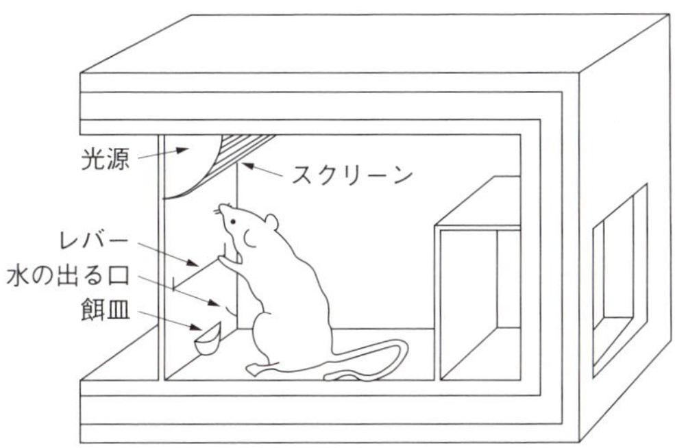

図 8.3 スキナー箱の例

ント行動の頻度を高める操作のことを**強化**（reinforcement）と言い，餌のことを**強化子**（reinforcer）と言います。スキナー箱に入れたラットがすぐにレバーを押してくれれば強化を始めることができますが，レバーを探索はしても，なかなか押さないこともあります。そこで行うのが，**シェーピング**（shaping）という操作です。最初はレバーのほうを向いたら強化子を与え，次はレバーに近づいたら強化子を与え，こんどはレバーに触れたら強化子を与えるというように，少しずつ強化の基準を厳しくしていくことで，徐々にレバーを押すという行動を形成していきます。

餌のように，ある行動の報酬として与えられることで，その行動の出現頻度を高める強化子を正の強化子と言い，このような条件づけの手続きを**正の強化**（positive reinforcement）と言います。一方，取り除かれることで，ある行動の出現頻度を高める負の強化子もあります。負の強化子の代表的なものとして，実験では電気ショックが用いられました。常に一定間隔で電気ショックが与えられるようにし，レバーを押したときだけ電気ショックが止まるようにした実験条件下では，ラットのレバー押しの頻度が高まります。つまり，このとき電気ショックを強化子として，ラットのレバー押しの頻度を高めるという条件づけの手続きが成立したことになります。このような手続きを**負の強化**（negative reinforcement）と言います。

反対に，スキナー箱に入れられたラットがレバーを押すと電気ショックが与えられるようにした実験条件下では，ラットはレバーを押さなくなります。このときラットに電気ショックを与えることは，ラットに罰を与える手続きとなっています。このような手続きを**正の罰**（positive punishment）と言います。強化子の正負と強化・罰の組合せを整理すると，**表 8.1** のようになります。

このように，オペラント条件づけの研究は，動物の自発的な行動に対して餌やショックなどを与えたり，反対に取り除いたりすることで，動物にさまざまな行動を学習させることができることを明らかにしました。私たちの経験的知識としても，「アメとムチ」という言い回しに象徴されるように，子

表 8.1 強化子の正負と強化・罰

	正の強化子	負の強化子
強　化	**正の強化**（positive reinforcement） 例）レバーを押せば餌が出てくる→レバー押しの頻度が高まる	**負の強化**（negative reinforcement） 例）レバーを押すと電気ショックが止む→レバー押しの頻度が高まる
罰	**負の罰**（negative punishment） 例）レバーを押すと餌が出てこなくなる→レバーを押さなくなる	**正の罰**（positive punishment） 例）レバーを押すと電気ショックが与えられる→レバーを押さなくなる

負の強化子を提示することが罰となる手続きは「正の罰」，正の強化子を取り除くことが罰となる手続きを「負の罰」と言うことに注意。

どものしつけなどの場面でこのような学習過程が機能していると広く考えられています。また，これらの知見は臨床場面でも応用され，行動療法の手法として用いられています。

しかし，言うまでもなく，私たちの学びすべてが報酬と罰によって成立しているわけではありません。皆さんも，報酬を与えられなくても，もっと詳しいことが知りたくなって勉強したり，辛いことが分かっていても技を磨くために練習を重ねたりすることがあるでしょう。私たちの学習について明らかにするためには，学習を動機づけることについて，さらに考察する視点も重要になってきます。

また，人間は社会的な環境の中で育ちます。子どもたちは歩き出すより前から他者の行動を興味を持って見つめ，その行動を真似たりしながら，しだいに同じような行動ができるようになっていきます。そして，周りの大人たちが構成している文化的な文脈の中で成長し，やがてその担い手となっていきます。このような文化の継承は，他者が到達した学習の成果が蓄積され，伝達されて，それが実践的知識として学習者に学ばれ，利用されることで可能になることです。

そこで次の節では，学習をとりまく環境という観点から学習について考えてみましょう。

8.2 学習をとりまく環境

冒頭にも述べたように，私たちの生活の中にはさまざまな学びがあり，1 つの問題を解決して完結することばかりではありません。むしろ，学習とは持続的な営みであり，経験の中で繰り返されたり，積み重ねられていくことによって，理解が深まったり，技術が向上していくものです。私たちが学びの過程にあるとき，どんなことが起こっているでしょうか。ここでは学習者をとりまく環境という観点から見ていきましょう。

8.2.1 状況論的アプローチ

勉強すると言えば，新しいことを覚えなければならないという場面を思いうかべる人も多いことでしょう。しかし，たとえば数学の公式を暗記していても，実際に問題を解くことができなければ，新たな能力を身につけたことにはなりません。

そこで，問題が解けるようになるような学習の方法を考える必要がありますが，一方で，本質的には同じ問題でも，数学の問題だと答えられないのに，日常生活の中で起こりうる事態に置き換えると，すぐに答えられるということもあります。第 2 章で詳しく説明されていますが，ここでウェイソンの「4 枚カード問題」（ウェイソン課題）を再び取り上げてみましょう（Wason, P. C., & Shapiro, D., 1971）。

【問題】

カードの片面にアルファベットが 1 文字，もう片方の面には数字が 1 文字書いてあるカードがあります。これらのカードには，「片面に D と書かれているカードの裏側には 3 が書かれていなければならない」というルールがあります。

D, K, 3, 7 と書かれた 4 枚のカードがあるとき，このルールが守られているかどうかを確かめるためには，どのカードを裏返せばよいでしょうか。

この問題を大学生に答えてもらったところ，正答率は1割程度だったという報告がありますが，皆さんはお分かりになったでしょうか。正解は，Dのカードと7のカードです。Dのカードの裏に3以外の数字が書いてあってはルールから外れることはすぐに分かります。Kのカードの裏は3を含むどの数字でもよく，3のカードの裏はDであってもなくてもよいので，裏返す必要はありません。7のカードは，裏にDと書いてあったらルールから外れることになります。

では，この問題はどうでしょう。

【問題】

4枚のカードがあり，それぞれ4人の人物に関する情報が書かれています。カードの片面にはその人の年齢，もう片方の面にはその人が何を飲んでいるかが書いてあります。「もしある人の飲んでいるものがビールであれば，その人は20歳以上でなければならない」というルールがあります。

ビール，コーラ，22歳，16歳，と書かれた4枚のカードがあるとき，このルールが守られているかどうかを確かめるためには，どのカードを裏返せばよいでしょうか。

正解はビールと16歳のカードです。実はこれは先ほどの問題とまったく同じ構造の問題なのですが，実験では8割の大学生が正答しました（Griggs & Cox, 1982）。このような問題を解くときにどのような認知的プロセスが働いているのかについて，多くの研究が行われましたが，表現を日常生活で起こりそうなことに置き換えただけで正答率が上がったことは，私たちの認知が状況や文脈に深く依存していることを示唆します。日々の生活には社会的，文化的な背景があり，私たちは自宅や学校，仕事場やお店など，さまざまなところで周りの人たちとコミュニケーションしながらさまざまなことがらを遂行しています。学習を個人の内部に起こることとしてではなく，そのような他者との関わりの中で構成されていくものとしてとらえようとするのが**状況論的アプローチ**です。

たとえば学校では，家庭とも仕事場とも違う特殊な状況で学習行為が進行します。そこには学習者とその発達を願うインストラクターがおり，社会的空間が構成されます。子どもがそれまでの発達によって自主的に解答できる現在の水準と大人の誘導的な質問・範例・教示の助けによって解答することができる未来の水準の差の領域をヴィゴツキー（Vygotsky, L. S.）は**発達の最近接領域**と呼びました。発達の最近接領域においては，学習者とインストラクターのどちらか一方の行為には解消できない相互行為的なシステムとして学習のプロセスがとらえられています（茂呂，1999）。

本節では，認知的徒弟制と正統的周辺参加の概念，およびその展開についてを 8.2.2 から 8.2.4 で，生態学的観点から社会的環境の中での学習を扱った促進行為場の概念を 8.2.5 で紹介します。

8.2.2　認知的徒弟制

徒弟制は，古くは中世ヨーロッパのギルドにおける親方・職人・徒弟の階層システムによる職能教育の方法として知られていますが，共同体の中に入り，そこでの職能を学ぶプロセスは，現在でも，内容の定式化や言語化が難しい分野で多くの事例を見つけることができます。ブラウンら（Brown, J. S., 1988）はこのことに注目し，**認知的徒弟制**（cognitive apprenticeship）という概念を提唱して，その学習過程のモデル化を行いました。認知的徒弟制のモデルでは，学習の過程を次の 4 つの段階によってとらえています（図 8.4）。

1.　モデリング

学習者が修行に入って，始めのうちは，与えられる仕事と言えば仕事場の掃除など周辺的なことばかりというケースも多いですが，この段階をブラウンはモデリングと呼びました。修行に入った学習者に師匠の仕事のモデルが示されており，学習者はそれを観察して，模範を見出したり，目的を認識したりする段階です。

2.　コーチング

そのうちに師匠や先輩が，仕事の具体的な方法を教えてくれます。学習者

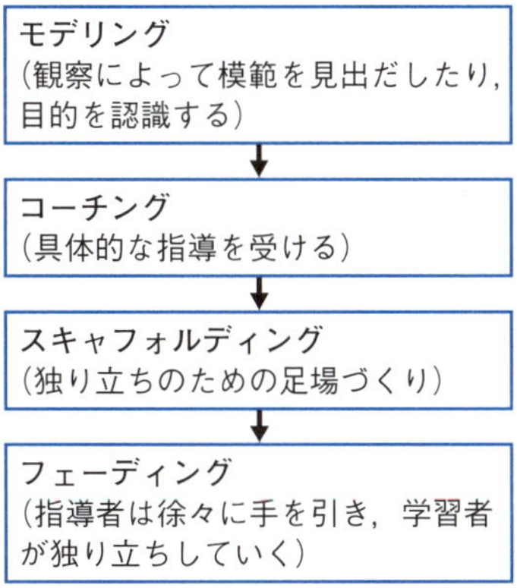
モデリング
（観察によって模範を見出だしたり，目的を認識する）
コーチング
（具体的な指導を受ける）
スキャフォルディング
（独り立ちのための足場づくり）
フェーディング
（指導者は徐々に手を引き，学習者が独り立ちしていく）

図 8.4　認知的徒弟制の 4 段階

は失敗しながらも繰返し取り組み，師匠や先輩たちはそれを見守ります。

3.　スキャフォルディング（足場かけ）

一通りのことができるようになると，部分的な仕事を 1 人で行うように指示されるなど，独り立ちのための手助けが行われます。仕上がりの出来不出来を師匠や先輩たちから評価されたり，自分自身で見ることで，自分のやっていることを反省的にとらえ，次にどのようにすべきかを考える過程です。

4.　フェーディング

やがて，ほとんど指示なしに 1 人で 1 つの作品を作り上げる作業をまかされるようになるなど，師匠や先輩が学習者の作業から手を引いていき，学習者は独り立ちしていきます。

このように，より有能な他者によるコーチングやスキャフォルディングといった支援を受けながら，個々の学習者が特定の知的行為を身につけていく過程をとらえたのが認知的徒弟制の枠組みです。

8.2.3　正統的周辺参加

認知的徒弟制の枠組みは，より有能な他者と共同して学習が進行していくときのコミュニケーションの過程をとらえましたが，学習者が共同体の中で一人前になっていく過程においては，コーチングやスキャフォルディングによって個別の知的行為を身につけるということだけでなく，その共同体への参加の仕方や，他のメンバーとの関係の変化もともないます。そこで，より包括的な視点から，学習者の行為が共同体の中でどのような意味を持ち，どのように変化していくかを，社会的実践の構造との関係からとらえようとしたのがレイヴとウェンガー（Lave, J., & Wenger, E., 1991）が提唱した**正統的周辺参加**（legitimate peripheral participation；LPP）という枠組みです。

レストランの料理人を例に考えてみると，一流のレストランで出されているのと同じような料理をお手本通りに仕上げるために必要な技術は，たとえ日々新しい技術や材料の組合せが生み出されるとしても，シェフと同等の技量を持つ先生がいて，十分な設備があれば，学校でも学ぶことは可能です。しかし，どんなに難しい料理を学校で習い，それを一度は作れたとしても，すぐにプロの料理人とは見なされません。依然として修行が必要とされます。それはなぜでしょうか。正統的周辺参加の概念にあてはめて考えてみましょう。

見習い料理人が修行に入るのは，レストランという**実践共同体**（community of practice）です。始めは，洗い物や掃除，野菜の皮むきといった，補助的なことが仕事の中心となりますが，それも厨房で必要とされる作業の一部です。その間，シェフや先輩料理人たちの仕事の様子をうかがい見ることもできます。このように，共同体の中で必要とされる作業を担うことをウェンガーらは「正統性」と呼び，その一部を担うことを「周辺性」と呼びました。

そして徐々に，素材の下ごしらえの仕方を教えてもらったり，一つの料理を教えられ，新たな道具や素材を扱うことを通して，そのレストランの料理という実践について見方を新たにしていきます。下ごしらえの仕方（たとえば大きさ，形，色，固さ，味，温度など）は，その後どのように調理して一皿の料理として提供するのかによって決まってくるので，すでにそのお店が作ろうとしている料理のあり方と直結しています。調理器具の配置や道具の使い方にもそれぞれのお店の流儀があり，作ろうとしている料理に対応しているだけでなく，それを普段誰がどんな作業のときに使うのかということとともに，日々の実践の中に埋め込まれています。

このような環境で，完成された料理という明確な目標を持って他のメンバーと共同作業を行う中で，見習い料理人は自分の担っている仕事，あるいはそれまでに担ってきた仕事の意味を理解し，共同体のメンバーとしてのアイデンティティを構成していきます。やがて，より重要な仕事を任されるようになり，このレストランという実践の場での参加の仕方が，だんだん中心的なものへと変化していくのにともない，プロの料理人としてのアイデンティティが構成されていくのです。

認知的徒弟制のモデルと正統的周辺参加のモデルは，ともに共同体の中での学びを扱っていますが，認知的徒弟制では，より有能な他者から教えられる過程に焦点をあてました。一方，正統的周辺参加のモデルでは，有能な他者に限らず，実践共同体の活動全体を学習の資源ととらえ，共同体の実践への関わり方の変化に現れる学習者の学びの過程に焦点をあてています。

8.2.4　共同体の中での学び

実践共同体は，8.2.3 の料理人の例にも見られるように，学習者自身が新参者であるがゆえに，いま自分が担っている仕事が共同体の実践においてどのような意味を持つか分からないうちから，その周囲で実践を持続させることによって，正統性と周辺性において学習者の学びの持続を支えます。

言い換えれば，共同体の中では，1 人では学習の意味を見失ってしまうような過程においても，共同体の活動に必要な一部分であるということに意味を見出だすことができるので，学び続けることが促されます。また，先輩たちの姿を見ることで，学びの先にある未来の自分の姿を想像することができます。

もう一つ重要な点は，他のメンバーの仕事を見ることができる一方，自分の仕事の出来映えが常に他のメンバーに見られるという環境の中で，自分自身もそれを反省的に振り返ることができるということです。このことは，いま自分には何ができて何ができていないのかを客観的に評価し，学ぶべきことを能動的に意識することにつながります。

そしてたとえば実践共同体としてのレストランには，食材や道具の扱い方の流儀，その呼び方などの独特の言葉遣い，その店の味，料理の提供の仕方など，メンバーによって共有されるレパートリーがあります。共同体の活動に必要なこうしたレパートリーを学び，使いこなせるようになることで，学習者は共同体の一員としてのアイデンティティを形成していきます。これは，「一人前の料理人としてこの店に必要とされている」というプロフェッショナルとしてのアイデンティティでもあります。

学びにおけるこのような共同体の役割に着目して，メンバーの参加の仕方も含めた学習環境のデザインについて検討する実践的研究も行われています。これまで見てきたように，学校に限らず，職場や地域社会など，さまざまなところが学習の環境となり，また，子どもに限らずすべての人が学習者であると言えます。学校であれ，職場であれ，地域社会であれ，そこに関わる人々が学び成長していく学習の場として機能することは，その組織や社会が発展的に活動を維持していくうえで重要なことです。

美馬ら（2005）は，学びのための環境をデザインするにあたり考えるべき要素として，「活動（activity）」「空間（space）」「共同体（community）」の3つを挙げています。とくに学習と直結する「活動」については，求めている学習の領域と対象に応じて，スケールや内容をよく考える必要があります。たとえば地域の農業について学ぶことをテーマとしたプロジェクトでも，学校の総合的な学習の時間に行う場合と，学校の外でワークショップとして行われる場合では，学習の目的，活動の頻度や期間，参加者の属性などが異なるので，それぞれにふさわしい具体的な課題を設定することが大切です。

また，その活動を支える「空間」も，参加者全員が落ち着いて自己表現ができ，仲間とのコミュニケーションが容易にできること，学習に必要な情報やものに適切にアクセスできる環境にすることが必要です。活動の場所を選んだり，グループで話し合いながら進められるように机の配置を変えたり，資料や道具を集めて選択し，その配置を考えるなど，身近なところにもさまざまなデザインの可能性があります。

そして「共同体」として，共有している目標が常に意識化され，メンバーがそれぞれの仕方で参加できることで，安定した学習環境となります。また，活動が長く続くものである場合には，新しく入ってきた人にとって周辺的な参加がしやすくなるように，それまでの活動や共同体のレパートリーについて知ることができる資料や，説明の機会を作っていくことも大事な作業となります。

学校での総合的学習のプロジェクトや，美術館や博物館でのワークショップ，企業や大学の職場などで，このようにしてデザインされた学びの環境のプランが試され，評価と調整を重ねながら，学習への実践的アプローチが展開されています。

8.2.5　促進行為場

これまで見てきたように，状況論的アプローチは，文化を社会的実践としてとらえ，その実践の中に入っていくことに学習の過程を見出しました。正統的周辺参加の枠組みでは，学習される内容は共同体の実践の中に埋め込まれており，学習の過程は，共同体の実践への参加の仕方が周辺的なものから中心的なものになっていくという，学習者と共同体の他のメンバーとの関係の変化，そして共同体のメンバーとしての学習者のアイデンティティの形成とともに現れます。それでは，学習者が学ぶ，実践の中に埋め込まれた内容とはどんなことなのでしょうか。このことにリード（Reed, E., 1996）は生態学的観点から踏み込みました。

身近な日常生活の環境に目を向けると，私たちの生活空間には調理，睡眠，ゴミ捨てなど，特定のことを行うための専用の場所があります。そしてそれぞれの場所に，調理道具，寝具，ゴミ箱というように，そこで使われるものがあります。文化ごとに異なる部分がありますが，私たちの身の周りには，長い時間にわたる人々の日々の生活の中でつくり出され，保持されてきた，このようなものおよび道具の独特かつ特定のレイアウトがあります。このような文化的実践が行われている環境の中に新しくやってきて，そこで育つ子どもたちは，目覚めたときに行われることと昼間に行われること，屋内で行われることと屋外で行われること，食事の準備や洗濯といった，ものの操作技術や事象の流れを目にし，生活の場や毎日の暮らしに機能的なまとまりがあることに気づくことができます。

そこで行われるべき課題と場所の結びつきを知覚し，参加することによって，子どもは自己の日常の活動をそれに合わせて調整することを身につけていくことができます。そのとき周りに年長の子どもや養育者がいて，場所やものの意味を対面的に強調して示すことで，その意味を満たす行為を促すという相互的行為の場が形成されています。これをリードは**促進行為場**（field of promoted action）と呼びました。

たとえば，幼児が空のマグカップの取っ手を握って，おもちゃのように振っているのを見た養育者は，自分のマグカップを持って，その子どもに向かって飲むふりをして見せたり，マグカップをテーブルに置かせて，飲み物を注いだりします。取っ手を握って振り回すことも，容器として中を満たすことも，両手で支え持ち，縁に口をつけて飲むことも，どれもマグカップを使ってできることであり，それを子どもは自ら発見することができますが，このような対面的な相互行為の場に入ることで，子どもは，液体を飲むための容器としてマグカップを使い，テーブルの上で飲み物を飲むという食事にまつわる文化の一部を学習していくのです。このように，文化によって適正とされるものの使い方や振る舞いを身につけることは，規則や手順を覚えて従うことなのではなく，環境の中で発見したことの中から，周りの人々によって促進されている行為を選びとり，文化の文脈の中に入っていくプロセスとしてとらえることができます。

以上，本節では学習の環境を扱うアプローチについて見てきました。このように，他者との関わり合いの中で起こる学習に着目することは，学習者にとっての学習の内容や意味をとらえ直す作業であると同時に，人間の学習において重要な側面である文化の伝達が，どのような過程で起こるのかを探る視座へとつながっています。

8.3 熟 達 化

学習の結果，最初はうまくできなかったり，1回ではできなくて時間がかかっていたことが，一連の動作をほとんど意識しないほどにすばやく，正確にできるようになったという経験が，皆さんにもあることでしょう。勝敗を決するスポーツでは，相手のどんな技にも対応でき，どんな相手にも勝てる身のこなしと高い技術を習得することが練習の大きな目的となります。本節では経験によって熟練し上達すること，すなわち**熟達化**に着目して学習について考えてみます。

8.3.1 知覚学習と熟達化

いままさに身をおいている環境がどんなところであるのか，どんな事象が進行しているのかがすばやく正確に分かるようになるということは，それ自体，環境についての知識を得ること，すなわち学習の一部に他なりませんが，同時に，私たちにとってより切実に重要なのは，それに合わせて適切な姿勢や行為の調整が行えるということです。

サーフボードに腹這いに身を預けて手で漕いで進むことをパドリングと言いますが，重心を保てず毎回転覆しているようでは，立ち上がること（テイクオフ）はおろか，波をとらえることさえできません。波に乗ってテイクオフするためには，波と同じ速度までパドリングで十分加速する必要があるのですが，ある程度安定して力強いパドリングができるようになって初めて，波の速度が分かってきて，それに合わせた速度や向きのコントロールができるようになります。そしてテイクオフができるようになると，今度は乗る波の形の見分けや，波のどのポイントに乗るかというような位置の調整，ボードを動かすことによるスピードの調整などをするようになります。

このように，環境や起きている事象について分かること，そして適切に行為を調整できることが，次に見えてくること，次の行為へとつながっていくという循環的なプロセスの中で，行為のレパートリーが増えたり，より精緻化していきます。つまり，熟達化は知覚学習をともなって起こります。

8.3.2 暗黙知

普段自転車に乗っている人も多いと思いますが，自転車に乗れるようになるまでにどんな練習をしたか，覚えているでしょうか。まず後輪の左右に補助輪をつけて，静止している状態でも安定するようにしておいて，足でペダルを漕いで進むこと，手と腕でハンドルを維持しつつ舵取りをすることを練習したという人も多いことでしょう。それに慣れると，補助輪を外すのですが，最初のうちはふらふらしたり，足をついて止まったりしてしまいます。バランスが取れなくて，倒れそうでこわいので，保護者が後ろについていてくれることを振り返って確認しながら練習している子どもの姿もよく目にします。しかし，ハンドルを維持しながらペダルをスムースに漕ぐことができるようになって，バランスがうまく取れるようになると，なぜあんなにこわいと思っていたのかもはや思い出せないほど，安定して走れるようになります。

車の運転においても熟達化の過程が見られます。始めのうちは，運転席の限られた視界からは車体の端がどこにあるのかを直接見ることができないので，車線の端から適切な距離を保って走行するために，道路の白線がボンネットのどこに交わるように見えているかを手がかりにしたり，曲がるときには「角の縁がボンネットのここまで来たらハンドルを切る」というように，補助的な目安を設定して，それに従って操縦するよう教えられます。しかし実際には，白線がなかったり，路上駐車をしている車両があるなど，道路の状況はさまざまなので，そのような目安に従うことが必ずしも安全とは言えない場合も多く，車をどこかにぶつけてしまうのではないかとびくびくしながら運転した経験のある人も多いのではないでしょうか。自分自身の身体ならば，たとえば向こうからやってくる人とすれ違うときに，どのくらいの間隔があればぶつからずに行き違えるのか，私たちは意識することもないままに予測して移動の調整を行っているのですが，初心者のドライバーにとって，車の運転席からそのような判断をすることはとても難しいのです。やがて運転に慣れてくると，直接見えていなくても車のアウトラインがあたかも自分の身体の縁と同じように感じられ，周囲との距離を適切に保つことができるようになります。これが「車両感覚」と呼ばれるものです。

さて，それでは「こうすれば自転車に乗れるよ」と，これから初めて自転車に乗ろうとする人に教えてあげることはできるでしょうか？　初心者のドライバーが聞いただけで「車両感覚」を身につけられるような説明はできるでしょうか？　「練習するしかない」とか，「ボンネットのこの位置に白線が見えたら……」という説明になってしまうのではないでしょうか。このように，私たちが学習することの中には，ほとんど無意識のうちにできるほど身に付いているけれども，言語化して説明するのは困難であるという性質の技能があります。これをポランニー（Polanyi, M.）は**暗黙知**（tacit knowledge）と呼びました。

たとえば，道具の使用においても，このような性質の技能が見られます。ポランニーが挙げた視覚障がい者の移動を補助するための白杖や，鉱山に入るときに使う探り棒の例では，初めて使うときには自分の指と掌にその衝撃を感じるけれども，しだいに手に対する衝撃の感覚が杖の先，あるいは探り棒の先端が触れている対象そのものに触れている感覚へと変化していきます。棒を伝わる振動は無意味でランダムなものではなく，棒の先端が探っている対象面の位置や固さ，肌理（きめ）などに呼応するパターンを持っていることが分かって，棒を使いこなせるようになってくると，道具としての棒があたかも透明であるかのように感じられます。そうなると，むやみに棒を動かすのではなく，手の延長として対象面に触れ，対象面を探る技術としての特定的な動きが分化してきます。

缶詰の品質に問題がないかを棒で叩いて聞いて検査する打検士という仕事があります。彼らには缶詰の中身の腐敗や量の過大・過少などの異変が，棒で叩いたときの音や触感で分かるのですが，その棒の持ち方，叩き方にも特徴があります。熟練した打検士は，缶を棒で叩いたときの音を聞き分ける達人であり，聞き取りやすい良い音を出す叩き方の達人でもあるのです（黄倉，2001）。

8.3.3 生態学的アプローチ

これまで見てきた例でも共通しているように，熟達化は，環境の変化や，対象の多様性に対してより柔軟かつ的確に対処できるようになることをともないます。複雑で変化に富んだ環境の中で，私たちがどのように過去の経験を基礎にして，自らの行為を現在の状況に適応させているのかについて，知覚と行為の発達という観点から研究を行っているのが**生態学的アプローチ**（ecological approach）です。

熟達化において適切に道具を扱えることは不可欠で，何かを作ろうにも，道具をどう持つかという探索にとどまっていては，道具を介して対象にどのように触れるか，操作するかを制御することはできません。楽器を演奏することも同様です。ものづくりや楽器演奏などの学習のごく初期の段階で，道具や楽器の持ち方を教わった経験が，皆さんにもあるのではないでしょうか。しかし，道具や楽器を持って静止しているだけならば教わった通りにできるけれども，実際に動かし始めると，接触面の抵抗が大きくて思うように動かせなかったり，逆にすべってしまったり，あるいは体が思い通りに動かなかったりして，とたんにめちゃくちゃな持ち方になってしまうことがあります。

持ち方というと，手の形や姿勢をつくることのみを考えがちですが，実際に目指されるのは，それを支える体の使い方を含む，身体運動の**協調**（co-ordination）を獲得することなのです。持ち方という「型」が，自分の身体運動システムの協調パターンとして適応的に組織化され，そのレパートリーの一つとなると，道具を介して触れている環境の面や，つくり出している音の響きを，まさに道具との接触面や，楽器を弾く運動のさなかに知覚することができるようになり，それに対して新たな制御を行うことができるようになります。経験や練習によって技能が「自動化」することで，その活動の間に起こっていることをより詳細に，かつ多重的にとらえることができ，それらの情報に合わせてより柔軟に行為を調整することができるのです。

楽器の演奏というのは，演奏者の身体運動によって楽器の物理的構造を動かし，空気の振動を起こさせるという，一種の遠隔操作によって実現されるものです。オーケストラの指揮者は楽器を持っていませんが，多数の楽器による音楽の交響を制御することで，やはり間接的に音楽を実現している存在と言えるでしょう。指揮の基本的テクニックに関しては「指揮法」の教科書があり，その多くは拍子のパターンを図形として記述していますが，実際に私たちが目にするプロの指揮者の指揮はまったく画一的ではなく，実に多様で，なおかつそれぞれの指揮者に個性があります。丸山（2006）は，プロの指揮者とオーケストラがリハーサルの進行にともなって相互に協調の度合いを高めていく様子，指揮者の1つの身振りがパートの異なる奏者それぞれへの同時的な指示として多義的に読み取られていたことを示しました。この研究の中で丸山は，「音楽の表現や解釈と呼ばれてきたことは，音楽的な知識や学習されたテクニックのみによってもたらされるのでなく，演奏行為を行う主体の身体が，ある音楽作品の枠組みの中で，個々の音を意味づけるための運動を探索し続けることだと言い換えることができるのかもしれない」と考察しています。指揮者の身体は，その運動を通してオーケストラとの協調を探りつつ，楽曲の中に埋め込まれている音楽の流れや響きを探って，それを伝達することで音楽を実現しているのです。このような観点からとらえると，プロの指揮者の実践においても，絶えざる学習の過程があることが分かります。

話を引き戻して，私たちにとってもっとも身近な身体運動の協調の一つ，歩行を例に考えてみましょう。歩き始めたばかりの乳児は，立って2本の足で体を支えつつ，片方ずつ足を前に進めて移動することを自ら進んで繰返し練習しています。最初は手や腕でバランスをとりながら一歩一歩進んでいきます。アドルフ（Adolph, K. E., 1995）は，歩き始めたばかりの乳児の足跡を記録し，ストライドの長さ，ステップの幅と長さ，足の回転などのデータから，その歩行が効率的になっていくことを示しました（図 8.5）。始めはステップの幅を広くとることで推進力を得て，少しだけ前に進みます。このときつま先は外に向けて体を支えやすくしています。しだいに歩くことに習熟してくると，ステップの幅は狭く，ステップの長さは長くなり，つま先の開きは小さくなって，左右のステップがリズミカルに交代するようになってくるのです。

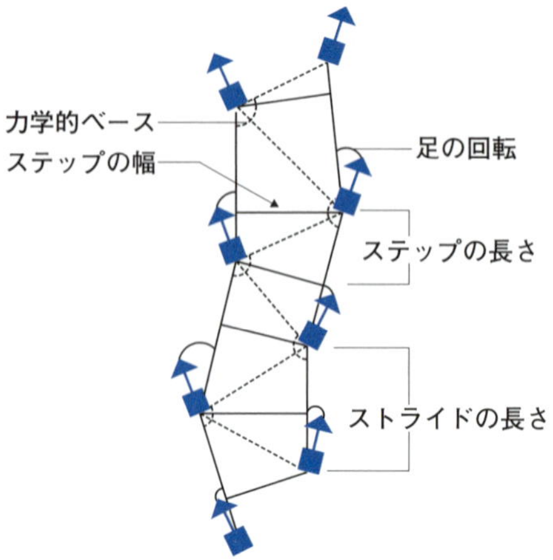

図 8.5　歩行時の足跡の測定方法の模式図（Adolph, 1995 にもとづき作図）

立ち上がって歩けるようになると，環境の見え方も変化します。移動することで視野には**光学的流動**（optical flow；図 8.6）が生じます。光学的流動の流出点は向かっている方向を特定し，流動が流出点から均等に流れていれば，それは流出点と重なって見えている環境内の地点に向かってまっすぐに進んでいることを特定します。もし，光学的流動の一部が急激に拡大すれば，

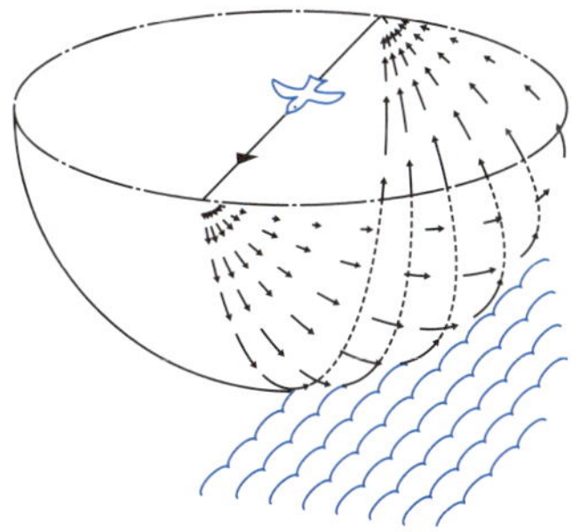

図 8.6 **光学的流動の模式図**（Gibson, 1979）

それは何かが接近していること，あるいは衝突の危険を特定します。

歩くことに慣れてきた乳児はこうした視覚的情報を利用しつつ，姿勢を維持して歩き続けることができるようになります。このように，私たちは環境の中に身を置いて自ら動くときに，光学的流動が特定する情報をはじめとする，環境にそなわっている情報を知覚し，利用することができます。こうした情報のことをギブソン（Gibson, J. J., 1979）は**アフォーダンス**（affordance）と名づけました。シュマックラーとギブソン（Schumuckler, M. A., & Gibson, E. J., 1989）の実験は，乳児が障害物を避けながら歩いて移動するとき，姿勢制御と障害物の回避には光学的流動のそれぞれ別の側面が関わっていること，そして歩いた経験のより多い乳児のほうが，これら 2 つの情報を弁別することができ，さらにそれらの情報を統合して利用できることを示唆しています。

初めて歩けるようになったときからずっと歩き続け，私たちはさらに歩くこと，アフォーダンスの知覚と身体運動の調節に熟達していきます。通常，私たちは音のするほうへ少しの間視線を向けても転ばずに歩き続けることができますし，速度を変えること，混雑した人の流れの中を誰にもぶつからずに歩くことなど，状況に応じてさまざまな調整ができるようになっているのです。

このように，生態学的アプローチは，他者も含む周りの環境と身体が出会うところを見つめることで，知覚と行為の相補的な関係の中で起こる学習をとらえようとしています。私たちの身体はたえず環境の中にあって，そこにはずっと変わらずにあるもの，走り去っていくもの，さまざまなものや事象がもたらす多様な情報の資源が満ちています。その中で動き，歳を重ねていく私たちの身体が探索すべきことにおわりはないのです。

本章では学習をテーマに私たちの行動を支える機序について考えてきました。条件づけによる学習については数多くの実験が行われ，統制された条件下での反応時間や反応の出現頻度の変化など，外部から観察可能なデータにもとづく学習過程の解明が試みられました。一方，実際の私たちの学習の場である他者との社会的関わりの中，あるいは環境の中で起こっている学習を分析するアプローチは，文化の伝達，熟達化，知覚と学習の関係などを扱うことで，私たちが学んでいることの意味についても示唆を与えています。学習は，これまで100年以上にわたって心理学の主要テーマの一つであり，ここではその一部しか紹介できませんでしたが，さまざまなアプローチが，私たちの行動について考えるうえで，重要かつ多様な視点をもたらしています。

Q8.1

条件づけは，犬などのペットのしつけの手法としても利用されています。オペラント条件づけの実験では，シェーピングによってスキナー箱の中のラットにレバー押しを学習させることができました。では，強化をうまく用いれば，動物にどんな行動でも教えることができるでしょうか。

memo

Q8.2

実践共同体にはそれぞれの実践にもとづいた独特の流儀，言葉遣いなど，メンバーによって共有されるレパートリーが見られます。皆さんの知っている実践共同体にはどんなレパートリーがあるでしょうか。新しく入ったメンバーがこうしたレパートリーをどのように学び，共同体の活動に参加しているか，考察してみましょう。

memo

Q8.3

「プロフェッショナル」に対置される言葉として「アマチュア」があります。日常会話の中では「プロフェッショナル」＝エキスパート,「アマチュア」＝素人・未熟者のようなニュアンスで使われることも多いですが，本来の意味はそれぞれ職業的専門家，愛好家です。アマチュアの中には，プロフェッショナルにも引けを取らないくらい熟達している人も少なくありません。
（それでもなお，プロフェッショナルとアマチュアの技量に質的な違いがあるとすればそれはどんなことに起因するのか，8.2.3 および 8.2.4 も参照して考えてみましょう。）

生活のために必要なことではないにも関わらず，アマチュアがその愛好する活動に熱意を持ち，長期にわたり学び続けることを支えているのはどのようなことでしょうか。考察してみましょう。

memo

A8.1

スキナーの弟子の中には，実際に動物に「芸を仕込んで」ビジネスを展開していた人がいました。たとえばブレランド夫妻は，ピアノを弾くニワトリや，気難しい人物の日常生活の様子を演じるブタを食品会社の広告キャンペーンに提供し，とくにプリシラと名付けられたブタは，テレビに出るほど人気を得たそうです（Breland, K., & Breland, M., 1951）。

しかし，失敗例も出てきました。たとえば，アライグマに貯金行動（コインを貯金箱に入れる）を学習させようと，まずコインを前肢で取り上げるよう条件づけました。これはうまくいったのですが，コインを貯金箱のところまで持っては行くものの，コインを箱の内壁にすりつけたりしてなかなか放そうとせず，条件づけに手間取りました。ようやく 1 つ目のコインを貯金箱に入れることに成功し，次に 2 枚のコインを拾って貯金することを条件づけようとしたところ，貯金箱に 2 枚のコインを浸すかのような動作はするものの，手放すことはなく，延々と 2 枚のコインをすりあわせていたそうです（アライグマという名前は，餌を獲るときに前肢を水の中に差し入れて，あたかも手を洗うような動作をすることに由来します。飼育環境下でも，食べ物を水に浸したり，こすりあわせたりすることが知られています）。

他にも，野球場のミニチュアを作り，ヒットを打ったら一塁へ走ることを条件づけられたニワトリが，「バッターボックス」のかごを取り外してしまうと，打ったボールをひたすら追いかけるようになってしまった例などがブレランド夫妻の論文（Breland & Breland, 1961）に紹介されています。

いずれもそれぞれの動物種に特有の行動が出現して，条件づけの学習ができなくなっていたのです。ブレランド夫妻は 14 年間の間に何千もの動物を条件づけにより訓練した経験を振り返り，「いかなる動物種の行動も，その本能的なパターン，進化の歴史，生態学的ニッチ（生息環境とそこで利用する環境の諸側面のまとまり）の知識がなければ，十分に理解し，予測し，制御することができないと結論づけざるを得ない」と総括しています。

A8.2

ソムリエという職業があります。主にレストランなどでワインを中心とする酒類，飲料に関わるサービス，仕入れや管理を担う仕事で，日本においては日本ソムリエ協会が呼称資格認定試験によって資格認定を行っています（資格がなくてもソムリエ業務に従事することはでき，実際にそのような例もあります）。2014 年には上級の資格であるシニアソムリエと合わせて累計 2 万人を超える資格保有者がおり，勤務する店の規模や仕事内容なども一様ではありません。

ソムリエの知識や技術を競うコンクールが国内外で行われており，そうしたコンクールの中でも最高峰と目されているのが，国際ソムリエ協会が 3 年ごとに主催する世界最優秀ソムリエコンクールです。レストラン T は，これまでこうしたコンクールで好成績を収めたソムリエが多数在籍していた実績があり，世界最優秀ソムリエを目指すソムリエたちが集まってくる職場となっています。世界最優秀ソムリエコンクールでの審査はワインをはじめとする酒類のテイスティング能力や知識だけでなく，教養，技術，ホスピタリティをも評価するもので，レストラン T のソムリエが，その日常業務において求められることとも重なっています。

ここでは，このレストラン T を実践共同体の例として考えてみます。

ソムリエは，レストランに食事に来た人がワインを選ぶのを手伝ったり，料理に合うワインを勧めるために，味を言葉で伝える必要があります。それだけであれば，たくさんのワインを飲んで，その味わいを自分なりに言葉で表して記憶しておき，必要なときに伝えればよさそうなものですが，そうはいかないのです。ワインの味や香りを表現するためにプロの間で共通して使われる一群のボキャブラリーがあり，ソムリエたちはまずそれを学び，それらの言葉を使って表現しています。それには以下のような理由があります。

まず，産地，気候，使われる葡萄品種，複数の品種を使う場合にはその割合，樹齢，栽培方法，醸造方法，熟成方法と期間など，ワインの味と香りに影響を与える要因は多く，同じ生産者の同じ年のワインであっても畑の区画によって別のワインになる，というように，ワインは多様で，その数は膨大です。プロのソムリエであってもすべてを自分で飲んでみることは不可能なので，他のソムリエらの表現である程度見当をつけて選ぶことも必要になってきます。また，自分で飲める範囲に限っても，一つひとつのワインについて表現を考えていては，とても覚えきれません。自分が書いたテイスティングノートを見直しても，その表現と味や香りが結びつかない，思い出せないということが起こるのです。そのため，体系立てて味と香りをとらえるためのツールとして共通のボキャブラリーが形成され，それが定着して使われるようになりました。また，ボキャブラリーが共有されることで，それぞれのワインの説明が国際的に統一されるので，輸出入の盛んなワインの流通にあたって便利だという側面もあります。

そこでソムリエはまず，どのような味や香りが，ボキャブラリーの中のどの言葉で表現されるのか，その対応づけを覚えていきます。その結果，プロのソムリエの間では，言葉だけで，だいたいどんな味や香りかを伝えることができるのです。これは，実践共同体における独特の言葉遣いであり，新人のソムリエがまず身につけるべきこととなっています。

このようなボキャブラリーを的確に使いこなせることを前提としたうえで，レストランTのソムリエは，通常の業務用の表現とコンクール用の表現を使い分けていました。ソムリエという職名自体がフランス語であることからも推測できるように，ワインを表現するボキャブラリーはもともとフランス語が中心になっており，フランス流の表現スタイルが主流となっています。一方，アメリカ流と認識されている表現スタイルがあり，それはたとえば「軽・中・重」のような3段階のランクで表現したり，「アルコール度数14％」，「残糖度35 g/l」というように数値を多用して表現することに特徴があると言います。コンクールで英語を使用する場合，アメリカ流の表現を普段よりも多く使うそうです。これは，レストランTがコンクールを目指すソムリエが集まる職場であるために意識化されている，独特の言葉の使い分けと言えます。

レストランのソムリエとして，提供する料理の味を把握することも重要です。ソムリエT氏は料理名を見ただけでどんな味わいかおおよその見当がつくように，意識して味を覚えるようにしているそうです。とくにシェフが交代したときなどには，新しいシェフがどんな味わいを求めているのか，その傾向を直ちに把握するように努めます。レストランTでは，月ごとのメニューを作るときにソムリエも参加し，シェフと話し合ってワインを用意しているそうですが，T氏は営業中も，テーブルの上にある料理とワインを見て，どのような味わいになっているかを常に考えていると言います。こうして，レストランTに特有の実践共同体のレパートリーが獲得され，ソムリエとしての仕事を通してそのレパートリーを作りだすことに参加できるようになっていきます。

味の好みは人によって違い，それぞれその日の食事に求めていることもさまざまですが，その日，レストランTを選んで訪れた人が最後まで気持ちよく食事を楽しめるように，細心の努力が払われています。そのためにも，ソムリエ，シェフ，その他のスタッフそれぞれ個人の技術の高さや知識の豊富さだけではなく，私たち顧客には普段見えないところで行われることも含め，協働が不可欠であることが改めて分かります。そして，ソムリエとしての知識と技術に加え，レストランTのメンバーとして，そのレパートリーを獲得し，味の創造に関わっていくことが，ソムリエとしての技能を高めるうえでも必要なこととなっているのです。

レストランTでは，ソムリエ同士，シェフとソムリエが協働を通して相互に最善のパフォーマンスを引き出し合いながら，それぞれの技能を高めていく実践共同体としての活動が行われていました。
(2009年11月に行われた筆者らによるインタビュー（未公刊）にもとづき記述。)

A8.3

アマチュアの多くの人が「楽しいから続けている」と言います。では，その楽しさとは何でしょうか。一つには，同じ活動に取り組む仲間のコミュニティに参加することの楽しさがあると考えられます。これは，8.2.4で共同体の中での学びについて述べたことと重なりますが，知識や技術を教え合ったり，仲間の作品を見たり，仲間に作品を見せることで，客観的な視点で自らの学習や創作活動を振り返ることができ，「次はこのようにしたい」という意欲へとつながっていきます。また，自分の知識や技能が向上することの他に，そのような活動に参加するという社会的な営み自体にも意味を見出すことができるでしょう。

また，「知ること」の楽しさもあります。熟達にともなって私たちの知覚は精緻化していくものです。言い換えると，技を身につけることは，同じものを見ても以前には見えなかったことが見えるようになることでもあるのです。たとえば，卵を調理していて，ついこの間までは分からなかった肌理の違いが，今日ははっきりと分かる，というとき，今日見えている肌理の細かさと表面のつやは際立って感じられます。目指すべき状態が一つ，自分の行為と卵のテクスチュアとの相補的な関係の中で見えてくると，それまで単に教えられた手順通りに行っていただけの一つひとつの行為が，実はつながっているのだ，ということが実感をともなって理解できるときがあります。

そうなると，それまでと同じように卵を使って調理するときにも，もはやマニュアルに従っているのではなく，少々大袈裟な言い方になりますが，卵と向き合って，自分自身の知覚を頼りに調理できるようになります。これを卵についての実践的な知の学習といってもよいでしょう。マニュアルに従っている間は完成形は規定されていますが，マニュアルから離れられることで，新しいものを創造する素地もできてきます。卵一つはとてもささやかなものですが，これほど身近でありきたりなものにでさえ，日々学びの機会が潜んでいるのです。

参考図書

波多野誼余夫（編）（1996）．認知心理学5　学習と発達　東京大学出版会

認知心理学の観点から，実験による学習研究と，日常的・教育的文脈における長期にわたる学習についての研究にもとづき，学習と発達について解説しています。

今田　寛（1996）．現代心理学シリーズ3　学習の心理学　培風館

20世紀前半に基礎が築かれた伝統的学習心理学の理論とその学問的背景を分かりやすく解説しています。

今井むつみ・野島久雄・岡田浩之（2012）．新・人が学ぶということ——認知学習論からの視点——　北樹出版

学習について認知心理学・認知科学に関わる主なテーマをまとめ，解説しています。2012年に改訂され，新たな知見が取り込まれています。

佐々木正人（2015）．新版　アフォーダンス　岩波書店

身体の知覚システムと環境との相補的かつ持続的な接触に基礎を置く生態学的アプローチの根本にあるアイディアを，その歴史的背景や展開とともに分かりやすく解説しています。

第9章 心と体の密接な関係
生理心理学

あの人が近くにいると，私は授業に集中できない。本当のことを言えば，もっと近くで声を聞きたいし，直接話がしたい。でも本人を目の前にすると，心臓が高鳴り，手には汗が吹き出し，言いたいこともろくに話せなくなってしまう。誰しもそんな相手がクラスの中に 1 人や 2 人はいたものではないでしょうか。このようなことが起こるのは，心と体が密接に関わり合っているからに他なりません。本章では，心と体に生じる反応の関係について，事例を交えながら解説していきます。

9.1 心と自律神経活動

心理学には，さまざまな領域がありますが，心と身体活動の関係に焦点をあてた領域を**生理心理学**（physiological psychology）と呼びます。とくにその中でも，人間を使い，映像や音楽などの心理的な刺激に対して，心拍数などの生理指標がどのように変化するかを調べる分野を**精神生理学**（psychophysiology）と言います。精神生理学における研究は，脳波や脳血流などの中枢神経活動に関する研究と，心臓の拍動や発汗などの自律神経活動に関する研究に大きく分けられます。脳の活動は，心と直接関係するものの，普段自覚することはできません。対する心臓や汗などの活動は，心との関係は間接的と言えますが，誰もが自覚できるという特徴があります。本章では，私たちにとってより身近な現象である，心と自律神経活動に焦点をあてていきます。

9.2 心臓の活動

古代ギリシャの哲学者であるアリストテレス（Aristoteles）は，心は心臓に存在すると考えました。私たちが使用する日本語でも，心臓には心という字が使われています。これらのことからも，私たちの心の状態は，心臓の活動と深い関係にあることが理解できます。実際に，習い事の発表会や，各種スポーツの試合等を前にして，鼓動が速くなっていることを自覚した経験を持つ読者の方も多いことでしょう。このように，心臓の活動は私たちにとって身近なものですが，その活動は私たちが想像するよりもかなり複雑なものです。

心臓は全身に血液を送り込む器官であり，右心房，右心室，左心房，左心室の4つの部屋から成り立っています。前者2つは，酸素を取り込み二酸化炭素を放出するため，血液を肺に送る際に用いられます（肺循環）。後者2つは，酸素を豊富に含んだ血液を全身に送り出す際に用いられます（体循環）。心臓は筋肉でできたポンプのようなものであり，各部屋には逆流防止の弁がついており，収縮と拡張を繰り返す際に，弁が閉じたり開いたりする音が聴診器で確認できます。このような心臓の収縮は，心臓自体に内臓されたペースメーカーとも言える，洞結節（どうけっせつ）および房室結節（ぼうしつけっせつ）により行われています。しかし，心臓が拍出する血液の量は一定ではなく，生体がおかれた状況に応じて大きく変化します。このような心臓の拍動スピード・収縮力の制御は，脳から自律神経を介して行われており，この点において，心臓はただのポンプではなく，インテリジェントなポンプであると言えるでしょう。

心臓の活動は，通常手足に配置した3つの電極を用いて記録されます。右手首，左手首，左足首の3部位を，アルコールを含ませた脱脂綿で拭き，電極を伝導性のペーストにより皮膚に密着させます（図9.1）。図中のE1は1つ目の電極，E2は2つ目の電極，Gはグランド（基準となる電極）を意味します。心電図を測る際の電極配置にはさまざまな種類がありますが，通常は波形の観察しやすさの点から，図9.1のような配置が用いられます。さらに各電極からの信号を生体アンプに接続し，1,000倍程度に拡大してやると，**心電図**（electrocardiogram；ECG）が得られます。実際に測られた心電図波形には，心臓の拍動以外にも，呼吸性の変動や環境からの電気的ノイズなどが混入しています。そのため，電子回路を使って，必要な波だけが残るよう調整するフィルタ処理を行うと，**図 9.2** に示されるような波形となります。ECG の特徴的な波形には，それぞれ P 波，Q 波，R 波，S 波，T 波という名称がつけられており，心臓が 1 回拍動するたびに，これらの波が規則正しく出現します。心理学領域では，心臓の拍動頻度を数えるために，連続する R 波と R 波の間隔（これを inter beat interval；IBI と言います）を測り，さらに 1 分あたりの心拍数（heart rate；HR）に換算して表示するのが一般的です。

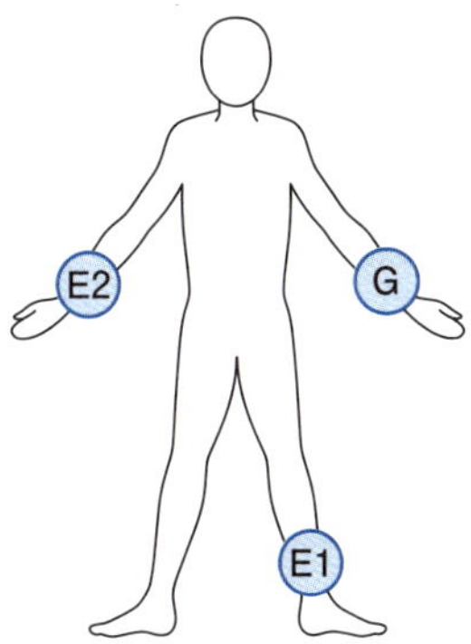

図 9.1　心電図を計測する際の電極配置

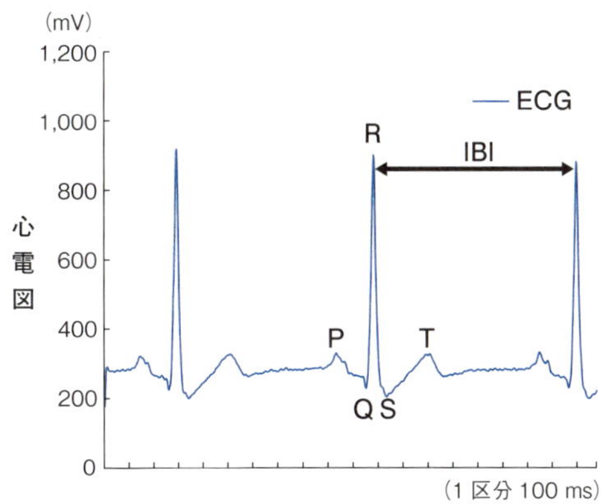

図 9.2　典型的な心電図波形
mV はミリボルト，ms はミリ秒をそれぞれ表す。もっとも目立つ R 波から次の R 波までの時間が IBI となる。

心拍数の変化は，交感神経と副交感神経の両者によって支配されています。交感神経は緊急事態において用いられ，体のさまざまな機能を一時的に高めることで，状況をどうにか切り抜けようと働きます（これを**闘うか逃げるか反応**と言います）。一方，副交感神経は休息時に働き，食べ物を消化・吸収したり，睡眠をとる際に活発に働きます。心臓を車のエンジンにたとえると，交感神経はアクセル，副交感神経はブレーキに似ています。安静な状態で心拍数を数分間計測し，計算やスピーチなどの課題を始めると，心拍数が一気に上昇するのを確認できます。このような変化は，課題の質や，課題を行う状況，個人の認知傾向などにより異なっており，どのような要因が心臓の活動に強い影響を与えるのか，さまざまな刺激，状況設定を用いて検証が行われています。図9.3では，計算と迷路という2種類の課題を用い，課題中に心拍数がどのように変化するかを検討しています。どちらの課題も，開始直後に心拍数が急激に上昇しますが，計算課題では上昇が維持されるのに対し，迷路課題ではそのような上昇は維持されず，課題による差が生じています。また，計算課題では，課題直前の前安静と課題を終えた後の後安静で，差があるように見えます。この結果から，計算のほうが課題に対する予期的な不安を誘発しやすいと理解できるかもしれません。

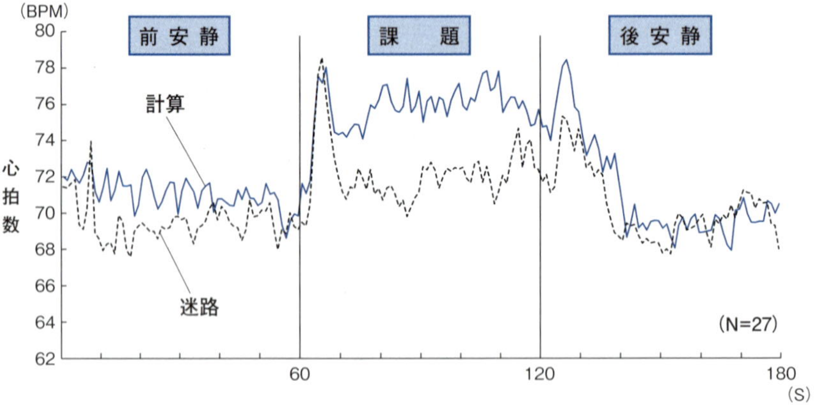

図9.3　計算・迷路課題中の心拍数の変化（長野，2011を一部改変）
BPMは1分あたりの拍動回数（beat per minute），Sは秒，Nはサンプル数をそれぞれ表す。課題前の安静期60秒，課題期60秒，課題後の安静期60秒の計180秒を測定した。心拍数は，計算課題条件では6～7 BPM程度の上昇を維持したが，迷路課題条件では明確な上昇は認められない。

9.3 血管の活動

苦手な人と話をするなど緊張した場合，気がつくと手や指が冷たくなっていることが多いのではないでしょうか。逆に，眠くて仕方がないとき，手足はだいたい暖かくなっているのではないでしょうか。手足の温度変化は，その部位における血流，さらに言えばその部位の血管活動によって決まります。つまり，血管活動は心の状態と密接な関係にあると言えます。

心臓は体に1つしかありませんが，**血管**は体中に無数に存在します。心臓が血液を送り出すためのポンプであるならば，血管はそれを全身に巡らせるためのパイプであると理解できます。しかし，心臓と同様に，血管は脳からの支配を受け，流れやすさを調節することができるインテリジェントなパイプと言えます。多くの動脈の血管壁には平滑筋が存在し，交感神経の働きによって，その太さを制御することができるようになっています。たとえば，運動時には骨格筋内部の血管を拡張させて，筋肉に多くの酸素やエネルギーを供給するのに対し，食後は内臓に血液を多く流すことで，栄養分の吸収を促進します。このように，状況に応じて各部位の血管を収縮（あるいは拡張）させることで，血液を必要な器官に分布させることができます。全身に存在する血管のうち，心との対応関係が古くから調べられてきたのは，主に末梢部位（とくに手足の指先）です。これらの部位には，動静脈吻合（どうじょうみゃくふんごう）（arterio-venous anastomosis；AVA）と呼ばれる短絡血管（毛細血管を経由しないで動脈と静脈を接続する血管）が多く存在し，交感神経の支配により，その部位の血流量を大きく変化させることができます（山崎，2010）。このような構造の存在により，身体の他の部位の血管よりも，心理的な変化を反映しやすいことが経験的に知られており，とくに指先の血管活動や血流量が心理学ではよく用いられます。

測定部位の血管が収縮すると，血流量が減少し，その部位の皮膚温は徐々に測定環境の気温に近づいていきます。このように，血管活動，血流，皮膚温は，測定部位の血液循環を，それぞれ異なる方法でとらえたものと理解できます。このような現象を測定する方法はさまざまにあり，それぞれ一長一短がありますが，ここでは光電容積脈波法による血管活動の測定と，半導体センサーによる皮膚温測定を紹介します。**光電容積脈波法**（photoplethysmogram）は，近赤外光を指先部分に照射し，照射部位の反対側にフォトダイオードを配置し，近赤外光の透過量を評価する手法です（図 9.4）。人体組織は近赤外光を透過しますが，その透過量は酸素化・脱酸素化ヘモグロビンの量に影響を受けます。血管が収縮していると，ヘモグロビン量が減るため透過量が増し，拡張時はその逆のことが起こります。光電容積脈波法では，このような原理によって，血管の収縮度合いを測定します。フィルタ処理によって低周波成分を除いた光電容積脈波は，通常図 9.5 上段に示されるような波形となります。心臓の拍動に応じた上下への脈動が記録され，交感神経活動の亢進により血管の伸縮性が失われると，その振幅が減少します（図 9.5 上段スピーチ課題中を参照）。半導体センサーによる皮膚温測定は，サーミスタセンサーやサーマルダイオードなどの温度により抵抗値の変わる素子を用い，末梢部位の温度変化を測定します（図 9.5 下段を参照）。血管収縮の結果として皮膚温が下がるまでに数秒を要するため，その変化は概して緩慢であり，なおかつ精神負荷による変化と環境要因（エアコンの風など）による変化が混在しやすいなどの問題がありますが，センサーをテープで装着するだけで測れるため非常に簡便であり，かつ低コストという利点があります。

心臓の活動が交感神経と副交感神経の双方によりコントロールされ，時として難解な挙動を示すのに対し，心理学において頻繁に用いられる指先部位の血管活動は，交感神経のみによって支配されています（Johnson et al., 1995）。このため，精神負荷時には血管の収縮（およびその結果としての皮膚温低下）が見られ，逆にリラックス時には血管の拡張（およびその結果としての皮膚温上昇）が見られ，対応関係がシンプルであるため理解しやすいという特徴があります。

図 9.6 は，間違い探し課題を用い，他者による評価が指先部位の容積脈波に与える影響を検討したものです。実線で示された評価なし群では，課題開始直後に，血管収縮による振幅の減少が見られるものの，その後は前後の安静状態と同レベルまで上昇し，間違い探し課題自体がほとんどストレス負荷を生じていないことが分かります。対する評価あり群では，課題中 30 秒毎に，「○○個の間違いを見つけました」との報告を行ってもらいました。課

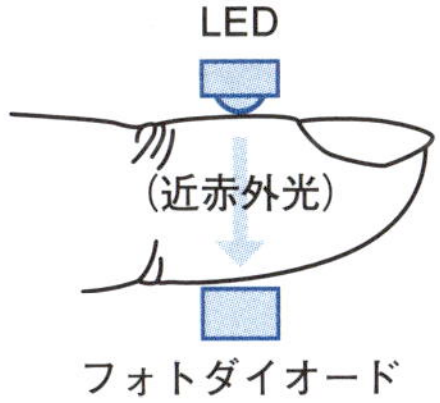

図 9.4 光電容積脈波法の測定方法

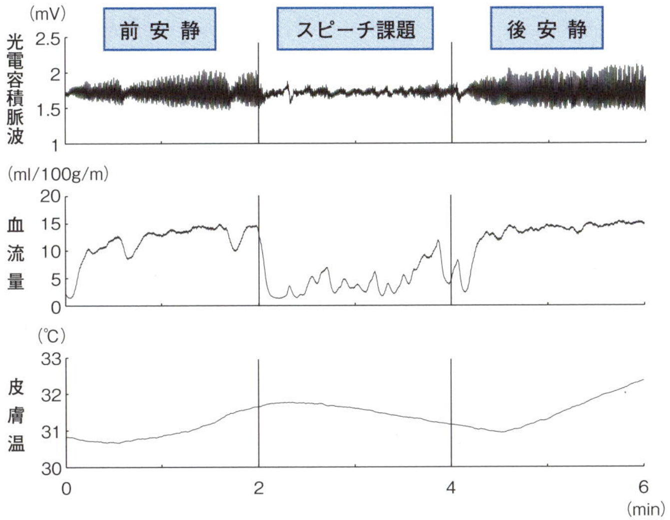

図 9.5 末梢血液循環評価手法の比較

これらのグラフは，同一参加者から同時測定した波形であり，上段は光電容積脈波法による血管活動，中段はレーザードップラ法による血流量，下段は半導体センサーによる皮膚温を表す。測定部位は，いずれも非利き手第四指（薬指）を用いた。中央のスピーチ課題中，光電容積脈波は振幅が減少し，血流は低下し，いずれも急峻な変化が認められるが，皮膚温の変化は緩慢であり，かつ時間的な遅延が存在する。

題は 4 人同時に行っていたため，報告時に自分の順位が分かってしまいます。このような状況下では，容積脈波の振幅は下降した状態を維持し，さらに報

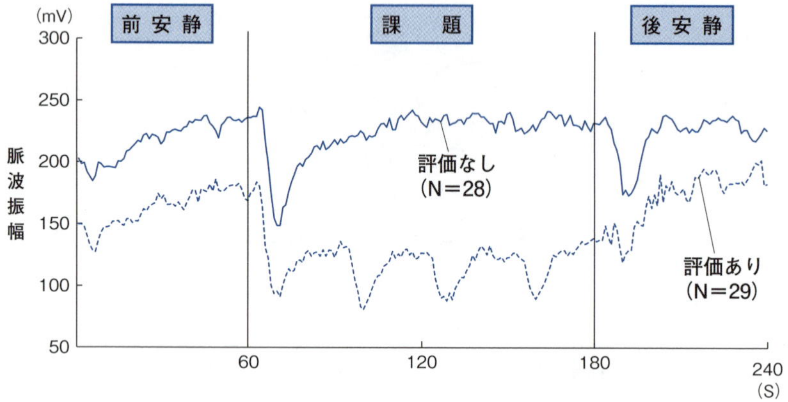

図 9.6　間違い探し課題遂行中の指先部位光電容積脈波振幅の変化
（長野・渡邉，2012 を一部改変）
評価なし群では，課題開始直後（60 秒付近）で血管の収縮を反映し，振幅が一旦低下するものの，その後はほとんど変化が見られない。それに対し，定期的に課題成績（間違いを発見した数）の報告を求められた評価あり群では，同一課題を遂行中の他者からの評価が暗黙裏に生じ，振幅が全体的に低下し，報告時には一層強い血管収縮が生じている（60 ～ 180 秒区間の大きな谷部分）。また，評価あり群では課題の影響から回復するのに時間がかかっていることが見てとれる。

告時に一層大きく下降するのが見てとれます。

このようにさまざまな課題を用い，精神負荷が血管収縮や皮膚温低下を生じさせることが報告されていますが，一方でこれらの現象はリラックスの程度を定量化する指標としても広く用いられています。血管活動は，交感神経の支配を受ける点は心臓活動と共通であっても，心臓活動に比べ，予期的な不安を反映しやすいなどの特徴も指摘されており（Gregg et al., 1999），心拍数とは異なったさまざまな情報を含んでいると考えられています。実際には，心臓活動と血管活動は密接に関係し，互いに影響を与え合っているため，双方の活動を同時に測定することで，身体の中で心臓血管系がどのような目的に向けて調整されているのかをより正確に知ることができます（澤田，1998）。

9.4 汗腺の活動

手に汗握る接戦などと表現されるように，競争のような感情変化の大きい状況では，誰もが手のひらや指に発汗を感じます。多汗症の傾向がある人は，「自分の手がヌルヌルして，気持ち悪いと思われるのではないか」との恐れから，手をつなぐことに抵抗を感じ，対人コミュニケーションに支障をきたすことがあります。虚偽検出では，「あなたの盗んだものは○○色のオートバイですか？」のような質問を行い，すべてに「いいえ」で答えさせるという手法を用い，回答を行うたびに生じる発汗や呼吸等の変化をもとに，被測定者が犯罪に関連した記憶を有するかを判定します。これらのことから，発汗もまた，感情や認知に深く結びついた現象であることが分かります。

汗腺は分泌様式によってエクリン腺とアポクリン腺に大別されます。エクリン腺が放熱器官として，体温の恒常性維持に大きく寄与しているのに対し，アポクリン腺は，体温調節の役割は果たさず，体臭のもととなる物質を分泌し，それらがフェロモンとして作用しています。汗腺（エクリン腺）の総数には個人差がありますが，その分布のしかたは個人間で類似しており，背中などの部位では比較的まばらであり，手のひらや足の裏に集中しています。精神的な現象との関連が広く検討されてきたのはエクリン腺の活動で，手のひらなど無毛部位の発汗は，精神的なストレスによる精神性発汗ですが，その他全身の発汗は主に体温調節のために行われます。手のひらや足の裏のエクリン腺は，拡大鏡を使ってその存在を確認することができます。これらの無毛部位では，指紋を山脈にたとえると尾根の部分，つまり凹凸の一番高いところに汗の出る穴が存在します。一方，それ以外の有毛部位では，エクリン腺の汗孔は皮膚表面の溝が交わった部分に存在します（柴崎，2010）。このような皮膚の構造からも，手のひらに生じる精神性発汗は，緊急時に手のひらを湿らせ，把握力を高めるためのものであり，対する全身の発汗は気化熱による身体の冷却を行うためものであることが理解できます。

発汗活動の測定は，発汗そのものを測るのではなく，発汗にともなう皮膚の電気的特性の変化を測ることから，**皮膚電気活動**（electrodermal activity；EDA）と呼ばれます。皮膚電気活動の測定法は，大きく電位法と通電法に分かれます。電位法は，発汗を起こしていない部位（前腕部等）から発汗が生じている部位（手のひら）への電位変化を直接測定する手法です。通電法は，手のひらの二部位（一般には人差し指と中指の中節部）に電極を装着し，その間に電流を流すことで電気的な流れやすさを評価する手法であり，**皮膚コンダクタンス**（skin conductance）と呼ばれます（図9.7）。心理学領域では，反応の取り扱いの容易さから，通電法である皮膚コンダクタンスが広く用いられています（髙澤，2012）。図9.8は，モデルガンを用いて射的を行った際の皮膚コンダクタンスを示したものです。30秒の安静の後，70秒の射的課題，その後再び80秒の安静というスケジュールで測定を行いましたが，おおまかに見ると，安静状態で低下し，課題で上昇するという変化が見られます。さらに細かく見ていくと，課題中にも，トリガーを引く際に俊敏な上昇が認められます。このように，皮膚コンダクタンスは，比較的ゆっくりとした変化に，一過性の鋭い上昇がつけ加わったような変化を示します。前者を皮膚コンダクタンス水準と呼び，覚醒水準（逆に言えば眠さ）として用い，後者を皮膚コンダクタンス反応と呼び，こちらはその反応を生じる原因となった個々のイベントとの関係性が調べられます（髙澤，2012）。さまざまな質問を行い，返答時の皮膚コンダクタンス変化を検討する虚偽検出では，皮膚コンダクタンス反応が用いられます。

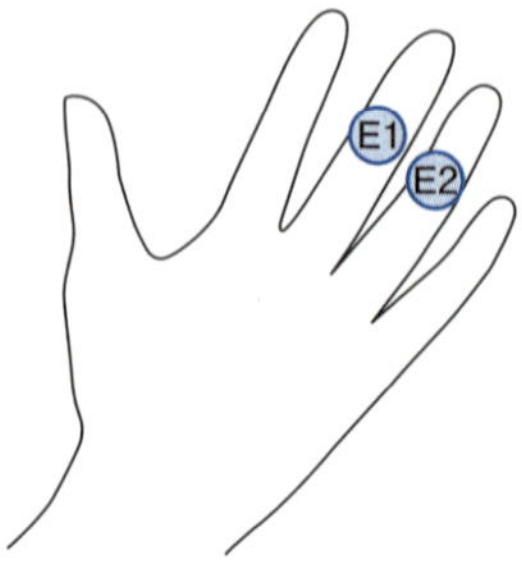

図9.7　皮膚コンダクタンス測定時の電極配置

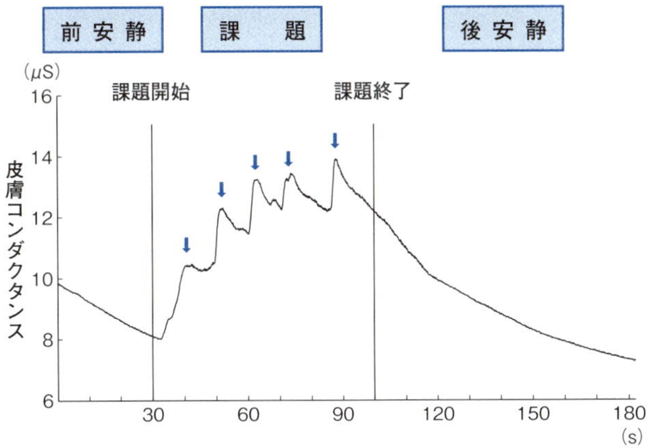

図 9.8 モデルガンを用いた射的課題中の皮膚コンダクタンス変化
射的課題を行っている際の皮膚コンダクタンス。縦軸の単位，μS（マイクロジーメンス）は電流の流れやすさを示す。約 30 秒の安静状態を経て，およそ 10 秒間隔で，計 5 回引き金を引いている（矢印部分）。課題開始とともに皮膚コンダクタンスは上昇を始め，課題中は高い値を維持し，課題終了とともに下降する。このような緩慢な変化が皮膚コンダクタンス水準である。一方，課題中は引き金を引くたびに，一過性の上昇が生じているが，このような急峻な変化を皮膚コンダクタンス反応と呼ぶ。

汗腺活動のコントロールは，体温調節中枢である視床下部で行われ，その信号は自律神経を経由して汗腺に到達します。皮膚に存在する交感神経は，汗腺活動だけでなく，血管を調節する機能も担っているため，しばしば発汗と血管収縮は連動して生じます。皮膚コンダクタンスに代表される皮膚電気活動を用いた研究には，覚醒との関係を調べたものが多く，皮膚電気活動が大きい個人，つまり高い覚醒水準を持つ個人ほど，反応時間課題，記憶課題，学習課題の成績が良いとの結果（Andreassi, 1966；Andreassi & Whalen, 1967；Yuille & Hare, 1980）が得られています。感情との関係を調べた研究では，エキサイティングな音楽を聞いたとき（Zimny & Weidenfeller, 1963），暴力映像を視聴したとき（Green & Rakosky, 1973），性的画像を見たとき（Hamrick, 1974）などに，皮膚電気活動の増大が確認されています。

図 9.9 は，寒冷，スピーチ，計算，鏡映描写課題を，それぞれ行った際の

皮膚コンダクタンスを比較したものです。単独で行う計算課題や鏡映描写課題に比べ，他者に評価を受けるスピーチ課題では，大きな汗腺活動が生じることが理解できます。一方，冷水に手を入れる寒冷課題では，多くの参加者が冷水による痛みを報告しているにも関わらず，他の課題に比べ汗腺活動が控えめとなっていることから，汗腺活動が精神負荷だけでなく体温調節にも深く関与していることが理解できます。

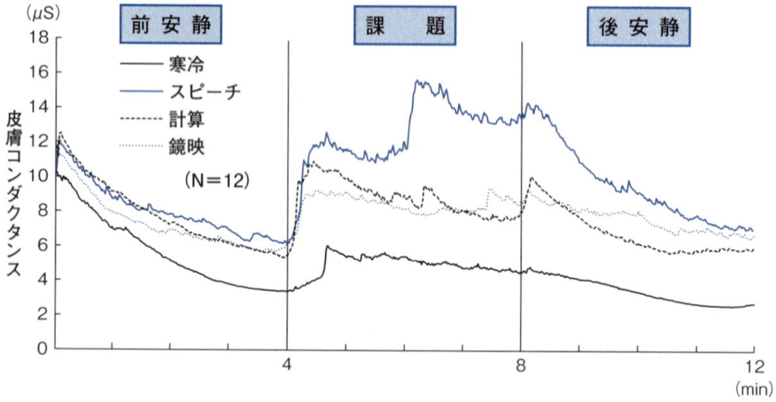

図 9.9 ストレス課題遂行中の皮膚コンダクタンス変化
（長野，2012 を一部改変）
4種類のストレス課題（寒冷：冷水に手首まで浸す，スピーチ：2分の準備期間の後「大学で得た知識を日常生活にどのように活かすか」の内容で2名の評価者の前でスピーチを行う，計算：ランダムに生成された2桁の数字2つを足し合せ答を求め解答用紙に記入する，鏡映：鏡に写し出された星形図形を鉛筆でなぞる）を遂行している最中，皮膚コンダクタンスはいずれも上昇したが，スピーチ課題における上昇がもっとも顕著であり，寒冷課題の反応がもっとも少なかった。

9.5 まとめ

ここまで，自律神経活動の中から，心臓，血管，汗腺について，生理学的な背景，基本的な測定法，心理的な現象との関係について紹介してきました。質問紙を用いた調査と比べた長所としては，①連続的に測定できるので時系列の細かな変化を追うことができること，②被測定者の意思でコントロールすることが難しいため正直な反応がとれること，③測定結果が客観的であることなどがあると思われます。しかし一方で，測定装置が一般的に高価であること，測定結果の判断に専門的な知識が必要となることなどの問題点もあります。とくに後者の問題に関しては，心臓，血管，汗腺等の器官が，本質的に生命維持のために存在することを考慮しながら，その反応を注意深く読み解いていく必要があります。心臓や血管，汗腺といった個々の器官を個別にとらえるのではなく，これらが連携しながらどのような状態を目指しているのかを総合的に判断することが求められます。そのためには，生理指標だけでなく，測定を行った際の主観的感情や，姿勢や表情などの行動指標を同時に記録することが大切です。

Q9.1

怖い映画を見たときに，心拍数の低下が生じたとしたら，これをリラックスしていると解釈するのは妥当でしょうか。

memo

Q9.2

皆さんは普段の生活で，好きな人の前に出ると心臓が強く拍動するのを感じたことがあるかもしれませんが，これはなぜなのでしょうか。

memo

Q9.3

試験などで頭を使いすぎて熱が出るということはあると思いますか。

memo

Q9.4

相性判定装置という手をつなぐと相性が分かる装置がありますが，それはどんな仕組みでしょうか。そもそも，機械で本当に相性が分かると思いますか。

memo

A9.1

心臓の拍動回数，いわゆる心拍数はストレスの指標になると広く理解されています。長野（2005）では，計算課題と鏡映描写課題を用い，他者による評価的観察が課題遂行中の心臓血管反応に与える影響が検討されました。その結果，課題の性質に関係なく，他者の観察は心拍数を上昇させることが示されました。これは他者からの視線がストレスを増加させ，結果として課題中の心拍数を上昇させたと考えられます。このような結果を見ると，心拍数をストレスのバロメーターとすることは一見妥当に思えます。しかし，このようなストレス増加が心拍数の上昇につながるという図式は，ある条件では正しいと言えますが，いつもそれが成り立つわけではありません。ブラッドリーら（Bradley, M. M. et al., 2001）は，さまざまな感情を喚起する映像（静止画）を刺激として用い，それに対する生理反応を測定したところ，多くの映像で心拍数の有意な下降を認めました。画像の中には，不快な感情を生じるものも少なからず含まれていることを考えると，ストレスの種類によっては，必ずしも心拍数が上昇しないことが分かります。

では，ストレスを受けたときに，心拍数を上昇させたり下降させたりしている要因は，一体何なのでしょうか？　一つ確実に言えることは，心拍数の変化方向は，課題の種類によって大きな影響を受けるということです。経験的に，計算課題などのように自分の頑張りによって結果が変わるような課題では心拍数が上がりやすいのに対し，画像や動画などを受動的に見るだけの課題では，心拍数は下がることが多いと言えます。レイシーとレイシー（Lacey, B. C., & Lacey, J. I., 1974）は，このような違いは課題に対する注意によって決まると考え，画像等を視聴する際の反応を環境の取り込みによるものと考えました。さまざまな要因によって，外的環境から積極的に情報を取り込む必要があるときは，心拍数が下がるというのです。

緊急事態において，何か対処を行わなければならないときは，基本的に課題が難しいほど交感神経が働き，心拍数は上昇します。一方で，同じ緊急事態においても有効な対処法がないときや，視聴覚を使って情報を取り込み，次の事態に備えなければならないときは，副交感神経が働き心拍数が低下します。これらのことから，怖い映画を見たときの心拍数低下は，リラックスしたからではなく，課題に対する強い注意が引き起こした結果と考えるのが妥当でしょう。

同じストレスなのに，上昇したり下降したりする心拍数の複雑な変化は，心臓が交感神経と副交感神経の両者によって支配されていることに起因すると考えられます。しかし，ここで「では怖い映像を見たときのストレスは何で測ればいいの？」という疑問が生じます。実は，このようなタイプのストレスは，心臓ではなく血管に生じやすいことが分かっています。心臓と血管は，あわせて心臓血管系として，相互に影響を与えながら働いているため，一方のみに注目するだけでは不十分です。血管に生じるストレス反応の事例については，A9.3 において紹介しています。

A9.2

精神生理学において，対人場面での検討例は相対的に数が少なく，このような身近な問に正確な答を出すことは意外にも難しいものです。ここでは，いくつかの研究例から，この問に対する答を推測してみましょう。

何らかの課題を行っているときの心臓血管系反応，とくに心臓の反応は，自分の行為によって結果が変化する場合に大きくなります。一方，自分がいくら頑張っても，状況が一向に変化しないような場合，たとえストレス状況であっても心臓の反応は控えめになります。オブリスト（Obrist, P. A., 1981）は，前者を能動的対処，後者を受動的対処とし，心臓血管系の反応は，行為と結果の関係性（随伴性）の有無により決まると主張しました。避けがたいストレスにさらされるときよりも，自分の行動でストレスを避けられるときのほうが，生理的反応が大きいというと，一見不可解にも思えますが，心臓の反応を見る限りこの主張が正しいことを多くの研究が証明しています。好きな人とコミュニケーションをする際は，このような能動的対処が生じていると考えられます。うまく話すことができれば仲良くなれますが，失敗すれば次から話しにくくなってしまいます。このような，自分の頑張りによって状況が変化する状況では基本的に心拍数が上昇します。

さらに，好きな人の前に立つことは，ただの課題遂行とは違い，社会的要因が強く関与します。長野（2005）では，他者による観察は課題の性質に関わらず心拍数を上昇させることが分かりました。しかし，何も課題を行わず，他者から観察されることの効果のみを検討したカシオッポら（Cacioppo, J. T. et al., 1990）の研究では，このような心拍数の上昇は見られませんでした。このことから，観察そのものではなく，課題成績などの個人の資質が露見することが，心拍数の上昇に関与することが分かります。さらに，ライトら（Wright, R. A. et al., 2002）によれば，このような心拍上昇は，観察者の社会的ステータスが高いほど明確に生じると言います。社会的ステータスが高い人が自分をどのように評価するかは，集団内での自分の評判に大きく影響するため，課題の成功／失敗による影響が相対的に大きく見積もられるためと理解できます。また，ライトら（1996）によれば，能動的対処状況であっても必ずしも心臓活動が高まるわけではなく，行う課題が遂行可能であり，その課題が遂行に値する価値を持つと判断されるとき，心臓活動は顕著になると指摘されています。

ちょっとした課題（短時間の会話など）など，普段はとるにたらないものであっても，好きな人の前に立つと，その課題を適切に遂行することの価値がとてつもなく大きくなり，結果として非常に強い能動的対処が生じ，心臓がドキドキするのだと理解するのがよさそうです。

A9.3

乳幼児にみられる原因不明の発熱のことを知恵熱と言いますが，頭の使いすぎによる発熱という意味で誤用されることも多いようです。では，頭の使いすぎで発熱することはないのでしょうか？

マラジッチら（Marazziti, D. et al., 1992）の研究では，医学部で試験を受ける直前の学生の体温を脇の下から測定したところ，通常の体温より平均で0.6℃高いことが分かりました。舌下体温で同様の研究をしたブリーズ（Briese, E., 1995）の研究でも平均0.18℃の上昇が報告されています。実はストレスや疲れで熱を出す人は多く存在し，これは風邪をひいたときの発熱とは発生メカニズムが異なるため，心因性発熱（あるいはストレス性高体温症）と呼ばれます。9.3の，血管の活動の解説部分をお読みになられた方は「ストレスがかかると皮膚温が下がるんじゃなかったっけ？」と疑問に思われたかもしれません。実は，ストレス負荷時に交感神経の活動により温度が下がるのは，指先などの末梢部位であり，上記の研究で測定された体温は，舌下もしくは腋下の温度であるという違いがあります。つまり，ストレス負荷時であっても体のどこで温度を測るかによって，変化方向が異なる可能性があるということです。心理学で，とくにストレスとの関係でよく調べられるのは指先の皮膚温ですが，その変化の意味を正しく理解するには全身の体温調節を念頭におく必要があります。

ヒトは恒温動物だと言われますが，一定に保たれているのは脳や内臓などの体幹部（コアと呼ばれる部位）の温度だけであり，手足や皮膚表面などの末梢部位（シェルと呼ばれる部位）の温度は，環境温によって変化します。また，さらに言うならば，一定に保たれているはずであるコアの温度も，入眠時に下降し，目覚めに応じて上昇するという周期性変動を持つことが知られています（本間，2005）。このような事実から，近年では入眠時に熱を放出し，コアの温度を下げることが快眠を助けると考えられています。一方で，手先足先などシェルの温度は入眠時に上昇します。これはどのような意味を持っているのでしょうか。実は手先や足先などは，コアの温度を下げるための放熱装置として働いています。これらの部位に，AVAと呼ばれる短絡血管が多く存在し，交感神経の働きによって血流量を大きく変化させることができることは先に述べました。暑熱環境や入眠時など，コアの温度を下げたいときは手や足の血流を大幅に増やし，体表面の静脈を経由させることで積極的に熱を排出します。先に紹介したような，試験中の体温上昇の仕組みを理解するには，このようなコアとシェルの関係を理解する必要がありそうです。

試験のような急性のストレスで体温が上昇する際，考えるときは頭を使うので，脳の活動が関係しそうな気もしますが，そもそも脳は，一生懸命考えているときでなくても，生命維持のために盛んに活動しているので，頭を使ったからといって，急に脳から大量の熱が出るとは考えにくいです。岡ら（2013）は，ストレス時に体温上昇を訴える患者を対象に，ストレス負荷を行った際の体幹部の体温と，末梢皮膚温を同時に測定しました。その結果，ストレス負荷時に末梢では血管が収縮し，同時に褐色脂肪細胞を使い，熱を産生している可能性が示されました。このことから，急性ストレス時には，放熱を抑制し，熱を産生し，コアの温度を上昇させるよう調節が働く可能性が考察されています。つまり，頭の使いすぎで出たように感じる熱は脳から出るわけではなく，来るべきストレスに身体が対処するために，熱を貯めこむように調整した結果と言えそうです。

A9.4

周囲の状況の変化によって強い感情が生じると，交感神経が働き発汗が生じます。9.4で述べた通り，汗腺活動は手のひらの電気的性質の変化として測定されます。通常は2本の指の間に微弱な電流を流し，皮膚の電気的な抵抗（あるいは流れやすさ）を評定しますが，相性判定装置はこれを発展させたものです。電流は，男性の左手→男性の右手→女性の左手→女性の右手の順に流れます。電気的な抵抗は，男性女性双方の発汗状態の影響を受けますが，手をつなぐことで多少なりとも感情が動かされれば両者（あるいは片方）の手には発汗が生じ，電気的な抵抗が下がり，電流が流れやすくなることが期待できます。手をつないでも両者の手に発汗が生じず，肌がさらさらな状態であれば，電気抵抗は大きく，電流が流れにくくなります。このような状態では，皮膚接触をともなう両者のコミュニケーションには感情変化が乏しいと理解できるでしょう。これが，皮膚電気活動を用いた相性判定装置の動作原理であり，その主張は一見妥当なもののように思えます。

しかし，この装置の主張には問題があると言わざるをえません。というのは，発汗を生じさせる感情は，ポジティブなものばかりではないからです。手をつなぐのが非常に苦痛であった場合も発汗が生じることが予想できます。この問題は，手をつないだときの表情を見ておけばどうにか回避できそうです。もう一つの大きな問題は，発汗現象には大きな個人差が存在することです。実験で多くの参加者の皮膚コンダクタンスを測定すると，電極の粘着性が損なわれるほど発汗する人もいれば，ほとんど発汗が生じておらず，どのような刺激を与えても無反応という人も存在します。前者の人は誰が相手でも電流が流れやすく，誰とでも相性が良いという判定結果となり，後者の人は逆になってしまいます。この装置の判定結果の妥当性を保持するには，このような個人差を回避することがポイントになりそうです。一番簡単なのは，いろいろな人と手をつなぎ，繰返し測定による個人内比較を行うことです。手が湿りやすい人も乾きやすい人も，相手によって発汗度合いは変化しますので，どの相手のときに一番変化したのかを知ることが肝要です。したがって，使い方によっては相性が分かる可能性がある，というのが答になると思います。

そもそも相性など人に聞かなくても自分で分かるとおっしゃる読者も多

いでしょうが，歴史的に発汗活動は自分では知ることのできない無意識的過程をのぞく窓として用いられてきた経緯があります。これはあながち迷信というわけではなく，発汗活動は意識的な反応とは必ずしも一致しないことを示す研究が存在します。トラネルとダマジオ（Tranel, D., & Damasio, A. R., 1985, 1988）の研究では，相貌失認という障がいにより，他者の容貌を識別できなくなってしまった患者の皮膚コンダクタンスが測定されました。彼らに家族の写真を見せると，「誰だか分からない」と回答するにも関わらず，知らない人を見せたときより大きな皮膚コンダクタンス反応が生じることが報告されています。この結果は，相貌失認を生じる原因となった脳の障がいが，皮膚電気活動には影響を与えないことを示しており，皮膚電気活動が視覚的記憶とは別の処理過程を経ている可能性を示しています。さらに言えば，他者の識別が神経系で行われていても，それが意識過程にのぼらない場合が存在し，そのような場合でも皮膚電気活動には反応が生じる可能性が考えられます。このように，皮膚電気活動は本人も知り得ない心的活動を反映する可能性を秘めています。自分が本当に好きなのが誰なのか分からなくなってしまった場合は，相性判定装置で身体の無意識的過程に問い合わせてみるのも悪くないのではないでしょうか。

参考図書

藤澤　清・柿木昇治・山崎勝男（編）（1998）．新　生理心理学　第1巻　生理心理学の基礎　北大路書房

生理心理学と精神生理学で用いられる各種の測定法，理論に関する網羅的な解説が行われています。

山崎勝男（監修）（2012）．スポーツ精神生理学　西村書店

スポーツに限定せず，人を対象とした生理心理学的方法論や，分かりやすい実践研究の解説が豊富に行われています。

付　章　心理学の学び方

これまで，９章にわたって，心理学のさまざまな領域について説明をしてきました。多様な領域で多様な研究がなされ，多様な研究知見が得られていることがお分かりいただけたと思います。本書の最後に，心理学についてさらなる学習を進める際，どのようなことに留意したらよいのかについて述べていこうと思います。

聞　く

授業を受けることに代表されるように，専門家の話を聞くことがまず挙げられます。心理学の授業は，大学をはじめとしてあちこちで受けることができます。大学に入学しないでも，大学の公開講座などで受講することもできます。講師の話を聞く際には五感（官）を使いますから，書籍で一人学ぶだけでは得られない体験だと思います。

実際には，正直なところ,「つまらない授業」というものはあると思います。しかし，つまらないからと言って授業に出ないのはもったいないことだと思っています。どんなにつまらない授業であっても，何か一つは印象に残ることはあると思います。講師の何気ない雑談，紹介されたある一つの実験でも何でもよいのですが，なぜだか記憶に残ることというのはあるものです。そのなぜだか記憶に残るものというのは，聞き手自身の心に関わる重要なことなのかもしれません。

授業以外にも，学会の年次大会や講演会に参加するのもよいでしょう。学会は，専門家が学術的な活動をする団体ですが，定期的に大会を開催しています。そこでは，研究発表やシンポジウム，講演などがあります。学会の会員でなくても，非会員として（参加費を払って）大会に参加できる場合もあります。専門的な研究は難解な場合も多いと思いますが，そうであっても学問の雰囲気を知ることができます。学会大会に正式に参加しないでも，学会大会中の（参加費無料の）公開講演会に参加することもできます。

学会大会では専門家の話を聞くことができますが，学会外で行われる講演会，研修会などは，必ずしも専門家によるものとは限りません。専門家なのか非専門家なのかという点については，専門外の方には判断が難しいとは思うのですが，基本的には心理学の専門家によるものをお勧めします。学問として，心理学あるいは心理学の関連領域についての研究活動，実践活動を行っている人ということです。そうでない方が「疑似心理学的」な話をすることは可能ですし，そうした話もまた面白いとは思うのですが，ここでは学術ということを重視したいと思います。

読　む

皆さんは，本書を授業の教科書として使っているかもしれませんし，自習用として読んでいるのかもしれません。あるいは，とくに目的なしに，なんとなく読んでいるのかもしれません。いずれのケースも大歓迎です。手に取っていただき，感謝します。

さて，本書にどのような印象を抱きましたか。教科書は知識の伝達が主目的になる場合が多いので，読ませるもの，考えさせるもの，にはなかなかなりにくいかもしれません。本書は，読者の主体的関わりを誘発するしかけとして，各章末に問題と解説を挿入するなどの工夫はしていますが，心理学の概論書としての位置づけがありますので，読ませる，考えさせる，という側面については，不十分であることは否めません。

心理学を学ぶうえで，教科書のような網羅性を持った本は，実のところ，そこまでよいものとは思えません。心理学全体として，だいたいどのようなトピックがあるのかを知るにはよいのですが，心理学の面白さは，何らかのトピックを深めていくことにあります（これは心理学に限ったことではありませんが)。もちろん，心理学の本には，教科書的なものもあれば，専門的なものもあるのですが，ぜひ，概論的な本以外の，狭いテーマについて深く記述した本もお読みいただければと思います。その前提として，概論的な本を事前に読んでおくことも重要です。読んでいる本が対象としている「狭いテーマ」が，心理学全体の中でどこに位置づけられるのか把握しておく必要があるからです。ただし，本書で述べられた内容であっても，実は心理学の一部とも言えます。多様な領域をカバーしていますが，その他の領域もありますし，さらにまた，各領域で取り上げられている事項もその領域の一部でしょう（章によって，カバーする範囲には違いがありますが)。

これまでの各章では，章末にてより進んだ学習のための参考図書を紹介しています。今後の学習ということを考慮して，どちらかというと全般的なものが挙げられていますが，上述の通り，狭いテーマの書籍も勧められます。たとえば，心について考えるうえで，河合（1971)，内海（2013）などは，印象深いです。執筆された時代は違いますが，ともに臨床心理学（第5章）に相当する内容です。人の心について考えさせられる名著だと思います。

「読む」ということについて，ここにおいても，前述した「聞く」のところと同様，基本的には心理学の専門家によるものをお勧めします。書店に行きますと，心理学の本と「疑似心理学」の本は，同じ書棚にあることが多いです。後者については，「心理読物」といった別の分類になっている場合もありますが，多くは互いに近傍にあります。ポップな雰囲気を醸し出している本であっても「疑似心理学」ではないものもあるので（心理学者が一般向けに分かりやすく書いた入門書など)，どちらの本なのかという判断は難しい面もあるのですが，心理学者は概して，心理学者による学術的な本と，「疑似心理学」的な本との弁別には敏感だと思っています。今こうしてこういった内容を書くことには抵抗感も多少あるのですが，やはり，学問上なかなか分かりえないことをあっさり「こうだ」と言い切っていたり，何らかの根拠なしに一般向けに持論を展開している本には，どうしても懐疑的になってしまいます。もちろん，「根拠」というのは，何も科学的なものには限らないのですが，このあたりの議論については，村井（2012）を参照いただければと思います。

心理学者ではない，他領域の専門家による心理学関連の書籍にも素晴らしいものがたくさんあります。心理学外の専門家のほうがむしろ心について深い論考を著すということはよくあります。また，必ずしも心理学書でなくとも，著作に心理学的な観点が表れているものもあります。たとえば，村上（1999）は，ある大事件をテーマに，著者による多くのインタビューが収録されている大著で，たぶんに心理学的で圧巻です。心を学ぶうえで，心理学にこだわりすぎないこともまた必要なことでしょう。

以上では書籍に焦点化した記述をしましたが，書籍だけではなく，論文を読むということにもチャレンジしてみるとよいでしょう。インターネットのおかげで，検索すれば，専門的な論文がたくさんヒットします。心理統計学を適用した部分など，理解できない箇所も多いと思いますが，始めはそういったところは飛ばして読み，なんとなく全体の流れを理解するだけでもよいと思います。心理学は，そういうことができる学問だと思います。と言うのも，たとえば，物理学の論文などでは，初学者によるこうした「理解」はとてもできないでしょうから。

体験する

講義形式の授業であっても，講師と受講生の双方向的なやりとりがあったり，授業内に演習的な要素が盛り込まれることもありますから，以上に述べたことすべてに体験的要素がないとは限りませんが，以上は基本的にはどれも「座学」だと見なせます。ですが，それだけでは心理学の学びは深まりません。

大学などでは，「心理学実験演習」といった名称の授業で実際に実験を体験しその後レポートを作成したり，演習では，受講者間で議論をしたりします。また，卒業論文などで実際に研究をすることも多いです。大学の心理学科，心理学関連学科の多くで，卒業論文は必修になっていますが，それだけ重要だと考えられているということです。演習では，受講者間の議論を通じて心のとらえ方の多様性を知ることができますし，卒業論文では，心理学者が実際に行っている研究活動を遂行することになります。卒業論文では，座学で学んだことと，それを自身の研究に生かすことの間にいかに深い溝があるか，知ることになると思いますが，こうした実体験が心理学の学びを深めます。

また，「体験する」ということですと，芸術作品に触れることも心理学の学びに関連するでしょう。絵画であれ建築であれ音楽であれ，そこには作り手の心が表れていますし，作り手の生きた時代背景という意味での，社会的な心も感じられるのです。結局は人間の手によるすべてのものに心が関わっていることになるでしょう。

見　る

上記に書いたこととも関連しますが（もちろん，上記に書いてきたことはすべて互いに関連しますが），日々の生活で人間を見る，ということも必要なことです。人間観察，というと少しチープな響きになってしまいますが，たとえば通学途中のラッシュアワーでの人々の行動だったり，街で見かける親子のやりとりだったり，映画館でのカップルの相互作用だったりと，心理学のテーマはあちこちに転がっています。

心理学者は，研究のネタを探そうと意識的に生活しているわけではないですが，日々入ってくる情報がきっかけとなり，発想を広げることはよくあります（研究テーマにもよるかもしれませんが）。たとえば，柏木（2011）では，電車内で見かけた親子のやりとりを例に，父親の子育ての特徴について述べられている一節があります。心理学研究法の一つに観察法がありますが，これは，私たちの毎日の「観察」を，学術的なものとして精練させたものです。見ることはすべての基本です。

考える

以上，いくつかの側面から，心理学の学びについて考えてきました。すべてに共通することは，もちろん「考える」ということです。たとえば，「読む」

であれば，読んで考える，ということです。思考がともなわないことはほとんどありえないでしょう。将来的に心理学の専門家になる場合でも，他の分野の専門家になる場合でも，専門家にならない場合であっても，こうした考える作業があることで，心理学的な視点が深まっていくのだと思います。

本を読んだり，授業を受けたりしていて，分からないことや疑問に思うことは多々あると思います。他の本を調べても，講師に質問をしても，どうしても理解できないことというのは思いのほか多いものです。頭では理解できても，どうしても腑に落ちないこともあります。考えても考えても分からないことは，しょっちゅうあると思ったほうがよいでしょう。そんなとき，考えることをあっさりとあきらめてしまうのではなく，できる限り踏ん張ってみましょう。それでもだめな場合は保留です。いつの日か，自分が成長するにつれ，自分の実体験から急に納得がいくこともあるかもしれませんし，他の事項の理解を通して急になるほど，と腑に落ちることもあるかもしれません。ある時点でどうしても理解できないということ自体が，皆さん自身の心の，何か重要な点について教えてくれている可能性はあるでしょう。分からなさはすぐに放棄するのではなく，積極的に関与しつつ保留にしておく，そしてその分からなさを抱え続けることに，意味があるのだと考えます。

おわりに

本書は，「心について考えるための心理学ライブラリ」の最初の一冊として出版されるものです。ライブラリの第一弾としてまず概論書を上梓するということには，本ライブラリの特長を世に示す役割があるでしょう。身の引き締まる思いです。

冒頭の「監修のことば」において，「今から約 50 年前に刊行されたある心理学概論書」とあるのは，実は，八木　冕（編）『心理学』（培風館）のことです。昭和 41 年刊なのですが，その「はしがき」に，「戦後，心理学や心理学関係の学問を専攻する学生は急激に増え，その数は戦前の何十倍にも達しているようです。また心理学に関係のある書物も次々に発行され，一時は心理学ブームという言葉さえきかれました。こういった書物のなかで，概論書だけをとり上げてみましても，それはおびただしい数にのぼっています。……」という記述があるのです。その後の半世紀において，心理学という学問は発展し続けています。一方，心理学の書籍のほうはどの程度発展しているのでしょうか。書籍，とりわけ教科書というのは，研究以上に「新しさ」を打ち出すのが難しいように思います。「ありがち」な心理学概論書にはしたくない，一方でオーソドックスな内容も必要だ，各著者の色を出したい，一方で本としての統一感ももたせたい，とにかく読者に心について考えてもらい，心理学の面白さを感じ取ってもらいたい，など，いろいろなことを考えつつ，完成に至りました。初めて心理学に接する読者にとって，心躍らされるようなポイントが少しでも多くあればうれしく思います。忌憚ないご意見をお待ちしております。

最後に，本書を作るにあたり，サイエンス社の清水匡太さんと小林世奈さんに，大変お世話になりました。清水さんにはライブラリの企画段階から編集に至るまで，小林さんには編集段階において，細やかな作業，配慮をしていただきました。心より感謝申し上げます。

2015 年 8 月　　　　　　　　　　　　　　　村井　潤一郎

引用文献

第 1 章

Adelson, E. H.（1995）. Checkershadow illusion <http://web.mit.edu/persci/people/adelson/checkershadow_illusion.html>（2015 年 8 月 11 日アクセス）

Brock, T. C., & Balloun, J. E.（1967）. Behavioral receptivity to dissonant information. *Journal of Personality and Social Psychology*, **6**, 413-428.

Bruner, J. S., & Goodman, C. C.（1947）. Value and need as organizing factors in perception. *Journal of Abnormal and Social Psychology*, **42**, 22-44.

Bruner, J. S., & Minturn, A. L.（1955）. Perceptual identification and perceptual organization. *Journal of General Psychology*, **53**, 21-28.

Fisher, G. H.（1968）. Ambiguity of form : Old and new. *Perception and Psychophysics*, **4**, 189-192.

Gibson, J. J.（1950）. *The perception of the visual world*. Boston：Houghton Mifflin.

Gregory, R. L.（1970）. *The intelligent eye*. McGraw-Hill.
（グレゴリー，R. L.　金子隆芳（訳）（1972）．インテリジェント・アイ――見ることの科学――　みすず書房）

Kanizsa, G.（1979）. *Organization in vision*. Praeger Publishers.
（カニッツァ，G.　野口　薫（監訳）（1985）．カニッツァ 視覚の文法――ゲシュタルト知覚論――　サイエンス社）

Kleffner, D. A., & Ramachandran, V. S.（1992）. On the perception of shape from shading. *Perception and Psychophysics*, **52**, 18-36.

McGurk, H., & MacDonald, J.（1976）. Hearing lips and seeing voices. *Nature*, **264**, 746-748.

村田孝次（1975）．教養の心理学　培風館

Murphy, S. T., & Zajonc, R. B.（1993）. Affect, cognition, and awareness : Affective priming with optimal and suboptimal stimulus exposures. *Journal of Personality and Social Psychology*, **64**, 723-739.

野口　薫（1976）．かたちの成立　柿崎祐一・牧野達郎（編）心理学 1 ――知覚・認知――　有斐閣　pp. 33-41.

Rubin, E.（1921）. *Visuell wahrgenommene Figuren*. Copenhagen : Gyldendalske Boghadel.

Shams, L., Kamitani, Y., & Shimojo, S.（2000）. What you see is what you hear. *Nature*, **408**, 788.

下條信輔（1992）．知性のインプリメンテーション――心理物理学の現在――　科学，**62**, 349-355.

Simons, D. J., & Levin, D. T.（1998）. Failure to detect changes to people during a real-world interaction. *Psychonomic Bulletin and Review*, **5**, 644-649.

Wertheimer, M.（1923）. Undersuchungen zur Lehre von der Gestalt Ⅱ. *Psychologische Forschung*, **4**, 301－350.

第２章

Bartlett, F. C.（1932）. *Remembering : A study in experimental and social psychology*. Cambridge University Press.

（バートレット，F. C.　宇津木　保・辻　正三（訳）（1983）．想起の心理学――実験的社会的心理学における一研究――　誠信書房）

Bower, G. H., Karlin, M. B., & Dueck, A.（1975）. Comprehension and memory for picture. *Memory and Cognition*, **3**, 216－220.

Bugelski, B. R., Kidd, E., & Segmen, J.（1968）. Image as mediator in one-trial paired-associate learning. *Journal of Experimental Psychology*, **76**, 69－73.

Carmichael, L., Hogan, H. P., & Walter, A. A.（1932）. An experimental study of the effect of language on the reproduction of visually perceived form. *Journal of Experimental Psychology*, **15**, 73－83.

Chase, W. G., & Simon, H. A.（1973）. Perception in chess. *Cognitive Psychology*, **4**, 55－81.

Christianson, S. A., & Loftus, E. F.（1991）. Remembering emotional events : The fate of detailed information. *Cognition and Emotion*, **5**, 81－108.

Eich, E., & Metcalfe, J.（1989）. Mood dependent memory for internal versus external events. *Journal of Experimental Psychology : Learning, Memory, and Cognition*, **15**, 443－455.

Godden, D. R., & Baddeley, A. D.（1975）. Context-dependent memory in two natural environments : On land and under water. *British Journal of Psychology*, **66**, 325－331.

Griggs, R. A., & Cox, J. R.（1982）. The elusive thematic-materials effect in Wason's selection task. *British Journal of Psychology*, **73**, 407－420.

岩原信九郎（1976）．記憶力　講談社

Jenkins, J. G., & Dallenbach, K. M.（1924）. Obliviscence during sleep and waking. *American Journal of Psychology*, **35**, 605－612.

Johnson-Laird, P. N., Legrenzi, P., & Legrenzi, M. S.（1972）. Reasoning and a sense of reality. *Brtish Journal of Psychology*, **63**, 395－400.

Kuiper, N. A., & Rogers, T. B.（1979）. Encoding of personal information : Self-other differences. *Journal of Personality and Social Psychology*, **37**（4），499－514.

Linton, M.（1982）. Transformations of memory in everyday life. In U. Neisser（Ed.）, *Memory observed : Remembering in natural contexts*. San Francisco : W. H. Freeman. pp. 77－81.

Loftus, E. F.（1997）. Dispatch from the（un）civil memory wars. In J. D. Read, & D. S. Lindsay（Eds.）, *Recollections of trauma : Scientific evidence and clinical practice*. New York : Plenum. pp. 171－194.

Loftus, E. F., & Palmer, J. C.（1974）. Reconstruction of automobile destruction : An example of the interaction between language and memory. *Journal of Verbal Learning and Verbal Behavior*, **13**, 585-589.

Loftus, E. F., Loftus, G. R., & Messo, J.（1987）. Some facts about "Weapon Focus". *Law and Human Behavior*, **11**, 56-62.

Maier, N. R. F.（1931）. Reasoning in humans Ⅱ: The solution of a problem and its appearance in consciousness. *Journal of Comparative Psychology*, **12**, 181-194.

Miller, G. A.（1956）. The magical number seven, plus or minus two : Some limits on our capacity for processing information. *Psychological Review*, **63**, 81-97.

西本武彦・高橋　優（1996）．記憶実験用の無意味絵（droodle）刺激　早稲田心理年報，**29**，63-90.

Tulving, E.（1962）. Subjective organization in free recall of "unrelated" words. *Psychological Review*, **69**, 344-354.

Tversky, A., & Kahneman, D.（1981）. The framing of decisions and the psychology of choice. *Science*, **211**, 453-458.

Tversky, A., & Kahneman, D.（1983）. Extensional versus intuitive reasoning : The conjunction fallacy in probability judgment. *Psychological Review*, **90**, 293-315.

Wason, P. C.（1966）. Reasoning. In B. M. Foss（Ed.）, *New horizons in psychology*. Penguin Books.

Wilhite, S. C., & Payne, D. E.（1992）. *Learning and memory : The basis of behavior*. Boston : Allyn & Bacon.

第３章

Ainsworth, M. D. S., Blehar, M. C., Waters, E., & Walls, S.（1978）. *Patterns of attachment*. Lawrence Erlbaum.

安藤寿康（2011）．遺伝マインド——遺伝子が織り成す行動と文化——　有斐閣

Baltes, P. B.（1987）. Theoretical propositions of life-span developmental psychology : On the dynamics between growth and decline. *Developmental Psychology*, **23**, 611-626.

Bowlby, J.（1969）. *Attachment and loss*. Vol. 1. *Attachment*. Basic Books.

Brant, A. M., Haberstick, B. C., Corley, R. P., Wadsworth, S. J., DeFries, J. C., & Hewitt, J. K.（2009）. The developmental etiology of high IQ. *Behavior Genetics*, **39**, 393-405.

Bronfenbrenner, U.（1979）. *The ecology of human development*. Harvard University Press.
（ブロンフェンブレンナー，U.　磯貝芳郎・福富　護（訳）（1996）．人間発達の生態学（エコロジー）——発達心理学への挑戦——　川島書店）

Butler, R. N.（1963）. The life review : An interpretation of reminiscence in the aged. *Psychiatry*, **26**, 65-75.

Erikson, E. H.（1959）. *Identity and the life cycle*. W. W. Norton.
（エリクソン，E. H.　西平　直・中島由恵（訳）（2011）．アイデンティティとライフサイクル　誠信書房）

Erikson, E. H., & Erikson, J. M.（1985）. *The life cycle completed : A review*. W. W. Norton.

（エリクソン，E. H.・エリクソン，J. M.　村瀬孝雄・近藤邦夫（訳）（2001）．ライフサイクル，その完結［増補版］　みすず書房）
繁多　進（1987）．愛着の発達――母と子の心の結びつき――　大日本図書
岩熊史朗・槇田　仁（1991）．セルフ・イメージの発達的変化―― WAI 技法に対する反応パターンの分析――　社会心理学研究，**6**，155-164.
柏木惠子（2012）．親としての発達　高橋惠子・湯川良三・安藤寿康・秋山弘子（編）発達科学入門 3　青年期～後期高齢期　東京大学出版会　pp. 119-134.
子安増生（2000）．心の理論――心を読む心の科学――　岩波書店
Marcia, J. E.（1966）. Development and validation of ego identity status. *Journal of Personality and Social Psychology*, **3**, 551-558.
梨木香歩（2001）．西の魔女が死んだ　新潮社
岡本祐子（1985）．中年期の自我同一性に関する研究　教育心理学研究，**33**，295-306.
Piaget, J.（1970）. *L' épistémologie génétique*. Presses Universitaires de France.
（ピアジェ，J.　滝沢武久（訳）（1972）．発生的認識論　白水社）
Premack, D., & Woodruff, G.（1978）. Does the chimpanzee have a theory of mind? *Behavioral and Brain Sciences*, **1**, 515-526.
Stephen, J., Fraser, E., & Marcia, J. E.（1992）. Moratorium-achievement（MAMA）cycles in lifespan identity development : Value orientations and reasoning system correlates. *Journal of Adolescence*, **15**, 283-300.
Turkheimer, E.（2000）. Three laws of behavior genetics and what they mean. *Current Directions in Psychological Science*, **9**, 160-164.
やまだようこ（1995）．生涯発達をとらえるモデル　無藤　隆・やまだようこ（編）講座 生涯発達心理学　第 1 巻　生涯発達心理学とは何か――理論と方法――　金子書房　pp. 57-92.

第４章

安藤史高・布施光代・小平英志（2008）．授業に対する動機づけが児童の積極的授業参加行動に及ぼす影響――自己決定理論に基づいて――　教育心理学研究，**56**, 160-170.
Bandura, A.（1977）. Self-efficacy : Toward a unifying theory of behavioral change. *Psychological Review*, **84**, 191-215.
Bandura, A.（1995）. *Self-efficacy in changing societies*. Cambridge : Cambridge University Press.
Craik, F. I. M., & Lockhart, R. S.（1972）. Levels of processing : A framework for memory research. *Journal of Verbal Learning and Verbal Behavior*, **11**, 671-684.
Deci, E. L., & Ryan, R. M.（Eds.）（2002）. *Handbook of self-determination research*. Rochester, NY : University of Rochester Press.
市川伸一（2000）．勉強法が変わる本――心理学からのアドバイス――　岩波書店
市川伸一（2004）．学ぶ意欲とスキルを育てる――いま求められる学力向上策――　小学館

市川伸一（2011）．現代心理学入門3　学習と教育の心理学［増補版］　岩波書店

市川伸一・南風原朝和・杉澤武俊・瀬尾美紀子・清河幸子・犬塚美輪・村山　航・植阪友理・小林寛子・篠ヶ谷圭太（2009）．数学の学力・学習力診断テストCOMPASSの開発　認知科学，**16**，333-347.

鹿毛雅治（2004）．「動機づけ研究」へのいざない　上淵　寿（編）動機づけ研究の最前線　北大路書房　pp. 1-28.

鹿毛雅治（2006）．教育心理学と教育実践　鹿毛雅治（編）朝倉心理学講座8　教育心理学　朝倉書店　pp. 1-20.

村山　航（2003）．テスト形式が学習方略に与える影響　教育心理学研究，**51**，1-12.

村山　航（2007）．学習方略――子どもの自律的な学習を目指して――　藤田哲也（編著）絶対役立つ教育心理学――実践の理論，理論を実践――　ミネルヴァ書房　pp. 85-100.

村山　航（2010）．認知と動機づけ　市川伸一（編）現代の認知心理学5　発達と学習　北大路書房　pp. 104-128.

中谷素之（2006）．動機づけ――情意のはたらき――　鹿毛雅治（編）朝倉心理学講座8　教育心理学　朝倉書店　pp. 120-137.

日本教育心理学会（編）（2003）．教育心理学ハンドブック　有斐閣

西村多久磨・河村茂雄・櫻井茂男（2011）．自律的な学習動機づけとメタ認知的方略が学業成績を予測するプロセス――内発的な学習動機づけは学業成績を予測することができるのか？――　教育心理学研究，**59**，77-87.

岡田いずみ（2007）．学習方略の教授と学習意欲――高校生を対象にした英単語学習において――　教育心理学研究，**55**，287-299.

佐藤　純（1998）．学習方略の有効性の認知・コストの認知・好みが学習方略の使用に及ぼす影響　教育心理学研究，**46**，367-376.

瀬尾美紀子（2007）．自律的・依存的援助要請における学習観とつまずき明確化方略の役割――多母集団同時分析による中学・高校生の発達差の検討――　教育心理学研究，**55**，170-183.

Sungur, S.（2007）. Modeling the relationships among students' motivational beliefs, metacognitive strategy use, and effort regulation. *Scandinavian Journal of Educational Research*, **51**, 315-326.

Suzuki, M., & Sun, Y.（in press）. Effects of students' perceptions of test value and motivation for learning on learning strategies use in mathematics. In E. Manalo, Y. Uesaka, & C. Chinn（Eds.）, *Promoting spontaneous use of learning and reasoning strategies : Theory, research, and practice*. Routledge.

辰野千壽（1997）．学習方略の心理学――賢い学習者の育て方――　図書文化社

植木理恵（2002）．高校生の学習観の構造　教育心理学研究，**50**，301-310.

植阪友理・瀬尾美紀子・市川伸一（2006）．認知主義的・非認知主義的学習観尺度の作成　日本心理学会第70回大会発表論文集，944.

Yamauchi, H., & Tanaka, K.（1998）. Relations of autonomy, self-referenced beliefs, and self-regulated learning among Japanese children. *Psychological Reports*, **82**, 803-816.

第5章

Beck, A. T. (1976). *Cognitive therapy and the emotional disorders.* International Universities Press.

土居健郎（1992）．新訂 方法としての面接――臨床家のために―― 医学書院

Freud, S. (1933). Neue Folge der Vorlesungen zur Einführung in die Pychoanalyse.
（フロイド，S. 古沢平作（訳）（1974）．続精神分析入門［改訂版］ フロイド選集3 日本教文社 p. 118.）

古池若葉（2003）．観察法 下山晴彦（編）よくわかる臨床心理学 ミネルヴァ書房 pp. 48-49.

Hollon, S. D., & Beck, A. T. (2004). Cognitive and cognitive behavioral therapies. In M. J. Lambert (Ed.), *Bergin and Garfield's handbook of psychotherapy and behavior change.* John & Sons. pp. 447-492.

石川信一・坂野雄二（2005）．不安症状を示す児童に対する認知行動療法プログラムの実践 行動療法研究，**31**，71-84.

伊藤隆二（1976）．知能テストによる異常性の発見 大原健士郎・岡堂哲雄（編）現代のエスプリ別冊 現代人の異常性6 異常の発見――心理テスト―― 至文堂 pp. 13-15.

菅野 純（1987）．心理臨床におけるノンバーバーバル・コミュニケーション 春木 豊（編著）心理臨床のノンバーバル・コミュニケーション 川島書店 pp. 45-94.

Lampropoulos, G. K., Spengler, P. M., Dixon, D. N., & Nicholas, D. R. (2002). How psychotherapy integration can complement the scientist-practitioner model. *Journal of Clinical Psychology*, **58**, 1227-1240.

Leichsenring, F., & Leibing, E. (2003). The effectiveness of psychodynamic therapy and cognitive behavior therapy in the treatment of personality disorders : A meta-analysis. *American Journal of Psychiatry*, **160**, 1223-1232.

前田重治（1994）．続 図説 臨床精神分析学 誠信書房

前田重治（2014）．新 図説 精神分析的面接入門 誠信書房

宮野秀市・坂野雄二（2002）．VRを利用したエクスポージャー療法の展望 日本バーチャルリアリティ学会論文誌，**7**，575-582.

沼 初枝（2009）．臨床心理アセスメントの基礎 ナカニシヤ出版

岡堂哲雄（1985）．心理テストとは――その意義と限界―― こころの科学，**3**，34-40.

岡島純子（2014）．行動療法的介入が奏功した登校しぶりをしめす小1男児の一例――校内支援体制内での連携を通して―― 日本小児心身医学会雑誌，**22**，315-319.

Purkel, W., & Bornstein, M. H. (1980). Pictures and imagery both enhance children's short-term memory and long-term recall. *Developmental Psychology*, **16**, 153-154.

Rogers, C. R. (1951). *Client-centered therapy : Its current practice, implications, and theory.* Houghton Mifflin.

（ロージァズ，C. R.　伊東　博（編訳）（1967）．ロージァズ全集8　パースナリティ理論　岩崎学術出版社）
Rogers, C. R.（1957）. The necessary and sufficient conditions of therapeutic personality change. *Journal of Consulting Psychology*, **21**, 95-103.
（ロージァズ，C. R.　伊東　博（編訳）（1966）．ロージァズ全集4　サイコセラピィの過程　岩崎学術出版社）
下山晴彦（2001）．臨床心理学の専門性と教育　下山晴彦・丹野義彦（編）講座 臨床心理学1 ――臨床心理学とは何か――　東京大学出版会　pp. 73-95.
下山晴彦（2003）．アセスメントとは何か　下山晴彦（編）よくわかる臨床心理学　ミネルヴァ書房　pp. 34-35.
白石智子（2005）．大学生の抑うつ傾向に対する心理的介入の実践研究――認知療法による抑うつ感軽減・予防プログラムの効果に関する一考察――　教育心理学研究，**53**, 252-262.
Smith, M., & Glass, G.（1977）. Meta-analysis of psychotherapy outcome studies. *American Psychologist*, **32**, 752-760.
末武康弘（2004）．ロジャーズ――ジェンドリンの現象学的心理学――　氏原　寛・亀口憲治・成田善弘・東山紘久・山中康裕（共編）心理臨床大事典［改訂版］　培風館　pp. 131-135.
鈴木伸一・神村栄一（2005）．実践家のための認知行動療法テクニックガイド――行動変容と認知変容のためのキーポイント――　北大路書房
多田治男（1996）．臨床的介入――個人心理療法――　田中富士夫（編著）臨床心理学概説［新版］　北樹出版　pp. 94-95.
台　利夫（2007）．参加観察の方法論――心理臨床の立場から――　慶應義塾大学出版会
Watson, J. B., & Rayner, R.（1920）. Conditioned emotional reactions. *Journal of Experimental Psychology*, **3**, 1-14.
Wolpe, J.（1958）. *Psychotherapy by reciprocal inhibition*. Stanford University Press.
（ウォルピ，J.　金久卓也（監訳）（1977）．逆制止による心理療法　誠信書房）

第6章

Allport, G. W.（1937）. *Personality : A psychological interpretations*. New York : Henry Holt.
（オールポート，G. W.　詫摩武俊・青木孝悦・近藤由紀子・堀　正（共訳）（1982）．パーソナリティ――心理学的解釈――　新曜社）
Allport, G. W.（1942）. *The use of personal documents in psychological science*. New York : Social Science Research Council.
（オールポート，G. W.　大場安則（訳）（1970）．心理科学における個人的記録の利用法　培風館）
Allport, G. W.（1965）. *Letters from Jenny*.（Edited and Interpreted by G. W. Allport）, New York : Harcourt, Brace & World.
（オールポート，G. W.（編著）　青木孝悦・萩原　滋（共訳）（1982）．ジェニーから

の手紙——心理学は彼女をどう解釈するか—— 新曜社）
Allport, G. W., & Odbert, H. S.（1936）. Trait names : A psycho-lexical study. *Psychological Monographs*, No. 211.（Vol. 47, No. 1）
Eysenck, H. J.（1970）. *The structure of human personality*. 3rd ed. Northampton : John Dickens.
FFPQ 研究会（2002）．改訂 FFPQ（5 因子性格検査）マニュアル 北大路書房
北村晴朗（2000）．個性的性格をどのように記述するか 詫摩武俊・鈴木乙史・清水弘司・松井 豊（編）シリーズ・人間と性格 第 1 巻 性格の理論 ブレーン出版 pp. 101–116.
Kretschmer, E.（1955）. *Köreperbau und Charakter : Untertsuchungen zum Konstitutions Problem und zur Lehre von den Temperamenten*. Berlin : Springer-Verlag.
（クレッチメル，E. 相場 均（訳）（1974）．体格と性格——体質の問題および気質の学説によせる研究—— 文光堂）
Mischel, W.（1968）. *Personality and assessment*. New York : John Wiley & Sons.
（ミシェル，W. 詫摩武俊（監訳）（1992）．パーソナリティの理論——状況主義的アプローチ—— 誠信書房）
宮城音弥（1960）．性格 岩波書店
村上宣寛・村上千恵子（1997）．主要 5 因子性格検査の尺度構成 性格心理学研究，**6**，29–39.
村上宣寛・村上千恵子（1999）．主要 5 因子性格検査の世代別標準化 性格心理学研究，**8**，32–42.
小塩真司（2011）．性格を科学する心理学のはなし——血液型性格判断に別れを告げよう—— 新曜社
下仲順子・中里克治・権藤恭之・高山 緑（1999）．NEO-PI-R，NEO-FFI 共通マニュアル 東京心理
辻 平治郎（編）（1998）．5 因子性格検査の理論と実際——こころをはかる 5 つのものさし—— 北大路書房
和田さゆり（1996）．性格特性用語を用いた Big Five 尺度の作成 心理学研究，**67**，61–67.

第 7 章

Aronson, E.（2012）. *The social animal*. 11th ed. New York : Worth Publishers.
（アロンソン，E. 岡 隆（訳）（2014）．ザ・ソーシャル・アニマル［第 11 版］——人と世界を読み解く社会心理学への招待—— サイエンス社）
Beebe, S. A., Beebe, S. J., & Redmond, M. V.（2008）. *Interpersonal communication : Relating to others*. 5th ed. Boston, MA : Allyn & Bacon.
Brock, T. C., & Balloun, J. E.（1967）. Behavioral receptivity to dissonant information. *Journal of Personality and Social Psychology*, **6**, 413–428.
土井隆義（2014）．つながりを煽られる子どもたち——ネット依存といじめ問題を考える

—— 岩波書店
Ekman, P.（1985）. *Telling lies : Clues to deceit in the marketplace, politics, and marriage*. New York : W. W. Norton.
（エクマン，P. 工藤 力（訳編）（1992）．暴かれる嘘——虚偽を見破る対人学——誠信書房）
Ekman, P., & Friesen, W. V.（1974）. Detecting deception from the body or face. *Journal of Personality and Social Psychology*, **29**, 288-298.
Festinger, L.（1957）. *A theory of cognitive dissonance*. Evanston, IL : Row, Peterson.
（フェスティンガー，L. 末永俊郎（監訳）（1965）．認知的不協和の理論——社会心理学序説—— 誠信書房）
Festinger, L., & Carlsmith, J. M.（1959）. Cognitive consequences of forced compliance. *Journal of Abnormal and Social Psychology*, **58**, 203-210.
藤井 勉（2010）．潜在的態度の変容可能性の検討—— IAT研究のレビューから—— 学習院大学文学部研究年報，**57**，89-104.
深田博己（編著）(2002)．説得心理学ハンドブック——説得コミュニケーション研究の最前線—— 北大路書房
Heider, F.（1958）. *The psychology of interpersonal relationship*. New York : Wiley.
（ハイダー，F. 大橋正夫（訳）(1978)．対人関係の心理学 誠信書房）
石黒 格（2013）．社会心理学データに対する分位点回帰分析の適用——ネットワーク・サイズを例として—— 社会心理学研究，**29**，11-20.
板倉昭二（1998）．自己の起源 日本児童研究所（編）児童心理学の進歩，**37**，金子書房，177-199.
道田泰司・宮元博章・秋月りす（1999）．クリティカル進化（シンカー）論——「OL進化論」で学ぶ思考の技法—— 北大路書房
峰松 修（1997）．こころの救急箱 サイエンス社
三宅和夫（1990）．子どもの個性——生後2年間を中心に—— 東京大学出版会
村井潤一郎（編著）（2013）．嘘の心理学 ナカニシヤ出版
岡本真一郎（2006）．ことばの社会心理学［第3版］ ナカニシヤ出版
岡本真一郎（2013）．言語の社会心理学——伝えたいことは伝わるのか—— 中央公論新社
Patterson, M. L.（1983）. *Nonverbal behavior : A functional perspective*. New York : Springer-Verlag.
（パターソン，M. L. 工藤 力（監訳）（1995）．非言語コミュニケーションの基礎理論 誠信書房）
Richard, F. D., Bond, C. F., Jr., & Stokes-Zoota, J. J.（2003）. One hundred years of social psychology quantitatively described. *Review of General Psychology*, **7**, 331-363.
Richmond, V. P., & McCroskey, J. C.（2004）. *Nonverbal behavior in interpersonal relations*. 5th ed. Boston : Pearson Education.
（リッチモンド，V. P.・マクロスキー，J. C. 山下耕二（編訳）（2006）．非言語行動

の心理学——対人関係とコミュニケーション理解のために——　北大路書房）
佐藤友哉・野村和孝・玉田絢香・千先　純・松本　拡・嶋田洋徳（2013）．潜在的態度の心理学的応用に関する最近の研究動向　早稲田大学臨床心理学研究，**12**，131-139.
新村　出（編）（1998）．広辞苑［第5版］　岩波書店
辻　竜平（2001）．社会的ネットワーク分析——その理論と分析の基盤——　認知科学，**8**，454-465.
Vandenbos, G. R.（Ed.）（2007）. *APA dictionary of psychology.* American Psychological Association.
（ファンデンボス，G. R.（監修）繁桝算男・四本裕子（監訳）（2013）．APA心理学大辞典　培風館）
Vrij, A.（2008）. *Detecting lies and deceit : Pitfalls and opportunities.* 2nd ed. Chichester, UK : John Wiley & Sons.
吉田暁生（2006）．ランダムサンプリングによる日本人の知人数推定——「連絡の取れる人」の数のインターネット調査との比較——　赤門マネジメント・レビュー，**5**，381-392.

第8章

Adolph, K. E.（1995）. Psychophysical assessment of toddlers' ability to cope with slopes. *Journal of Experimental Psychology : Human Perception and Performance*, **21**, 734-750.
Breland, K., & Breland, M.（1951）. A field of applied animal psychology. *American Psychologist*, **6**, 202-204.
Breland, K., & Breland, M.（1961）. The misbehavior of organisms. *American Psychologist*, **61**, 681-684.
Brown, J. S., Collins, A., & Duguit, P.（1988）. Situated cognition and the culture of learning. *Institute for Research on Learning Report*, No. IRL88-0008.
（ブラウン，J. S.・コリンズ，A.・ダグイッド，P.　道又　爾（訳）（1991）．状況的認知と学習の文化　現代思想，**19**（6），青土社，62-87.）
Gibson, J. J.（1979）. *The ecological approach to visual perception.* Houghton Mifflin.
（ギブソン，J. J.　古崎　敬・古崎愛子・辻　敬一郎・村瀬　旻（訳）（1985）．ギブソン 生態学的視覚論——ヒトの知覚世界を探る——　サイエンス社）
Griggs, R. A., & Cox, J. R.（1982）. The elusive thematic-materials effect in Wason's selection task. *British Journal of Psychology*, **73**, 407-420.
Lave, J., & Wenger, E.（1991）. *Situated learning : Legitimate peripheral participation.* Cambridge University Press.
（レイヴ，J.・ウェンガー，E.　佐伯　胖（訳）（1993）．状況に埋め込まれた学習——正統的周辺参加——　産業図書）
丸山　慎（2006）．交響を知る身体——指揮者はいかにして音楽を現実にしているのか——　佐々木正人（編）アート／表現する身体——アフォーダンスの現場——　東京大学出版会　pp. 87-119.

美馬のゆり・山内祐平（2005）.「未来の学び」をデザインする――空間・活動・共同体―― 東京大学出版会
茂呂雄二（1999）. 具体性のヴィゴツキー　金子書房
黄倉雅広（2001）. 打検士の技――洗練された行為とアフォーダンス―― 佐々木正人・三嶋博之（編著）アフォーダンスと行為　金子書房　pp. 161–196.
Polanyi, M.（1966/1983）. *The tacit dimension*. Peter Smith.
（ポランニー，M.　高橋勇夫（訳）（2003）. 暗黙知の次元　筑摩書房）
Reed, E.（1996）. *Encountering the world : Toward an ecological psychology*. Oxford University Press.
（リード，E.　細田直哉（訳）（2000）. アフォーダンスの心理学――生態心理学への道―― 新曜社）
Schumuckler, M. A., & Gibson, E. J.（1989）. The effect of imposed optical flow on guided locomotion in young walkers. *British Journal of Developmental Psychology*, **7**, 193–206.
Thorndike, E. L.（1898）. Animal intelligence : An experimental study of the associative process in animals. *Psychological Review Monograph Supplements*, No. 8.（Vol. 2, No. 4）
Wason, P. C., & Shapiro, D.（1971）. Natural and contrived experience in a reasoning problem. *Quarterly Journal of Experimental Psychology*, **23**, 63–71.
Watson, J. B.（1930）. *Behaviorism*. The Norton Library.

第9章

Andreassi, J. L.（1966）. Some physiological correlates of verbal learning task difficulty. *Psychonomic Science*, **6**, 69–70.
Andreassi, J. L., & Whalen, P. M.（1967）. Some physiological correlates of learning and overlearning. *Psychophysiology*, **3**, 406–413.
Bradley, M. M., Codispoti, M., Cuthbert, B. N., & Lang, P. J.（2001）. Emotion and motivation I : Defensive and appetitive reactions in picture processing. *Emotion*, **1**, 276–299.
Briese, E.（1995）. Emotional hyperthermia and performance in humans. *Physiology and Behavior*, **58**, 615–618.
Cacioppo, J. T., Rourke, P. A., Marshall-Goodell, B. S., Tassinary, L. G., & Baron, R. S.（1990）. Rudimentary physiological effects of mere observation. *Psychophysiology*, **27**, 177–186.
Geen, R. G., & Rakosky, J. J.（1973）. Interpretations of observed aggression and their effect on GSR. *Journal of Experimental Research in Personality*, **6**, 280–292.
Gregg, M. E., James, J. E., Matyas, T. A., & Thorsteinsson, E. B.（1999）. Hemodynamic profile of stress-induced anticipation and recovery. International *Journal of Psychophysiology*, **34**, 147–162.
Hamrick, N. D.（1974）. Physiological and verbal responses to erotic visual stimuli in a female population. *Behavioral Engineering*, **2**, 9–16.
本間研一（2005）. 体温のリズム　山蔭道明（監修）体温のバイオロジー――体温はなぜ37℃なのか―― メディカル・サイエンス・インターナショナル　pp. 29–39.

Johnson, J. M., Pérgola, P. E., Liao, F. K., Kellogg, D. L., & Crandall, C. G. (1995). Skin of the dorsal aspect of human hands and fingers possesses an active vasodilator system. *Journal of Applied Physiology*, **78**, 948–954.

Lacey, B. C., & Lacey, J. I. (1974). Studies of heart rate and other bodily processes in sensorimotor behavior. In P. A. Obrist, A. H. Black, J. Brenner, & L. V. DiCara (Eds.), *Cardiovascular psychophysiology*. Chicago : Aldine. pp. 538–564.

Marazziti, D., Di Muro, A., & Castrogiovanni, P. (1992). Psychological stress and body temperature changes in humans. *Physiology and Behavior*, **52**, 393–395.

長野祐一郎 (2005). 評価的観察が精神課題遂行中の心臓血管反応に与える影響　心理学研究, **76**, 252–259.

長野祐一郎 (2011). 計算・迷路課題が自律系生理指標に与える影響の検討　文京学院大学人間学部研究紀要, **13**, 59–67.

長野祐一郎 (2012). フィジカルコンピューティング機器を用いたストレス反応の測定　ストレス科学研究, **27**, 80–87.

長野祐一郎・渡邉翔太 (2012). 課題パフォーマンスの公開がストレス課題遂行時の心臓血管反応に与える影響の検討　文京学院大学人間学部研究紀要, **14**, 171–179.

Obrist, P. A. (1981). *Cardiovascular psychophysiology : A perspective*. New York : Plenum Press.

Oka, T., Kanemitsu, Y., Sudo, N., Hayashi, H., & Oka, K. (2013). Psychological stress contributed to the development of low-grade fever in a patient with chronic fatigue syndrome : A case report. *BioPsychoSocial Medicine*, **7**, 7.

澤田幸展 (1998). 血行力学的反応　藤澤　清・柿木昇治・山崎勝男 (編) 新 生理心理学 1巻　生理心理学の基礎　北大路書房　pp. 172–194.

柴崎　学 (2010). 汗腺活動と皮膚血管　井上芳光・近藤徳彦 (編) 体温Ⅱ――体温調節システムとその適応――　ナップ　pp. 37–51.

髙澤則美 (2012). 自律神経活動の研究方法　山崎勝男 (監修) スポーツ精神生理学　西村書店　pp. 67–81.

Tranel, D., & Damasio, A. R. (1985). Knowledge without awareness : An autonomic index of facial recognition by prosopagnosics. *Science*, **228**, 1453–1454.

Tranel, D., & Damasio, A. R. (1988). Non-conscious face recognition in patients with face agnosia. *Behavioural Brain Research*, **30**, 235–249.

Wright, R. A. (1996). Brehm's theory of motivation as a model of effort and cardiovascular response. In P. M. Gollwitzer, & J. A. Bargh (Eds.), *The psychology of action : Linking cognition and motivation to behavior*. New York : Guilford. pp. 424–453.

Wright, R. A., Killebrew, K., & Pimpalapure, D. (2002). Cardiovascular incentive effects where a challenge is unfixed : Demonstrations involving social evaluation, evaluator status, and monetary reward. *Psychophysiology*, **39**, 188–197.

山崎文夫 (2010) 動静脈吻合と熱放散システム　井上芳光・近藤徳彦 (編) 体温Ⅱ――体温調節システムとその適応――　ナップ　pp. 97–105.

Yuille, J. C., & Hare, R. D.（1980）. A psychophysiological investigation of short-term memory. *Psychophysiology*, **17**, 423–430.

Zimny, G. H., & Weidenfeller, E. W.（1963）. Effects of music upon GSR and heart-rate. *The American Journal of Psychology*, **76**, 311–314.

付 章

柏木惠子（2011）. 父親になる，父親をする——家族心理学の視点から——　岩波書店

河合隼雄（1971）. コンプレックス　岩波書店

村井潤一郎（編著）（2012）. Progress & Application 心理学研究法　サイエンス社

村上春樹（1999）. アンダーグラウンド　講談社

内海新祐（2013）. 児童養護施設の心理臨床——「虐待」のその後を生きる——　日本評論社

人名索引

ア　行
アイク（Eich, E.）　43
アイゼンク（Eysenck, H. J.）　142
アドルフ（Adolph, K. E.）　206
アリストテレス（Aristoteles）　219
アロンソン（Aronson, E.）　167，180

石川信一　121
石黒　格　173
伊藤隆二　118

ヴィゴツキー（Vygotsky, L. S.）　194
ウェイソン（Wason, P. C.）　43，192
植阪友理　91
ウェルトハイマー（Wertheimer, M.）　6
ウェンガー（Wenger, E.）　196
ウォルピ（Wolpe, J.）　120
内海新祐　246

エインズワース（Ainsworth, M. D. S.）　67
エクマン（Ekman, P.）　171
エリクソン（Erikson, E. H.）　68，80

オールポート（Allport, G. W.）　137，143
岡　孝和　240
岡島純子　122
岡本真一郎　172
オドバート（Odbert, H. S.）　143
オブリスト（Obrist, P. A.）　237

カ　行
カーネマン（Kahneman, D.）　45
カールスミス（Carlsmith, J. M.）　162
鹿毛雅治　86
カシオッポ（Cacioppo, J. T.）　238
柏木惠子　248
カニッツァ（Kanizsa, G.）　9
河合隼雄　246

ギブソン（Gibson, E. J.）　207
ギブソン（Gibson, J. J.）　207
キャッテル（Cattell, R. B.）　144

クイパー（Kuiper, N. A.）　37
グッドマン（Goodman, C. C.）　16
グラス（Glass, G.）　130
クリスチャンソン（Christianson, S. A.）　42
グリッグズ（Griggs, R. A.）　45
クレイク（Craik, F. I. M.）　88
クレッチマー（Kretschmer, E.）　139
クレフナー（Kleffner, D. A.）　14
クレペリン（Kraepelin, E.）　139

コックス（Cox, J. R.）　45
ゴッデン（Godden, D. R.）　42

サ　行
ザイアンス（Zajonc, R. B.）　27
サイモン（Simon, H. A.）　51
サイモンズ（Simons, D. J.）　5
坂野雄二　121

シェルドン（Sheldon, W. H.）　139
ジェンキンス（Jenkins, J. G.）　53
下山晴彦　107，115
シュプランガー（Spranger, E.）　140

事項索引

サ　行

タ 行

ヤ 行

ラ 行

ワ 行

英 字

執筆者紹介

【編著者略歴】(括弧内は執筆担当章)

村井　潤一郎（はじめに・第７章・付章・おわりに）

1994 年　東京大学教育学部卒業
2001 年　東京大学大学院教育学研究科博士後期課程単位取得退学
2004 年　東京大学大学院教育学研究科博士後期課程修了，博士（教育学）
現　在　文京学院大学人間学部教授

主要編著書

『嘘の心理学』（編著）（ナカニシヤ出版，2013）
『はじめての R――ごく初歩の操作から統計解析の導入まで――』（単著）（北大路書房，2013）
『Progress & Application 心理学研究法』（編著）（サイエンス社，2012）
『ウォームアップ心理統計』（共著）（東京大学出版会，2008）
『発言内容の欺瞞性認知を規定する諸要因』（単著）（北大路書房，2005）

【執 筆 者】（括弧内は執筆担当章）

榊原 彩子　一音会ミュージックスクール校長（第１章・第２章）

高辻 千恵　東京家政大学家政学部准教授（第３章）

鈴木 雅之　昭和女子大学人間社会学部助教（第４章）

山崎 幸子　文京学院大学人間学部准教授（第５章）

向山 泰代　京都ノートルダム女子大学心理学部教授（第６章）

堀口 裕美　武蔵野美術大学視覚伝達デザイン学科非常勤講師（第８章）

長野 祐一郎　文京学院大学人間学部助教（第９章）

心について考えるための心理学ライブラリ＝1

心理学の視点
——躍動する心の学問——

2015年12月10日© 初版発行

編著者 村井潤一郎

発行者 森平敏孝
印刷者 山岡景仁
製本者 小高祥弘

発行所 株式会社 サイエンス社
〒151-0051 東京都渋谷区千駄ヶ谷1丁目3番25号
営業☎(03)5474-8500（代） 振替00170-7-2387
編集☎(03)5474-8700（代）
FAX☎(03)5474-8900

印刷 三美印刷 製本 小高製本工業

《検印省略》

サイエンス社のホームページのご案内
http://www.saiensu.co.jp
ご意見・ご要望は
jinbun@saiensu.co.jp まで.

ISBN978-4-7819-1368-1

PRINTED IN JAPAN

心について考えるための
心理学ライブラリ
〈監修〉村井　潤一郎

現在，心理学の教科書は数多あふれていますが，それを読んでもはたして自身の心とどのような関係があるのか，つかみがたいことも多いのではないでしょうか。
そのような状況のなか，書籍を通して心理学の魅力を伝え，読者の方々が自身の心と関連づけて主体的に心理学を学ぶことができるよう，本ライブラリは構想されました。

●心理学をはじめて学ぶ方に，心について考える視点，きっかけを持ってもらうことを目的の一つとしています。
●各章において，基礎的事項について説明したあと，それぞれのテーマに即した「問題」を設定しています。
●「問題」に対応した「解説」を充実させることによって，得られた知識と自身の心とを関連づけて考えることを目指します。
●視覚的にも理解しやすいよう，図表を豊富に用い，2色刷としました。
●気鋭の著者陣による清新な記述により，斯学の魅力を活き活きと伝えます。

サイエンス社